怪獸訓練
動作控制、學習、
檢測與矯正

MONSTER *Training*

Motor Control, Learning,
Assessment, and Correction

何立安 ── 著　　何凡 ── 攝影

目錄 CONTENTS

前言 6

PART 1 觀念

CHAPTER 1
新訓練時代 12

CHAPTER 2
無可取代的最大肌力 20
  長期進步 22
  儲備力量 23
  保留效果 25
  傷害防護 26

CHAPTER 3
有負重潛力的人體自然動作 28
  1｜人體自然動作 31
  2｜負重潛力 34
  3｜有負重潛力的人體自然動作 39
    實際訓練動作 39
    進一步分析 42

CHAPTER 4
動作控制的一些非官方歷史 46
  1｜傳統訓練時期 47
  2｜動作控制觀念萌芽時期 48

3 | 動作控制大瘋狂時期 51
　　過度診斷 51
　　過度矯正 53
　　擴張解釋 56
　　捨本逐末 57
4 | 動作控制反思時期 60

PART 2 技術

CHAPTER 5
關節的活動度與穩定性 66
1 | 關節活動度 67
　　動作幅度 67
　　局部肌力 68
2 | 關節穩定性 70
3 | 活動度與穩定性的交互作用 71

CHAPTER 6
動作檢測與矯正的策略 78
1 | 相鄰關節法則 79
　　肩關節的功能缺失 80
　　肩胛骨的功能缺失 80
　　胸椎的功能缺失 81
　　腰椎的功能缺失 82
　　髖關節的功能缺失 89
　　膝關節的功能缺失 91

踝關節的功能缺失 92
　　足弓的功能缺失 93
　　腳趾的功能缺失 96
　　回到相鄰關節法則 97

CHAPTER 7
人體自然動作的檢測實務 100

- 1 ｜項目1　人體站姿基準線檢測 105
- 2 ｜項目2　人體俯臥直臂支撐基準線檢測 109
- 3 ｜項目3　呼吸法仰臥放腿檢測 116
- 4 ｜項目4　羅馬尼亞式硬舉 123
　　動作說明……124／局部動作缺失……126／代償性動作缺失……127
- 5 ｜項目5　單腳羅馬尼亞式硬舉 132
　　動作說明……132／局部動作缺失……136／代償性動作缺失……137
- 6 ｜項目6　酒杯式深蹲 143
　　動作說明……143／局部動作缺失……145／代償性動作缺失……146
- 7 ｜項目7　前蹲舉 158
　　動作說明……158／局部動作缺失……160／代償性動作缺失……161
- 8 ｜項目8　低槓式背蹲舉 167
　　動作說明……167／局部動作缺失……170／代償性動作缺失……171
- 9 ｜項目9　過頭蹲 176
　　動作說明……176／局部動作缺失……179／代償性動作缺失……179
- 10 ｜項目10　分腿蹲 184
　　動作說明……184／局部動作缺失……186／代償性動作缺失……188
- 11 ｜項目11　側蹲 192
　　動作說明……192／局部動作缺失……193／代償性動作缺失……194
- 12 ｜項目12　坐箱單腳蹲 199
　　動作說明……199／局部動作缺失……200／代償性動作缺失……201
- 13 ｜項目13　伏地挺身 204
　　動作說明……204／局部動作缺失……206／代償性動作缺失……207

14 | 項目14　反式划船 ………………………………………………………… 212

　　　動作說明……212／局部動作缺失……213／代償性動作缺失……214

15 | 項目15　肩推 …………………………………………………………… 217

　　　動作說明……217／局部動作缺失……220／代償性動作缺失……221

PART 3　恢復動作品質

CHAPTER 8
恢復動作品質的兩大重要觀點 …………………………………………… 228

1 | 觀點1　直接練習法 ……………………………………………………… 229

2 | 觀點2　非肌力訓練的動作矯正法 ……………………………………… 231

　　活動度優先策略 ……………………………………………………… 233

　　穩定性優先策略 ……………………………………………………… 236

CHAPTER 9
「教學，退階，補強，矯正」策略 ……………………………………… 244

1 | 手段1　教學 ……………………………………………………………… 245

2 | 手段2　退階 ……………………………………………………………… 247

3 | 手段3　補強動作 ………………………………………………………… 253

　　活動度補強訓練 ……………………………………………………… 254

　　穩定性補強訓練 ……………………………………………………… 264

4 | 手段4　矯正 ……………………………………………………………… 268

　　非肌力訓練的動作矯正法 …………………………………………… 268

結語 ………………………………………………………………………… 270

前言

在這個自媒體時代，在網路上展示訓練影片最常招來的回覆，除了對身材顏值的一些不一定公平的評價之外，最常引戰的大概就是「動作標準度」。人們時常為了動作細節爭得面紅耳赤，一個訓練剪影常常變成大型說教現場，大家背地裡忙著用AI幫忙查資料，表面上又擺出專家姿態到處糾正別人，幾輪的爭執之後常常引爆真實世界裡長期被壓抑的情緒，一場重訓之亂就此上演。不過，這種事情來得快去得快，沒過多久，大家便又開始吵另一支影片。

撇開這些自媒體時代的熱鬧，這背後代表的意義其實並不簡單，就是重量訓練應該有「好」的動作品質。偏偏什麼是好的動作品質，不是那麼容易定義的事，每個人身材各異，訓練目標也各不相同，難道訓練姿勢就不允許有一點個別差異嗎？但反過來講，就算訓練難免有個別差異，就代表任何動作都是安全的嗎？深蹲要蹲多低？硬舉可不可以彎腰？舉得起來就是好動作？失敗的就是壞動作？這些問題怎麼都回答不完。

其實這些，都是動作控制的問題。

動作，就是人類在這個物理空間裡的移動方式，競技運動需要動作，日常生活需要動作，事實上人是一種動物，動物的特性就是會移動，移動自己的肢體，移動整個身體，移動體外的物體。更有趣的是，人體可以透過「移動」而強化，所以，「對抗阻力的移動」變成一種訓練，這是人類跟機器最大的差別，機器一旦開始運轉，就只會累積耗損，不會自動強化，但人體會，從人類知道這件事情開始，就啟動了漫長的追尋之路，終極目標是破解人體潛能開發的祕密。

人體是一個複雜的機器，偏偏出廠的時候沒有附上說明書，所以人類在歷史上為了理解如何使用人體，曾做過各種千奇百怪的嘗試，這些嘗試其中許多至今未曾停歇，只是改以運動科學或醫學的樣貌繼續進行。

我們可以從前人的經驗中發現，人體動作似乎有一個「由簡而繁」的階層現

象，簡單的動作是複雜動作的基礎，複雜動作是簡單動作的綜合表現，運動場上的奔跑、跳躍、翻滾、投擲、平衡支撐、揮拳踢腿，都是精彩而複雜的動作，而人類與生俱來的推、拉、蹲下、站起、屈髖、伸髖、跨步、開合，則是簡單的動作。我們如果仔細觀察，會發現複雜的動作其實常常是簡單動作的混合體，一記漂亮的右直拳，其實是上肢水平推、核心穩定性、轉胯和下肢三關節伸展的綜合體，一個精彩的殺球動作，其實是下肢三關節伸展起跳，然後在空中做出上肢垂直下拉的動作。簡單來講，簡單動作像是基礎零件，構成了複雜的動作。

動作複雜度的階層性還不是最有趣的事情，更有趣的是，簡單動作練出來的肌力，居然可以表現在複雜動作上。複雜動作由於經常處於高度不穩定性，所以很難以「施加外在阻力」的方式進行訓練，但是有很多簡單動作可以，而這些簡單動作經過前人的嘗試，演變成如今我們看到的自由重量訓練，所謂的自由重量，不是很自由怎麼做都可以的意思，所謂的自由重量，是不依賴提供固定軌道的器械，單靠人體做出動作來對抗阻力，就可以達到效果的重量訓練方式，肩推、深蹲、硬舉、跨步等都是。而這些自由重量訓練使用的動作，就是所謂的「有負重潛力的人體自然動作」。

有負重潛力的人體自然動作有個特性，首先，它們是人體原廠內建的動作，「幾乎」不需要特殊學習。其次，是符合人體發力原理，在這些動作上可以發出巨大的力量。此外，這些動作也具有堅固而安全的特性，在動作上施加壓力，動作不太會變形。最後，就是反脆弱性，也就是施加適度壓力之後，不但不會破損，反而會被強化，長期施予漸進式超負荷的壓力，就會帶來長期的進步。

肌力體能訓練和人體運動表現最重要的連結，就是這套「有負重潛力的人體自然動作」，如果有負重潛力的人體自然動作不是人體最基礎的動作控制典範，那麼肌力訓練會變成諸多運動項目之一而已，肌力訓練之所以成為各種運動背後的基本訓練，就是因為肌力訓練可以強化有負重潛力的人體自然動作，而有負重潛力的人體自然動作可以幫助更複雜的運動表現，如果人體自然動作沒有一個由簡入繁的階層

性，那麼我們不會看到今天各單項運動員都用某種肌力訓練手段來提升運動表現的現況。

所以，其實要在重量訓練室裡做出「正確」的動作，不是按照酸民的眼光，而是找回這套「有負重潛力的人體自然動作」。這點，就是這本書想要探討的議題。

這本書，像是在寫過去二十年的思想軌跡。

我從小就是小運動員，主要的運動項目是打架，包括跆拳道、自由搏擊、巴西柔術等，曾經短暫的跑過田徑隊，也一直都是游泳的愛好者。當我正式開始讀體育的時候，其實已經大學畢業，我有兩個碩士學位和一個博士學位，研究領域包括動作控制、肌力體能訓練、運動表現促進，以及運動心理學。這其中每一個領域都是一個宇宙，每一個宇宙都有自己的浩瀚，但我在多年以後才發現，貫串一切的其實是人體的「動作」。當一位教練，最重要的任務是教動作，當一位訓練者，最重要的任務是練動作，當一位研究者，無論使用哪一種研究工具，如果研究的領域是運動科學，最終研究的核心還是人體的動作。

所以，無論是爲了提升運動表現、提升戰術表現、提升健康還是提升生活品質，最終人人都需要理解我們人體原廠內建的這套動作。回到前面說過「人體是一個複雜的機器，偏偏出廠的時候沒有附上說明書」，這本《怪獸訓練動作控制、學習、檢測與矯正》，算是藉由逆向工程的方式，從觀察和應用人體的經驗，回推這個超級複雜的機器當初設計的原理，這套方法已經有數十年的經驗，如果你對於開發肌力潛能有興趣，相信這本書可以觸發你不少想法。

PART 1

觀念

CHAPTER 1

新訓練時代

我喜歡用「訓練者」這個詞，我用它來代表那些願意用訓練的方式改變身體素質的人們。

沒有確切的時間標記，但是大約在21世紀初，先進國家紛紛走入所謂的新訓練時代。這不是什麼有歷史考據或是官方認證的定義，全地球的每一個時代每一個角落都各自發生著跟身體訓練有關的歷史，但我們大概可以把肌力訓練過去的歷史粗分為幾個階段：

1950年代以前，肌力訓練的各種手段散見於角力、舉重和想練身材的小眾，這個階段的訓練資訊大多來自於有限的前人經驗和大量探索，遵循傳統、經驗法則和大膽嘗試是訓練法的主要來源。

1950-1970年代，前蘇聯和東歐共產國家開始嘗試有系統的實施運動員肌力訓練，同時，美國的美式足球圈也開始嘗試各種藉由重量訓練提升運動表現的方法。

1980-1990年代，在美蘇兩強冷戰的時期，雙方各自積極發展運動科學，在國際競賽互別苗頭，1978年美國國家肌力及體能訓練協會（National Strength and Conditioning Association, NSCA）成立，90年代初期前蘇聯瓦解，大量運動員、教練和科學家紛紛移居西方自由的國度，帶來大量訓練資訊，自此，美國成為近代肌力體能訓練的領先國家。科學研究成為「驗證」大量前人經驗的手段，人類開始逐漸理解過去的各種訓練方式為何有效或無效，同時開始分析人體「後天可改變的身體能力」，以及「訓練與效果之間的劑量反應關係」。蓬勃發展的電影文化也開始推波助瀾，男女明星在電影中展現的健美身材掀起了一般民眾的健身風潮，肌力訓練開始從過去的小眾文化圈走向大眾。

奠基於大量前人的訓練經驗，以及後續的科學驗證，到了2000年初期，肌力訓練出現爆炸性的發展，至此，人們發現肌力訓練不再是少數精英運動員的專利，所有人都可以藉由肌力訓練提升身體能力，達到自己想要的人生目標。

2011年，我在美國的學業接近尾聲的時候，觀察到學校走廊公布欄常常貼了各式各樣的徵才廣告，在一個有體育科系的學校裡，有大量的徵才廣告來自高等教育機構，主要是在徵聘體育師資、運動科學研究人員或是高級教練，另外也有不少徵才廣告來自健身業界，這些當然不足為奇，但是我注意到還有為數不少的廣告來自醫療機構，招聘可以協助患者或是亞健康族群用運動的方式預防疾病或促進恢復。

此外，也有一些徵才廣告來自軍方，招聘戰術體能專家，以協助美軍進行各種訓練。這個肌力訓練已經被廣泛應用的年代，我們可以稱之為新訓練時代。

從以上的發展過程看來，我們算是有幸生長在這個年代，因為肌力訓練已經達到成熟應用的程度，可以廣泛應用在不同族群身上，今日我們所看到可以利用肌力訓練幫助提升身體能力的族群大概有四大類：競技體能、戰術體能、健康體能和特殊體能。

競技體能一直是肌力訓練的老家，肌力訓練之所以被大量研究，長期以來一直存在的一個推力就是提升運動表現，過往的競技運動員往往只靠著大量訓練本身的運動項目來提升肌力和體能，肌力體能的出現給了專項運動員更上一層樓的機會。競技運動本身具有提升肌力體能的效果，舉凡肌力、爆發力、耐力和心肺功能等，都會因為從事競技運動而提高，也因此，在運動科學不發達的年代，許多人認為大量從事專項運動訓練本身，就足以提高肌力體能，如果嫌肌力體能不好，通常的處理方式就是練更多。但是，隨著運動員的技術提升，動作效率提高，許多訓練對身體的刺激強度反而是降低的，而且競技運動瞬息萬變的訓練和比賽方式，對肌力體能的刺激效果忽大忽小，不易掌握漸進幅度，就算競技運動員刻意試著更用力、更劇烈地練技術，對於肌力體能的刺激效果終究會終止在他們目前的最佳表現水準。但是，使用肌力體能訓練的各種方式（包含大重量訓練、爆發力訓練、增強式訓練、能量系統訓練等），可以調控出超過專項運動所面臨的強度，讓競技運動員可以大幅提升肌力體能，用更好的肌力體能操作已經純熟的技術，就會成為更好的運動員。如今，肌力體能訓練已經是獨立於運動專項訓練之外的特殊訓練方式，用肌力體能訓練提升肌力體能，用專項訓練提升技術和戰術，已經是許多運動先進國家的標準做法。

戰術體能是軍警消等特殊任務人員的肌力體能訓練，雖然受到重視的時間較晚，但複雜度和難度有過之而無不及，軍警消可說是超級運動員，他們跟競技運動員一樣都要面臨肌力體能的挑戰，但是競技運動員可以藉由高度專項化的方式進行訓練，致力於高度發展專項相關的能力，減低甚至捨棄與專項無關的能力，讓自己在特定的運動表現發光發熱，但軍警消就沒有這樣的選擇，軍警消有高度的任務不確定性，競技運動員不會報名參加田徑比賽但當天變成游泳，也不會參加球類運動卻變成格鬥（通常不會吧？），但軍警消往往到了執行任務的前一刻，都不一定確知即將面臨怎樣的挑戰。軍警消也有比運動員更長的職業生涯，在很多項目裡，競技運動員的巔峰狀態大概是三到五年，能夠持續參加高水準競賽超過十年的已經算

是老將，但軍警消可能是終身職業，從二十出頭的年輕歲月一直做到六、七十歲退休，這個過程無論是維持工作表現或是維持健康，都需要有系統的手段才能達成目標。而且軍警消過往的訓練文化往往偏向刻苦耐勞甚至懲罰式的操練，肌力體能訓練的出現，一改過去的訓練方式，讓軍警消也可以像競技運動員一樣，先用肌力體能訓練提升肌力體能，再用各種專業訓練去提升技術熟練度和戰術應用能力，不但大幅提升訓練安全，也製造出前所未見的強壯部隊。

在健康體能方面，肌力體能訓練的出現也帶來劇烈的影響。健身產業當然不是近年才開始流行，從70年代起，健身產業就已經經歷過多次起伏，不過在1990年代末期到2000年初期，仍然有值得重視的變化，那就是從過往以身體形象為主軸，逐漸出現以健康、生活品質和非競技的人體運動表現為訴求的訓練方式。這樣的轉變是別具意義的，因為身體形象產業雖然市場龐大，但是操作的方向與一般大眾的健康和福祉未必相同，很多時候健身產業實質上是減肥瘦身產業，或是標榜龐大肌肉的猛男情節產業，而且過度操作還容易引發社會體型焦慮（social physique anxiety，一種因為別人對自己身材做出評價而感覺到的焦慮，這可能會導致對自己身體形象產生扭曲的感受，嚴重時可能會影響正常生活），換言之，適度維持身體組成對健康有益，但過度求瘦或是不擇手段增肌，常常帶來許多負面的副作用。

當健身的目標從體態轉變為健康，健身產業開始有了不同的視野，尤其在全球先進國家紛紛步入高齡甚至超高齡社會的今天，肌力體能訓練技術的成熟，很可能是當代健康領域最重要的進展之一。過去針對人體的科學研究，主要集中在醫療的相關領域，近代醫療的進展讓人類可以對抗各種急性慢性疾病，挽救無數生命，也大幅延長了人類的平均壽命，醫療發展對人類平均壽命的延長，確實功不可沒。不過，這種以疾病和治療為核心議題的研究方式，往往容易把人體的最佳狀態假定為沒傷沒病的狀態，當人體受傷或生病時，醫療專業人員時常以恢復無傷無病狀態為主要任務，鮮少討論正常值以上的人體狀態。換言之，沒生病的身體被視為最健康的身體，無須任何刻意的維持，即使運動有益健康的觀念存在已久，包括健康相關領域的專業人士以及大多數人，通常認為運動沒有太多的專業性可言，每個人只要簡簡單單多運動，大概就已經窮盡了運動對健康的效益。

但是，隨著幾十年來肌力體能領域的發展，我們知道如果使用正確的方式，肌力和體能在正常值以上都還有巨大的進步空間，人體的肌肉量可以大幅提高，肌力可以大幅提高，心肺功能也可以大幅提高。這些跟健康息息相關的身體能力，都會隨著人體老化而衰退，過去認為這屬於自然老化的現象，但現在我們知道，這是

因為長期缺乏正確的訓練刺激所導致。科技發達帶來各種生活便利，而醫療的進展大幅延長人體壽命，這導致人體在長年缺乏運動的狀況下延長壽命，使得肌肉、骨質、神經系統、代謝功能大幅退化，這不但會影響生活品質，也會讓各種慢性病纏身。要扭轉這樣的趨勢，唯有盡早開始從事有助於「建設」肌肉、骨質、神經系統和代謝功能的運動訓練，光是動一動的效果有限，系統性的肌力體能訓練才能真的達到抵抗老化、逆轉衰退的效果。三到五年規律的肌力訓練，若採用漸進式超負荷的方式進行，可以讓人體的肌力倍增，而倍增肌力的背後是肌肉量、骨密度和神經系統控制力大幅進步，達到這個程度之後，若持續訓練則可以繼續小幅進步，但若轉為較輕鬆的恢復型訓練，也可以讓強壯的效果維持數十年之久。簡單來說，一反過去以身體形象為主軸的健身方式，肌力體能訓練可以說是健康體能的新頁。

延續健康體能的議題，對於尚未步入退化的健康年輕人口來說，盡早開始養成肌力訓練習慣是至關重要的生活方式，而對於已經出現退化或是已經患病的人來說，肌力仍然是可以帶來巨大健康效益的手段。過去的觀念認為，已經衰退的身體就需要好好休養，靜態生活加上「食補」或「藥補」，應該是身體衰退後該有的生活方式。以今天的觀點來看，這可能剛好是最不適當的生活型態，靜態的生活方式大幅降低了身體活動，使得各種代謝性疾病的風險大幅提高，過度的飲食攝取更造成身體負擔，讓已經低落的代謝狀況雪上加霜。可幸的是，肌力體能訓練並非健康或活躍的人體專屬，過去的經驗已經讓我們知道，就算是已經步入高齡的族群，或是已經罹患疾病的病友，只要還能接受訓練，訓練都還是會在他們身上產生進步效果。這種說法並非臆測，過去幾年間，高齡訓練者藉由肌力體能訓練維持甚至提升身體能力的現象已經處處可見，尤其在社群媒體的幫助之下，這樣的現象已經廣為流傳，激勵了更多人投入訓練。

肌力體能訓練對於抵抗衰弱之所以有效，是因為肌力體能訓練直接針對出現衰弱狀況的身體組織和功能，更具體來說，是肌肉、骨質、神經系統和代謝功能，**肌肉、骨質、神經系統對壓力刺激起反應**，因此，讓身體對抗阻力，可以讓肌肉、骨質、神經系統向上適應，而心肺功能和能量代謝功能對運動過程中的代謝壓力產生反應，讓身體在不同的運動強度區間「運轉」這些功能，可以讓心肺功能和能量運用的效率提高，帶來更好的代謝功能。這些與健康息息相關的身體組織和功能，都早就在運動科學中找到提升的手段。

運動科學在研究什麼？

運動科學包羅萬象，不過有幾件事一直是運動科學研究的核心議題，一是「尋找人體後天可提升的身體能力」，二是「研究訓練和效果之間的劑量反應關係」。也就是因為過去幾十年來，這兩方面都有重大的進展，今天的我們才得以步入新訓練時代。

所謂的人體後天可提升的身體能力，指的是人體在自然狀態下不會自動提升，但是可以透過訓練而大幅提升的身體能力。前面提到過，過去許多人認為最佳的身體狀態就是沒傷沒病的狀態，但是透過運動科學的研究讓我們知道，人體有相當多的身體能力，在正常值以上還有或大或小的進步空間，舉例來說，人體的肌力、肌耐力、爆發力、柔軟度、心肺功能等能力，在後天都有明顯的進步空間。

而所謂的訓練與效果之間的劑量反應關係，指的是怎樣的刺激、多少的刺激、多強的刺激和多高頻率的刺激，可以帶來我們想要的進步效果。這個劑量反應關係很像醫藥領域裡研究藥物和療效之間的關係，過多的劑量可能導致過度訓練或受傷，過少的劑量可能導致無效訓練或是低效訓練，唯有「剛好」的劑量可以達到效果又不造成過度訓練或受傷，只不過「剛好」兩個字說來容易，實際上往往難以捉摸，而且可能持續變化。人是階段性變化的動物，如何因時制宜調整訓練的劑量，其實是課程設計的問題（關於這方面可參考拙作《怪獸訓練肌力課程設計》）。

雖然我們不斷提到「運動科學」這個詞，但有一個觀念在這裡或許值得一提，在我的教學經驗裡發現，許多人對於運動科學這件事有著不小的誤解，或是抱有錯誤的期望。這不能怪大家的認知有誤，因為在許多領域，科學的確是領導實務工作的指標，例如高科技產業，大量生產高科技產品的成本極高，一個決策錯誤可能會搞垮一家公司甚至是整條供應鏈，因此高科技產業往往依賴科學家在實驗室裡先進行大量的尖端科技研究，然後在確認理論機制後，才進行應用層面的開發工作，幫這些新科技找到

了應用的方法，才一邊進行市場調查，一邊著手進行產品設計，最終才啟動生產線大量生產產品。這種從「研究走在前端，實務緊跟在後」的模式，是許多人對科學與應用的理解。

但是，運動科學在很多地方其實跟上述的模式恰恰相反，剛到美國讀書的時候，老師就給了一個有點令人震撼的觀念，就是運動科學在很多地方其實都是在研究過去「已知成功」的訓練方式背後成功的原因，有時研究的進度可能落在實務之後10年以上，這並不表示運動科學是落伍的科學，這僅僅顯示出運動科學的一種特性，就是它其實是奠基於大量的經驗法則之上。

運動科學跟高科技產業不同的地方在於，高科技產業直接投入實務的成本非常高，但直接進行運動訓練的成本其實非常低，事實上人類從古到今就不斷拿著各種器械、用著各種動作、做著奇怪的事情來訓練自己，這些五花八門的訓練方式，有的成功有的失敗，有些達到驚人的效果，也有些造成糟糕的副作用，但不管如何，大量嘗試其實是運動科學累積資料的第一步。

前人大量嘗試累積經驗，然後發現了一些雖然不明白其中道理，但在事實上又明確有效的訓練方式，這時候才會有運動科學家試著用科學的方式去推敲這些有效訓練背後可能的機制，所以簡單來講，運動科學其實有大量的研究成果是在「事後確認」已知成功的訓練方式為什麼成功。雖然探索型的研究並非完全不存在，的確有許多運動科學家試著用科學研究去探索過去不曾存在的訓練方式，但這畢竟在今天的運動科學裡仍然是少數。這裡要強調的一個觀念是：經過科學驗證的經驗法則，仍然是目前運動訓練最主要的訓練依據。

除此之外，運動科學的研究成果往往不是在提供什麼確定的答案，而是在已知的現象上試著提供可能的解釋，而在這個過程當中其實「爭議」是一種常態，因為每個研究都有其限制，而且每個研究其實都是用抽樣的方式把少數人當作樣本進行研究，然後試著把研究的結果當作解釋整個母群體（全人類）的一種可能性，所以簡單來說，研究的本質是爭論而不是定論。

之所以會在這裡提這件事，是希望讀者在接觸科學文獻的時候能夠保持正確的態度，在這個資訊爆炸、短文字短影音充斥的年代，很多人會拿著單篇研究或是少數研究的結論，對有爭議的事情下定論，殊不知這些研究只是試著提供對已知現象背後的一些解釋，當科學研究與實務經驗發生大幅度背離時，認定科學一定爲眞，而經驗一定有誤，是一種容易犯錯的態度。

　　總之，運動科學對於人類步入新訓練時代的主要貢獻，在於過去這幾年在「尋找後天可提升的身體能力」以及「研究訓練和效果之間的劑量反應關係」這兩個議題上有了大幅度的進展，從而讓運動科學進入了成熟應用階段，成爲可以應用於各種不同族群的應用科學。

CHAPTER 2

無可取代的最大肌力

近代的運動科學幫我們總結了前人經驗裡有用的知識，找到了許多後天可進步的身體能力，同時也釐清越來越多訓練與效果之間的劑量反應關係。接下來要探討的是，從這些資訊裡，我們可以找到怎樣的訓練原則呢？先說結論，根據過去的研究和實務上的發現，我們認為對於所有的族群來說，一個長期有效的肌力及體能訓練計劃裡，都應該以「最大肌力」為訓練的主軸。

這是一個很強勢的論述，乍看之下可能會覺得武斷，過去在網路上也曾經引起一些人的反感，所以有必要進一步說明。所謂的以最大肌力為主軸，並不表示「只練最大肌力其他不要練」，也不表示「訓練過程中每一下都用最大重量」，更不表示「要強迫人硬練完全不可能舉起的重量」，當然，也不表示「最大肌力比較大的人比較厲害」。

所謂的以最大肌力為主軸的訓練，仍然包括了肌耐力、爆發力和心肺功能的訓練，當然也能按照訓練者的需求增加肌肉量，只不過一切都是在最大肌力充足或穩定進步的情況下進行。換言之，最大肌力是進行其他一切訓練的基礎，長期提高最大肌力無論對競技運動員、軍警消、一般民眾或是特殊族群都有正面的效益。

讓我們先定義一下最大肌力，所謂的最大肌力指的是肌肉單次收縮的最大力量，雖然人體有六百多條肌肉，但實務上我們不會去測量每一條肌肉單獨的力量，實務上通常以一些大肌群多關節的動作（常見的動作有臥推、蹲舉、硬舉、肩推等）所能舉起一次的最大重量來代表一個人的整體力量。

其次，最大肌力雖然在定義上是用特定動作舉起「一次」的重量，但實務上不一定要做單次最大重量測驗才能得知現在的最大肌力，要知道人體的最大肌力其實是波動的，所以除了正在進行比賽的健力選手之外，對絕大多數的人來說，最大肌力是一個監控訓練進程的參考指標而已，不需要一直測驗，反之，可以透過一些間接的方式得知。通常能夠舉起六下以內的重量都大概反應了最大肌力的現況，比方說，一位選手以前深蹲五下的最大重量是100公斤，最近的訓練中將105公斤蹲了五下，則即使沒有進行最大肌力測驗，我們可以合理推估目前的最大肌力有很高的可能性有進步。能舉起五下以內的重量，通常與最大肌力的進步相關性最高，能夠舉起超過六下以上重量，跟最大肌力的關聯性會隨著次數增加而越來越低，舉例來說，一個人發現他可以舉起20下的重量時，不必然表示最大肌力進步，有可能是肌耐力進步，也可能是能量系統進步。

理解了最大肌力的定義之後，接下來討論以最大肌力為訓練主軸的原因。訓練之所以應該以最大肌力為訓練的主軸，主要是基於以下幾個原因：長期進步、儲備力量、保留效果和傷害防護，以下一一說明。

長期進步

前面曾經提過，最大肌力、肌耐力、爆發力等身體能力都可透過後天的訓練提升，但如果我們進一步分析，會發現上述這些身體能力，可以進步的「幅度」似乎不太一樣。雖然實務上很少人專練單一能力，但如果我們從理論的角度把這些身體能力各自分開檢視，就會發現，最大肌力的進步幅度最大，有數年的進步空間。

如果一個人從未進行過肌力訓練，訓練最開始的數月會有快速的進步，這個階段被稱為初學者效應。如果持續訓練，大多數人都會經歷三到五年穩定進步，達到一個穩定的高點。到了這個穩定的高點之後，會越來越不容易進步，依照訓練者各自的目標，有些人會選擇維持型的訓練，把肌力當作健康的基石，長期維持就好，也有些人會希望繼續提高肌力，此時通常需要更複雜的「備賽型課表」才能達到目標。不過，不管是哪一種目標，最大肌力有數年的進步空間，這是實務經驗和研究數據都一再證實的現象。

在最大肌力不持續提升的狀態下，肌耐力只有數週到數月的進步空間，爆發力也只有數週到數月的進步空間，也就是說，在不刻意進行最大肌力訓練的情況下，肌耐力和爆發力都只有較短的進步幅度，而且其中部分的進步還是來自於跟肌力較為無關的因素，例如爆發力表現可能來自於技術或動作效率的進步，而肌耐力表現可能來自於心智力量的提升，或是動作經濟性的提升。

有趣的是，雖然肌耐力和爆發力的進步幅度都比最大肌力短了許多，但當爆發力和肌耐力進步停滯時，提升最大肌力往往可以幫助爆發力和肌耐力再次開始進步。這顯示了最大肌力其實是比較「底層」的能力，是爆發力和肌耐力的基礎。這樣的現象其實一點都不奇怪，因為爆發力的定義是快速發揮的肌力，肌耐力是連續反覆發揮的肌力，假定所有其他條件不變，當肌力受限時，爆發力和肌耐力的潛力自然也會受限，當肌力變強的時候，爆發力和肌耐力的潛力自然也會變大。

回到進步幅度的議題，進步幅度大這件事情代表的是怎樣的意義呢？先前提到過，運動科學有個重要任務是尋找後天可進步的身體能力，所有的身體能力都是由人體的組織和功能支持的，換言之，身體能力的提升其實是人體的組織和功能提升的表現，就拿肌力來說，肌力是肌肉、骨質和神經系統功能的綜合表現，最大肌力的提升代表著肌肉量、骨骼強度和神經系統徵召肌纖維的能力提升了，肌耐力和爆發力雖然也需要肌肉、骨質、神經系統的進步才能提升，但是可以進步的幅度較低，所以，依賴肌耐力訓練和爆發力訓練來提升肌肉、骨質和神經系統功能，其實可以達到的改變幅度也較小。再強調一次，這並不表示我們反對爆發力和肌耐力訓練，爆發力和肌耐力都是真實世界裡非常好用的能力，一定要充分開發，但也因為要充分開發這些其他能力，最大肌力才變得無比重要，最大肌力是推升肌耐力和爆發力的基礎，且如果訓練的目標是人體的肌肉、骨質和神經系統，持續提高最大肌力，其實會帶來最多的效益。

儲備力量

儲備力量大概是最大肌力最有「功能性」的一個特性，這裡的功能性，指的是一種能力可以遷移或應用到其他表現的程度。在很多人眼裡，功能性往往被解釋成訓練與實際任務的「動作相似性」，比方說，有些人認為，人在運動場或真實世界的移動過程中，單腳發力的時機遠大於雙腳同時發力，因此認為單腳的肌力訓練比雙腳的肌力訓練還要有「功能性」，這個論述相當複雜，也沒有一定的標準答案，此刻也不是在為這個議題下定論，而是在強調，功能性未必只發生在動作的相似性，事實上，夠大的力量本身就是一個非常具有功能性的東西。

要明白這一點，我們需要先定義一下什麼是儲備力量，所謂的儲備力量指的是「一個人的肌力」和「任務所需的肌力」之間的差距。就像經濟學家常說：「萬事萬物都有它的價格。」身為肌力及體能教練的我們會說：「我們想要做的每件事情，都有一個肌力的需求。」比方說，用新台幣的千元紙鈔湊滿五千萬，大概會重達50公斤，要移動這袋鈔票就需要大於50公斤的力量，假設有一個人硬舉的最大肌力是剛好50公斤，那麼移動五千萬紙鈔的這項任務會是相當艱難的，但假設這個人花幾年的時間把硬舉練到100公斤，則移動五千萬紙鈔的任務會變得相當簡單，假設此人再花更長的時間把硬舉練到200公斤，那麼不但移動五千萬會變得超級簡單，移動一億元都不會太難，這就是儲備力量的概念。

先前之所以說，最大肌力是非常有功能性的能力，那是因為不管從事任何任務最終都需要肌力去完成，而所有任務都有一個肌力的「標價」，我們不能被動的期待世界上所有任務都自動降價，但是我們可以積極的鍛鍊自己，當自己的最大肌力變強，就等於所有任務的力量價格降低。

我在推廣肌力訓練時，經常遇到一些質疑，認為在一個先進的社會，凡事都有機器代勞，資源優渥的人還可以使喚其他人來服務，很多人的日常生活當中幾乎不需要做任何粗重的工作，手中拿過最重的東西可能是手機，做過最有爆發力的事情可能是打噴嚏，最大肌力根本無用武之地。「不必拿重物，就不需要練重量」是個十分常見的迷思。

但事實上，人生活在這個世界上，能夠做多少事，能夠累積多少人生經歷，其實很大程度受到最大肌力的限制，最大肌力很小的時候，周遭環境的任務都很「昂貴」，爬樓梯、提行李箱、抱小孩、遊山玩水、趕路趕車，上述每一件事都會因為肌力弱小而變得困難，當肌力變得極低時，可能連從沙發上站起來拿遙控器幫電視轉台都覺得吃力，這很可能會讓人陷入靜態生活的惡性循環，越是靜態生活身體就越衰弱，身體越衰弱生活就越靜態，而且這個現象已經不是高齡者專屬，事實上有訓練的高齡者肌力可能比年輕人還要強，換言之，有訓練的高齡者可能過著比年輕人更寬廣的人生。

不必拿重物，就不需要練重量的迷思不僅存在於一般大眾，甚至也出現在競技運動員的圈子裡，很多運動選手或教練，認為在他們的項目裡，速度、敏捷度、爆發力、專項技術、戰術策略，甚至體能都比最大肌力重要，因此認為最大肌力不需要訓練，更有甚者，認為最大肌力可能會拖累上述的運動表現。這是一個很大的議題，完全展開討論會超過本書的主題範圍，在此只做一些簡單的論述，那就是：當最大肌力很強的時候，發展任何能力都會變簡單，最大肌力對於競技運動的確存在邊際效用遞減，但主要的機制不在於最大肌力無用，而在於肌力已經很強的時候，有限的時間成本可能需要花在其他更為迫切的事情，而非肌力對運動表現無用。對於從未接觸過肌力訓練的運動員來說，最大肌力的初步提升就可以帶來大量正面的效益。

所以，無論日常生活中是否需要做粗重的工作，或是在競技運動場上需要怎樣特殊的能力，提高最大肌力都是極有效益的，因為當最大肌力提高，每一件事情都變簡單，日子過起來就會輕鬆愉快得多。

保留效果

所謂的保留效果，指的是停練以後仍能持續保有的能力，我們可以用例子來說明這個概念，假設有一個人花了三年的時間，把背蹲舉從40公斤練到150公斤，接下來因為各種因素不得不停練，此人能保留多少肌力呢？

如果停練時間只有短短一個月，最大肌力的退步其實並不顯著，這也就是為什麼有些競技運動員刻意在賽前兩週把肌力拉到高峰之後，接下來一直到賽前都不練最大肌力，只訓練爆發力和速度，這是因為最大肌力在兩週內幾乎不變，而停練最大肌力可以減少賽前的疲勞，還能以持續存在的最大肌力幫爆發力和速度「加持」。

如果停練時間長達兩三個月，最大肌力的下降會逐漸開始明顯，如果停練的時間長達一年甚至數年，最大肌力會非常大幅度的下降，但值得一提的是，除非有其他重大因素（如受傷、生病、大幅減重等）的影響，否則退步後的最大肌力仍然顯著大於訓練前的肌力，也就是說，即使多年不練，也不會變回初學者。

最大肌力除了長期保值，更重要的事情是，長期停練後如果想再次重拾訓練，當初花三年建立的肌力，現在可能只需要花幾個月就可以找回來，或至少可以快速恢復到當年的最大肌力附近。這顯示肌肉的力量似乎有著神奇的「記憶力」，而從生理學的角度來看，的確是如此，這可以從肌肉和神經系統兩方面解釋，從肌肉的角度來看，最大肌力增長的過程當中，如果沒有刻意節食控制體重，通常會伴隨明顯的肌肉量提高的現象，當前的理論認為，人體的肌肉量提高通常是藉由所謂的肌肥大（hypertrophy）的機制，也就是在肌纖維數量不變的情況下，肌纖維體積變大。

肌纖維是一種特殊的多核細胞，也就是一個細胞有多個細胞核，有一種理論是，當肌肥大發生時，肌纖維裡的細胞核數量會增加，而這個增加的細胞核具有某種持久性，也就是說，當人體因為停練而流失肌肉量時，肌纖維體積雖然比之前縮小了不少，但是訓練過程中增加的細胞核數量卻維持不變，也就是說，增加的細胞核並不會因為肌纖維縮小而消失。這些長期存在的細胞核，讓肌纖維在重新開始訓練的時候迅速成長，這解釋了保留效果的部分現象。

除了肌肥大之外，神經系統對於肌力的恢復也扮演了重要的角色，我們可以把用力這件事當成一種「技術」，事實上它真的是，因為所有技術，無論跑、跳、騎車、後旋踢、投擲變化球，甚至寫字和彈鋼琴，都是神經系統招募肌纖維做動作來

完成，肌力當然也是，神經系統在肌力訓練的過程當中學會同時徵召大量肌纖維的能力，而這個能力就像各種技術一樣，會留下長期的印象。

在肌肉和神經系統的記憶力作用下，最大肌力成為一個不但長期保值，而且可以失而復得的能力。根據這些線索，一個合理的主張是，每個人應該趁年輕時期給自己一次大幅度增肌和增加最大肌力的經驗，雖然這個經驗可能需要三到五年來完成，但這仍會是一個值得的投入，因為首先，這三到五年的進步並非「等差級數」，前幾個月的初學者效應其實會帶來非常快速的進步，成為立即可用的能力。其次，相較於年老時，年輕時期增肌和增加最大肌力都相對容易，而一旦提高肌肉量和最大肌力之後，肌肉記憶和肌力記憶會是長期記憶，效果甚至有可能會持續終身。在人類群體平均壽命延長的今天，每個人都有機會面臨長期的衰老和退化，年輕時期曾經增肌、曾經增加最大肌力，就算並沒有一輩子維持龐大的肌肉量和高強度的訓練，中年過後如果需要用增肌來備戰老化時，會比從未增肌過的人要容易得多。

傷害防護

提高最大肌力的好處訴說不盡，我們在此最後要討論的相關議題是傷害防護。很多人對最大肌力訓練總是心存恐懼，認為扛起大重量做訓練是件危險的事，殊不知事實可能恰好相反，身體衰弱對於人生來說才是件真正危險的事。無論我們是否樂意，生命總是充滿了挑戰，而強壯的動物比較不容易受傷，變強才是真正的安全。

從運動傷害防護的角度來看，其實肌力變強的時候，無論是對接觸型還是非接觸型傷害都有較高的抵抗力。我們知道在真實世界不可能完全避免身體傷害，人不可能練到刀槍不入，但是在面對外力衝擊時，強壯的身體比較有抵抗力，而在非接觸型的傷害發生時（例如自己在劇烈的動作過程中扭到腳、閃到腰等），當關節錯位到受傷角度前的最後一刻，關節周邊的肌力其實是保護關節的最後防線，較強的肌力可以適時拉住關節不要往錯誤的方向走，來避免大量的運動傷害。

大部分的運動傷害往往發生在重量訓練室之外，從過去的各種統計數據來看，競技運動如球類、田徑、技擊、水上運動等，發生受傷的機率都比重量訓練高得多，而且重量訓練的運動傷害大多跟錯誤的姿勢和錯誤的重量有關，這兩者都可以透過妥善的學習來避免。更何況，廣大的一般民眾參與肌力訓練的原因不是為了競

賽，所以沒有在短時間內必須達到特定目標的壓力，訓練可以用「無所爲而爲」的心態，讓自己的身體緩緩適應，緩緩進步，更大幅降低了訓練風險。用安全的手段提高最大肌力，也就等於提高了對日常生活受傷或運動傷害的防禦力，這其實才是最安全的做法。

關於傷害防護的另一個議題，跟能量系統訓練有關，能量系統訓練包括傳統的長距離心肺訓練、高強度間歇訓練以及有阻力的能量系統訓練（如大力士類型的訓練）等，這些訓練其實都包含了高反覆動作的過程，高反覆提高了耗損的風險，訓練者開始練體能的第一個挑戰往往不是能量系統本身，而是所謂的「組織耐受度」，未經重量訓練洗禮的身體組織通常未達一個人天分允許的最高**強勁程度**，用不夠強的身體組織去經歷高耗損的過程，往往會讓運動傷害在訓練效果之前出現，因此，進行任何形式的能量系統訓練之前，先花一段時間進行肌力訓練，讓肌肉、肌腱、韌帶、筋膜和軟骨等都先強化，再進行能量系統訓練，才能盡量避免能量系統訓練變成一個製造手痛腳痛腰痛的過程。

談完了肌力訓練的重要性，接下來我們把議題轉向「動作」這件事。

CHAPTER 3

有負重潛力的人體自然動作

既然肌力如此重要，而且可以透過訓練大幅進步，我們要如何善用這個先天就具備的巨大進步空間呢？先講結論，「用有負重潛力的人體自然動作，接受漸進式超負荷的壓力刺激，來達到肌肉、骨質、神經系統的向上適應」是大幅提高最大肌力最有效的手段。

肌力訓練的方法很多，但效果不一，這是我們在推廣肌力訓練時相當頭痛的一個問題，因為不論是衛教機構、醫療機構、民間團體、政府機關或是健身產業，在開始重視全民健康這個議題（或市場）的時候，無論是有意或無意，總是提供了相當混雜的資訊。資訊混雜的原因有很多，不過我認為大概跟商業導向的影響、錯誤的研究解讀，以及低估訓練的難度有關。

商業導向的影響指的主要是健身業，健身業是個立意良善的產業，但是經常在急切的商業考量下，忽視了訓練的本質。肌力訓練是一段困難、枯燥、漫長的歷程，是一項糟透了的商業產品，如果不把它視為修煉，想要包裝成享受，那跟各種其他娛樂產業比起來競爭力實在不太高，至今我仍然主張肌力訓練是教育事業，而非服務業，一部分原因也跟肌力訓練本身的性質有關。商業導向的健身機構，往往把訓練包裝成一種時尚，背後可能是以追求細瘦身材為目標的身體形象產業，跟美容業的差異不大，但是這樣的操作方式往往不會以「無可取代的最大肌力」為目標，甚至可能會盡量避免。同時，商業健身房如果想要用最低的技術成本服務最大量的客戶，那些需要師資才能夠學會的重量訓練技術往往不受青睞，使用器械式訓練可以大幅降低人事成本，也降低學習的難度，只不過，在器械式器材的限制下，往往不是使用人體自然動作進行訓練。

醫療體系或是衛教機構，雖然不一定有急切的市場壓力，但是也可能因為錯誤的研究解讀，對大眾傳遞似是而非的訊息。這些機構的訊息來源往往是科學性的期刊論文，這些資料因為有同儕審閱制度的約束，所以向來被視為可信度較高的資訊，殊不知，做研究其實是個有非常多限制的過程，而且實驗過程往往很難模擬真實訓練的情境。相較於實務上動輒數年的訓練歷程，研究可能只有短短幾週或幾個月，未必能觀察到足夠的生理變化，且多數實驗的受試者都是未經訓練的初學者，觀察到的並不是不同訓練方式之間的差異，而是從不運動到開始運動的身體改變。因此，應該要提供正確訓練知識的衛教機構，往往提供給大眾不太有效的建議。

舉個例子說明，假設有研究者想研究散步對肌力和肌肉量的訓練效果，於是將一群體弱的受試者分為兩批，一批繼續過著靜態生活，一批每天固定散步，經過

幾週後，可能會發現每天散步的那一批受試者肌肉量和肌力都比靜態生活者要來得好，研究者可能就會做出一個結論，就是散步是種有效的增肌和提升力量的手段。

這種類型的研究成千上萬，讓凡事都引述研究數據的人建立了不可撼動的信心，殊不知在真實世界的經驗裡，散步可以提升的肌力和肌肉量其實相當有限，進步幅度也很小，真正能帶來長期且大幅度進步的其實是重量訓練，但是只看研究數據的人可能會覺得很混淆，因為既然散步和重訓都可以提升肌肉量和肌力，散步顯然比重訓簡單的多，要推廣給大眾何不選擇簡單的方法？

再舉一例，假設有研究者想比較肌力訓練和伸展運動在提升肌力方面的功效，於是找了一群靜態生活的中年人，然後將其分為兩組，一組進行肌力訓練，一組進行伸展運動，實驗進行八週，每週訓練兩次。這看似四平八穩的研究設計，大概已經埋下了一些容易造成混淆結果的因素。

肌力訓練在初學的八週裡，光是動作學習可能就花去不少時間，就算真的開始負重，也只能從非常輕的重量開始，而伸展運動在最初期需要先學會擺出正確姿勢才能進行伸展，這過程當中有不少需要使用肌力維持姿勢的過程，換言之，這兩種訓練在初期的好幾次訓練裡，效果是高度相似的。而八週的時間太短，不足以讓這兩種訓練發揮出各自的特性，最終研究者可能會做出一個結論，就是伸展運動和肌力訓練有著相同的提升肌力效果。但我們只要在實務上稍微有一點點經驗，就會知道「長年」做肌力訓練的人和「長年」做伸展運動的人，具備了迥異的身體能力，而長年進行肌力和伸展兩種訓練的人，又是不一樣的第三種族群，使用大量初學者當作受試者，進行短期研究，很難呈現這種實務上已經相當清楚明白的現象。關於研究限制的相關問題討論非常多，若有興趣可以參考《怪獸訓練肌力課程設計》一書，裡面有更多跟此議題有關的討論。

當研究數據莫衷一是的時候，若我們改從實務經驗的角度出發，很快就會發現，若想要讓一個體弱的人顯著增加肌肉量和最大肌力，「用有負重潛力的人體自然動作，接受漸進式超負荷的壓力刺激，來達到肌肉、骨質、神經系統的向上適應」可能是最佳做法，而這也就是我們所稱的大重量訓練。

關於如何進行漸進式超負荷的訓練，我已經寫過《怪獸訓練肌力課程設計》一書，本書重點將放在「有負重潛力的人體自然動作」這件事。我們將這個詞分成「人體自然動作」和「負重潛力」兩方面來探討。

人體自然動作

所謂的人體自然動作，指的是人體「原廠內建」先天就會做的動作，例如：跑、跳、踢、投擲、推、拉、彎腰、屈髖、轉身、跨步、蹲下站起等。這些動作通常在人體自然狀態（沒傷沒病也沒有特殊訓練）下就已經可以做得出來，甚至不一定需要學習，就會自動在一個人的日常生活出現，這就是人體自然動作。

使用人體自然動作來當作重量訓練動作有幾個原因，首先，雖然我們想要訓練的是肌肉的力量，但實際上在真實世界的應用上，力量總是發揮在動作之中。人體的肌肉是用一個整體協調的方式產生動作的力量，這就是所謂的「肌群間的協調性」，一個動作在產生力量的時候，肌肉各自扮演著不同的角色，有些是作用肌，有些是拮抗肌，有些是協同肌，有些是穩定肌群，換言之，人體的力量是動作的力量，而動作由肌群間的互相協調來完成。

常見的一個爭論是，「為什麼不使用大量單關節動作，去把每條主要的肌肉一一強化，來達到肌力和肌肉生長的效果？」這是一個很有趣也很重要的議題，我們可以藉由這個議題來更深入探究肌力訓練的一些細節。

從肌肉生長的角度來看，小肌群單關節的肌力訓練，和大肌群多關節的大重量訓練，同樣都可以啟動肌肉生長的機制，不過雖然兩者都有效，但是在效果的大小方面仍然有些差異。

肌肉生長是個複雜的機制，讓肌肉都在對抗阻力的情況下收縮是肌肉生長重要的機制之一，但是肌肉生長也大幅度的受到整體壓力刺激的影響，根據許多人的訓練經驗，用大肌群多關節完整動作幅度的大重量動作（深蹲、硬舉、臥推等），進行簡單的三組五下或五組五下的訓練課表，產生的肌肉生長效果顯著大於把全身肌肉

一條一條或一群一群分開練，這背後的原因並不清楚，研究上也仍有爭議，但可能的原因在於當身體覺得以現有的肌肉量對抗如此巨大的體外重量很吃力，身體會有「全面性增肌」的訊號出現。這樣的訊號引導了身體的新陳代謝，讓身體開始藉由攝取的營養素進行大興土木的增肌工程。小規模的壓力刺激，如同小肌群單關節訓練動作（如二頭肌彎舉、三頭肌伸展、腿伸展、腿後勾等）雖然可以集中壓力於特定肌群，足以引發該部位的肌肉生長，但有可能這個生長太過於「局部」，導致整體增肌的效果反而受限。所以我們可以說，肌力訓練的過程，最大肌力和肌肉生長是相輔相成的，人體在提升肌力的過程中，帶來肌肉生長的副作用，也在提升肌肉量的過程中，帶來提升肌力的副作用。

如果要充分利用這些動作的特性，我認為以大肌群多關節完整動作幅度的大重量動作為主項目進行訓練，可以得到最佳的訓練效果，如果在進步的過程中發現有某些部位的肌肉生長不理想，可以利用小肌群單關節動作補強。這無論是在整體效果還是時間效益上，都是比較划算的策略。

如果從發展最大肌力的角度來看，因為肌力發生在動作裡，所以直接拿一個完整動作來訓練最大肌力是最直接有效的做法，根據實務經驗，使用大肌群多關節完整動作幅度的大重量動作進行訓練，提升肌力的效果最明顯，而且也因為這些動作屬於人體自然動作，所以提升的肌力更容易「遷移」到其他的動作，例如使用深蹲提升的肌力，就會有很高的比例對衝刺、跳躍、踢腿有直接的幫助。

另外一個常被忽略的現象是，肌力訓練的動作有一個有趣的規律，就是「量級越大，進步越久」，也就是說，一個動作能舉起的重量級數越高，進步的幅度越長，比方說，一個人背蹲舉的初始重量是40公斤，經過三到五年的訓練可望達到150-200公斤，但是同一個人的二頭肌彎舉初始重量是10公斤，經過幾週的訓練可能增加到15-20公斤，然後重量就停止進步了。

當然，重量不進步的時候，我們仍可以藉由增加訓練量（增加次數或組數）來獲得更多的增肌效果，但如果我們討論的是「肌力」，我們會發現肌力的進步幅度跟一個動作的「量級」有關，深蹲、硬舉、負重行走、握把式深蹲等大重量級的動作，進步幅度要以「年」來計算，但是小肌群單關節的動作通常是以週或月來計算，而這背後的主要機制，跟參與的肌群大小和神經控制有關，大量肌群參與同一個動作，可以有較大的進步潛力，同時神經系統有更複雜的任務，一次控制大量的肌纖維，因此也大幅提高了進步潛力。所以最終，想要提升日常生活和競技運動裡

有用的肌力,使用大肌群多關節完整動作幅度的人體自然動作,是一再被證實最有效的做法。

跟前面肌肉生長的論述相同的是,這並不表示小肌群單關節訓練就沒有價值,這裡探討的只是辨別出誰應該當作「主項目」,誰應該當作「輔助項目」或「補強動作」,大肌群多關節完整動作幅度的大重量動作如果遇到瓶頸,用小肌群單關節動作補強整個動作中較弱的環節,是有效可行的做法。

談完了人體自然動作的意義和應用,接下來討論「負重潛力」這件事。

負重潛力

　　人體自然動作有很多，但是未必每一個動作都很適合用來進行重量訓練，因此就探討到下一個議題，就是「有負重潛力」。

　　所謂的有負重潛力，指的是當我們對這個動作施加壓力時，這個動作的型態大致不變，比方說，一個人背著20公斤做深蹲，跟背著100公斤做深蹲，可以使用完全一樣的動作，一個人使用20公斤做臥推，跟使用100公斤做臥推，可以使用完全一樣的動作。

　　有極少數動作在負重之後可能會有微幅的改變，但這改變是發生在動作幅度或角度，而不是整體的動作型態，例如單腳RDL，單腳RDL的動作型態像是單腳支撐的蹺蹺板，當一個人用徒手的方式做單腳RDL時，著地的支撐腳角度近似於垂直線，但當一個人拿了很重的啞鈴或槓鈴做RDL的時候，因為蹺蹺板的一端變重了，另一端的重量沒有改變，著地腳會向著後腳方向傾斜。這是因為，蹺蹺板上半身的一端增加了重量，但向後抬起的後腳卻沒有增加重量，因此著地腳會隨著負重開始增加向後傾斜的幅度，這種動作幅度的改變，不影響動作型態的本質（仍然是單腳髖主導動作），所以仍能視為有負重潛力。

　　「有負重潛力」是非常重要的特性，因為並非每個人體自然動作都有負重潛力，我在教學時最常舉的例子是投擲，投擲是一種人體自然動作，是人體原廠內建的功能，而且人體的關節正常動作幅度不需要經過大幅度的改造，就能夠做出投擲的動作。可是，投擲這個動作型態對負重很敏感，只要有小幅度的重量變化，投擲的動作就會發生改變。比方說，我們很難用投棒球的動作去投擲一顆鉛球，我們一定要在動作上做出相當的變化，才不會導致受傷，也才能把球投出。

爲什麼我們要選擇有負重潛力的人體自然動作來當作重量訓練動作呢？爲什麼當對一個動作施加壓力之後，這個動作「不變形」是一件重要的事呢？我們可以這樣看，前面提到過肌力有長期進步的幅度，不過如果肌力訓練進步的過程動作是一直大幅改變的，那我們其實無法確定這些進步在哪裡發生，這裡所謂的大幅改變，指的並不是肌力訓練裡常用的變化動作訓練法，例如用前蹲舉、高槓式背蹲舉、低槓式背蹲舉、前抱式深蹲、SSB深蹲和握把蹲等變化動作來訓練下肢肌力，這些動作雖然不同，但是動作型態大致相同。所謂的大幅改變，就像前面提到過的投擲，一個人投棒球、推鉛球、丟藥球、甩鏈球，使用的肌群和動作都大不相同，這些雖然都是能力，但是我們無法確定這些進步的肌力進步在哪裡。

有負重潛力的人體自然動作讓進步紮紮實實發生在相同的肌群和動作上，所以，當一個人的背蹲舉從40公斤進步到80公斤的時候，因爲動作姿勢完全沒變，我們可以合理推論，是因爲支撐重量的肌肉、骨骼和神經系統的控制力支撐起這個重量。換言之，我們可以知道訓練效果發生在哪裡，也因此，我們可以藉由不同的動作型態去「涵蓋」全身的肌群，用「均衡攝取訓練動作」的方式讓身體得到完整的進步。

→ 上肢負重大時，著地腳會向後傾斜。

蹺蹺板上半身的一端增加了重量，但向後抬起的後腳卻沒有增加重量，因此著地腳會隨著負重開始增加向後傾斜的幅度。

人體的發力原理

有負重潛力的人體自然動作還有一個重要的特性，就是它們的用力都依循了人體的發力原理，關於人體發力原理在我的所有書籍和教學課程裡都會一再提及，本書後面的篇幅還會有相關的論述，在此先簡單介紹。

人是極少數站起來的脊椎動物，大多數脊椎動物都是四隻腳走路的，作為少數兩隻腳走路的脊椎動物，人類獲得了巨大的生存優勢。很多人一直覺得人類今天得以主宰地球上大部分的陸地，是大自然的奇蹟，因為從體型和體力來看，人類似乎打不贏動物也跑不贏動物，直到近代人類學家的一些觀察和推論，才讓這個奇蹟得到一些比較合理的解釋。雙腳直立的移動方式具有高度經濟性，使得人類成為天生的耐力高手，空出了雙手可以使用各種就地取材的工具，工具很容易變成武器，而人類又是群居動物，所以一群原始獵人手拿著石頭棍棒追打一隻動物的時候，動物其實並不吃香，感覺到威脅的動物會逃跑，對動物來說，短距離的速度是優勢，但對人類來說，長距離的耐力才是優勢，四隻腳行走的動物移動速度雖快，經濟性卻低，所以很耗體力，四足奔跑的動作讓軀幹呈現與地面概略平行的水平姿勢，狂奔的時候腹腔臟器會擠壓胸腔，導致換氣不順，奔跑一段時間就需要停下來喘息，此時在後面慢慢追的人類就可以追上，再加上動物通常披著厚重的皮毛，利於保暖但不利於散熱，所以移動一段時間之後就必須停下來，如果人類追得夠緊，在氣候炎熱的地區動物可能直接因為熱衰竭而倒下。人類用步行加上間歇性奔跑的方式可以持續移動數十公里，很少動物有這樣的能耐，因此容易被人類獵食，這種「追獵」的方式至今在一些未開發國家仍然存在。

直立起來的人體享有生存優勢，但也必須承擔一些劣勢，一個明顯的劣勢就是一節又一節的脊椎骨，在垂直方向的載重能力很低，偏偏脊椎旁邊通過了人體最重要的脊椎神經索，神經系統為了保護脊椎神經索，在姿勢或動作可能危及自身的時候，就會避免人體用力，而常見的避免方式包括鎖住關節活動度，讓身體僵硬，避免產生進一步的動作，或是鎖住力量，避免出現更用力的動作。因此，我們可以說，脊椎穩定性是人體用力

和做出動作的「鑰匙」，若沒用鑰匙開啟人體這個複雜機器的發力機制，人體就會變得僵硬而無力。

所以，人體是個脊椎不穩就會影響用力的動物，人只有雙腳為支點，直立的脊椎位於縱貫軀幹的位置，而雙手做出的所有動作都會透過脊椎才回到支撐全身的雙腳，任何可能造成不穩的因素（腳站不穩、軀幹無力、手上的重量太重等等）都可能影響用力，製造夠高的穩定性讓脊椎覺得安全，身體才會釋放力量，所以簡單來說，人體的發力原理就是「穩定性換得力量」。

穩定性換得力量的具體做法，可以從兩個方向下手，一是「中軸穩定，四肢發力」，一是「近端穩定，遠端發力」。中軸穩定四肢發力的意思是利用胸腔和腹腔內部的壓力，在準備用力前的一瞬間把軀幹鞏固成一個剛性的結構，讓脊椎穩定性提高，身體才會願意釋放力量。近端穩定遠端發力指的是，作為雙腳著地的動物，任何腳步的不穩定性，都會導致脊椎的不穩定性。所以，在所有站姿用力的情況下，站穩的雙腳加上鞏固的核心，是人體用力之前的先決條件。事實上，這個原則並不僅限於站姿用力，當人在俯臥（如伏地挺身）或仰臥（如臥推）時，鞏固核心並且穩住人體與環境的所有接觸點，仍然是發力的大前提。

維持中軸穩定的基本做法，是利用脊椎附近的肌群將脊椎排列在中立脊椎姿勢，同時利用體腔內壓將軀幹鞏固成一個剛性結構。中立脊椎姿勢在軀幹的部位，指的是一個微向後凸的胸椎，和一個微向前凸的腰椎，這樣的脊椎姿勢讓每一節脊椎骨之間的椎間盤壓力盡量均勻分配，是最有承載重量潛力的姿勢。

有了中立脊椎姿勢，接下來要把脊椎「鞏固」在軀幹裡，這部分可以分為胸椎和腰椎來討論。胸椎的鞏固相對簡單，因為胸椎跟肋骨相連，肋骨可以幫助胸椎分散壓力，對胸椎有支持的作用，同時軀幹在胸椎段的結構是胸腔，胸腔裡面的肺臟，可以像充氣的輪胎，用氣體壓力提供非常大的支撐力。

腰椎則比較複雜一些，腰椎的位置位於胸椎之下，所以先天承載的重量和需要對抗的外力比較大，加上腰椎段的軀幹是腹腔，腹腔不像胸腔，

不是單純吸飽一口氣就可以鞏固成剛性結構，要鞏固腹腔，必須利用「核心」的穩定性。所謂的核心，指的是腰臀骨盆系統，這是個如桶子般的桶狀結構，桶子的上蓋是橫膈膜，底面是骨盆底，周圍由腹背肌群環繞，將腰椎圍在裡面。當腹背肌群做等長收縮（肌肉收縮時長度不變，只是整體變「堅固」）且骨盆底收緊時，橫膈膜用力往下降的動作，可以提高腹腔內壓，將腹腔鞏固成一個剛性結構，保護腹腔裡的腰椎。

鞏固胸椎和腰椎的過程聽起來複雜，實際上卻可以用簡單的技巧直接做到，我們用三句口訣代表這個鞏固脊椎的過程：「吸氣閉氣，壓胸夾背，扭地夾臀。」吸氣閉氣指的是吸一口氣之後，用「假吐氣」的方式閉住聲門，把肺部的壓力用力往下壓，壓胸夾背是讓肋骨往骨盆方向靠近，同時讓肩胛骨往腰椎方向夾緊，扭地夾臀是在腳底踩穩地面的同時，利用雙腳抓地向外扭轉的力道，製造一個讓腳底、腳踝、膝蓋、髖關節和骨盆都穩固的力道，以產生一個強而有力的核心底部，來承接橫膈膜壓下來的力道。

這種鞏固脊椎的手段在所有雙腳踩地的大重量訓練動作中都會以某種方式出現，即使因為手部姿勢不同導致肩胛骨位置略有不同（例如前蹲舉 vs. 背蹲舉），或是因為腳步的變化而使得抓地的技巧必須改變（如深蹲 vs. 分腿蹲），用體腔內壓鞏固脊椎的機制仍然存在，這樣才能依循著「中軸穩定，四肢發力」和「近端穩定，遠端發力」的機制產生大的力量輸出。

有負重潛力的人體自然動作就是符合了「中軸穩定，四肢發力」「近端穩定，遠端發力」這些原理，才讓這些動作可以順利使出遠大於日常生活中的力量，從而對身體產生足夠的壓力刺激，帶來脫胎換骨的身體改變。

有負重潛力的人體自然動作

實際訓練動作

目前在肌力訓練領域裡常用的「有負重潛力的人體自然動作」分為幾大類，在上肢分為「水平推」「水平拉」「垂直推」「垂直拉」，在下肢方面分為「下肢推」「下肢拉」，另外還有轉體和行走，不過一般的自由重量訓練者要集中在前面六個，以下的討論也先以這六類為主。

上肢水平推的代表動作是臥推和伏地挺身系列動作，水平拉的代表動作是划船系列動作，垂直推的代表動作是肩推系列動作，垂直拉的代表動作是引體向上系列動作，這裡之所以都以系列稱之，是因為每個動作依照使用的器材和模式，可以有不同的角度和用力方式的差異，也可以有單邊或雙邊的變化動作，因此用系列當作總稱，而非單指特定的單一動作。

下肢推的代表動作是蹲系列動作，下肢拉的代表動作是硬舉系列動作，不過下肢的推與拉並非兩個獨立的種類，而是一個連續的光譜，下肢最主要的有負重潛力的人體自然動作是所謂的「三關節伸展」，意即髖關節、膝關節和踝關節同時**伸展**的動作型態。人體無論是跑、跳、跨步、行走都是三關節伸展在不同方向或角度用力。不過正因為下肢的三關節伸展可用於多種角度，所以為了充分訓練各種肌群，我們可以將下肢三關節伸展解讀為「髖主導」和「膝主導」兩個端點之間的光譜，同時還可分為對稱和不對稱動作。

自然動作和訓練動作的主要肌群和骨骼歸納表

動作方向	代表動作	主要關節動作
上肢水平推	臥推／伏地挺身	肩水平內收、肘伸展
上肢水平拉	屈體划船／反式划船	肩伸展與水平外展、肘屈曲
上肢垂直推	肩推	肩屈曲、肘伸展
上肢垂直拉	引體向上	肩伸展與內收、肘屈曲
下肢推	背蹲舉	髖屈曲與伸展、膝屈曲與伸展、踝背屈與蹠屈，肩外旋、肩伸展、肘屈曲
下肢推	前蹲舉	髖屈曲與伸展、膝屈曲與伸展、踝背屈，肩外旋、肩屈曲、肘屈曲、腕伸展
下肢推	分腿蹲	前腳：髖屈伸與膝屈伸，後腳：髖伸與膝屈伸
下肢推	側蹲	一腳髖與膝的屈曲與伸展，另一腳外展與內收；踝穩定
下肢推	單腳蹲	髖屈曲與伸展、膝屈曲與伸展、踝背屈與蹠屈
下肢拉	羅馬尼亞式硬舉	髖屈曲與伸展，膝微彎
下肢拉	單腳羅馬尼亞式硬舉	髖屈曲與伸展，膝微彎，對側髖穩定
下肢拉	傳統硬舉	髖屈曲與伸展、膝屈曲與伸展
下肢拉	相撲硬舉	髖屈曲與伸展、膝屈曲與伸展（髖主導多於膝）

主要肌群	主要骨骼
胸大肌、前三角肌、肱三頭肌	鎖骨、肱骨、胸骨、肋骨、肩胛骨
闊背肌、菱形肌、中斜方肌、下斜方肌、肱二頭肌、後三角肌、豎脊肌群	肱骨、肩胛骨、胸椎與腰椎、骨盆、鎖骨
前三角肌、中三角肌、肱三頭肌、上斜方肌、核心肌群	鎖骨、肱骨、肩胛骨、胸椎、肋骨
闊背肌、肱二頭肌、菱形肌、中斜方肌、下斜方肌、肩胛提肌、旋轉肌群	肱骨、肩胛骨、鎖骨
股四頭肌、臀大肌、股二頭肌、豎脊肌群、腹直肌、小腿三頭肌	股骨、脛骨、腓骨、足骨、骨盆、髂骨、脊椎、鎖骨、肩胛骨、肱骨、橈骨、尺骨、腕骨、掌骨
股四頭肌、臀大肌、豎脊肌群、腹直肌	股骨、脛骨、腓骨、足骨、骨盆、髂骨、脊椎、鎖骨、肩胛骨、肱骨、橈骨、尺骨、腕骨、掌骨
股四頭肌、臀大肌、股二頭肌、小腿三頭肌、內收肌群	（下肢）股骨、脛骨、腓骨、足骨、骨盆、髂骨、脊椎
股四頭肌、臀大肌、內收肌群、臀中肌、豎脊肌群	（下肢）股骨、脛骨、腓骨、足骨、骨盆、髂骨、脊椎
股四頭肌、臀大肌、股二頭肌、核心肌群、小腿肌群	（下肢）股骨、脛骨、腓骨、足骨、骨盆、髂骨、脊椎
臀大肌、股二頭肌、股四頭肌、豎脊肌群、闊背肌	股骨、脛骨、腓骨、足骨、骨盆、脊椎、肩胛骨、手臂骨
臀大肌、股二頭肌（特別是長頭）、臀中肌（穩定）、豎脊肌群	股骨、脛骨、腓骨、足骨、骨盆、脊椎、足骨
臀大肌、股二頭肌、股四頭肌、豎脊肌群、闊背肌	股骨、脛骨、腓骨、足骨、骨盆、脊椎、肩胛骨、手臂骨
臀大肌、內收肌群、股二頭肌、股四頭肌、豎脊肌群	股骨、脛骨、腓骨、足骨、骨盆、脊椎、肩胛骨、手臂骨

附加說明：絕大多數有負重潛力的人體自然動作，都是全身參與，以上列出的肌群和骨骼，指的是在動作中參與較多者。

所謂的髖主導，指的是這個動作主要的動作幅度發生在髖關節，膝關節只有較少的屈曲，代表動作是羅馬尼亞式硬舉（微屈膝的硬舉），膝主導動作的特性是有大幅度屈膝的動作，代表動作是前蹲舉，而一般常見的背蹲舉、傳統硬舉、相撲硬舉和六角槓硬舉等等，都是髖關節和膝關節不同角度的排列組合。

除了髖膝角度的不同組合之外，還有身體兩側不同的組合，從髖關節來看，有屈曲、伸展、外展、內收等動作方式，膝主導動作常見的組合有兩側屈髖（蹲系列）、一屈一伸（分腿蹲、跨步）、一側屈髖另一側外展／內收（側蹲）和純粹的單腳動作（單腳蹲）。髖主導動作的常見組合則有雙側動作（硬舉系列動作）和單側動作（單腳RDL）。

進一步分析

討論到這裡，我們可以將「有負重潛力的人體自然動作」歸納出一些特性，以下從安全、堅固、高效率、反脆弱性和遷移效果等五個角度討論。

安全

有負重潛力的人體自然動作是安全的，根據前人的經驗來看，只要動作品質夠好，這些動作可以重複成千上萬次也不容易受傷，長期做重量訓練的人，只要不為了追求成績而急功近利，經常做這些推或拉、蹲下站起、從地面拉起重物等動作，並不會因為做這些動作本身而導致傷害，縱有意外發生，通常跟不對的重量或是無法維持好的動作品質有關。

堅固

有負重潛力的人體自然動作是堅固的，這也就是它們為什麼可以承載重量時不改變動作型態，也就是這樣的特性，讓人可以長期進行漸進式超負荷的訓練。

高效率

有負重潛力的人體自然動作是高效率的，假設人要扛起壓在背上的重量，保持脊椎穩定、然後在把重心對準腳掌心正上方的情況下，利用下肢三關節伸展力量直直站起是種高效率的方法，反之，讓脊椎彎曲，沿著隨機的曲線移動肩膀上的重物，是低效率甚至危險的動作。

反脆弱

有負重潛力的人體自然動作具有反脆弱性，所謂的反脆弱性，這裡是借用黎巴嫩裔美國思想家納西姆·尼可拉斯·塔雷伯（Nassim Nicholas Taleb）所提出的「Antifragile」（反脆弱）概念。要說明反脆弱性，得先從定義「脆弱」開始，所謂的脆弱，就是在遭逢外力衝擊時容易破損的就叫脆弱，那脆弱的相反是什麼？很多人直覺認為，脆弱的相反就是遭逢外力衝擊時不易破損。其實不然，遭逢外力衝擊時不易破損頂多算是堅固，反脆弱性比這更進一步，是在遭逢外力衝擊時會越來越強大。這乍聽之下似乎不可思議，實際上這種例子卻不少見，完善的社會制度會在面臨挑戰時逐漸最佳化，完善的經濟制度會在動盪中越來越穩健，真誠的情誼會在患難中越來越強烈，這都是反脆弱性，而你大概也猜到了，人的身體有很多能力也具有反脆弱性。事實上整個肌力體能訓練的技術系統，都是奠基在人體具有反脆弱性的基本架構之上，人體的反脆弱性在於，承受壓力刺激之後會產生向上適應。

不過這個反脆弱性並非毫無條件，進步是由外力衝擊而引發，但失控的外力衝擊和不當承接外力的機制都會導致傷害，從肌力訓練的角度來看，好的動作品質帶來好的進步效果，糟糕的動作品質則可能會導致代償和受傷。有負重潛力的人體自然動作在實務經驗上已證實可以有效又安全的帶來進步，因此相較於那些沒有負重潛力或是不自然的動作，有著更高的反脆弱性。

遷移效果

從有負重潛力的人體自然動作練出的肌力有明顯的遷移效果，可以幫助提升各種動作的運動表現，運動科學已經有多年的證據顯示，即使很多運動項目的運動員在運動場上不會做出深蹲到底的動作，也不需要從地板上拉起重物，更不需要把

重量高舉過頭，但從深蹲、硬舉、肩推等大肌群多關節大重量動作練出來肌力，都可以在運動場上幫助提高運動表現。而且，不僅是肌力，運動員如果在重量訓練室裡，發現這些有負重潛力的人體自然動作品質不佳，簡單的蹲下站起有困難，或是動作幅度受限，或是姿勢不穩、動作路徑散亂的問題，這些問題似乎也會「遷移」到運動場上，以某種形式表現出來，進而提高受傷風險。

有負重潛力的人體自然動作既然有這些獨特的性質，就開啟了另一個思考的方向：是否這些有負重潛力的人體自然動作，是一系列人體最基本能力的展現？有負重潛力的人體自然動作品質好壞，是否透露著一個人的整體動作控制能力？

萬事萬物都有一個由簡而繁的架構，語言有基本的文法和單字，最後建構成複雜的修辭和文章，建築有基本的建材和工法，最後砌成堅固的高樓大廈，而動作也有類似的架構。在語言方面，如果缺乏基本的詞彙和文法，很難講出有意義的句子，更遑論產出文情並茂的文章，在建築方面，如果缺乏堅固的建材且沒有建築的工法，也很難蓋出堅固美觀的房子。我應該不需要舉更多例子，你也會知道我接下來要說什麼：缺乏人體動作的基本控制能力，直接學習更複雜的動作，不是很困難就是很危險。俗語用「還沒學會走路就想學飛」，來形容不想按部就班做事的行為，姑且不論在真實世界裡走路是不是飛行的先決條件，或是人體到底要怎麼不靠機械飛行，但是人體動作有一個由簡單到複雜的架構，應該是人類長久以來的共同經驗。

什麼才是人體最基本的動作，過去一直有爭議，如果要把人體動作解構到極致，去測量人體所有關節各自的活動度，去測量人體每一條肌纖維各自的收縮力，似乎不切實際，但如果認為人體的基本動作能力是空中轉身後旋踢、單手倒立、一字馬劈腿或是湯瑪士迴旋，這似乎又是另一個方向的不切實際，對於這種沒有標準答案的問題，我們需要先制定一些基本原則。我可以想到以下幾個原則：

- 人體基本動作應該是全身性的動作

- 人體基本動作應該要符合人體發力原理

- 人體基本動作應該要可以用來強化人體

- 人體基本動作應該要可以用來檢測一個人的自然動作品質

- 人體基本動作應該要可以當作更複雜動作的基礎

敘述到這邊，你應該早就猜到，我們的主張是，那些所謂的有負重潛力的人體自然動作，就是非常適合當作人體基本動作，可以用來檢測一個人的基本動作控制能力，也可以在有限的範圍內預測複雜動作可能存在的風險。

在更簡單的動作中檢測基本能力不是不可能，但是如果簡單到不是全身性的動作，那麼有可能會產生盲點，比方說，在實務中常見的一個現象是，單獨檢查每一個人體主要關節的活動度時，每個關節都具備正常的活動度，但是一旦回到完整動作，卻處處出現活動度不足的問題，顯然全身性動作不僅僅是身體局部各司其職那麼簡單，有一些交互作用存在於各部位之間，這就好像一個大型機構可能每個部門各自都有健全的制度和充足的人力，但協同合作時卻荒腔走板，顯示一個大機構並不是所有單一部門的總和，還有一個如靈魂般存在的組織文化和橫向溝通。所以，人體基本動作的最低限度，似乎必須是全身性動作。

用更複雜的動作檢測基本能力也不是不可能，但是可能會同時有太多問題要監控和處理，也可能在檢測的過程中逐步化約成簡單的動作。比方說用高速衝刺的姿勢測驗一個人的動作控制力好壞，結果發現除了同時要考慮肌力、爆發力、技術和動作經濟性之外，關節穩定性和活動度問題，其實可能在深蹲、分腿蹲或是單腳RDL裡就可以發現。

從另外一個角度來看，基本動作可以幫助提高複雜動作的能力，但是複雜動作未必能夠提高基礎的動作能力。比方說，一個人如果缺乏深蹲到底的活動度和穩定性，在高難度的運動競技動作上，可能會因為缺乏重要的關節活動度或穩定性而提高風險，影響表現，當深蹲動作經過訓練後達到最佳化，且提升了肌力，此時訓練的風險可能會降低，表現也可能會提高。但反過來講，如果深蹲的動作品質有問題，一直訓練高難度的動作，通常對於修復深蹲的動作品質幫助不大，且高難度訓練本身可能容易受傷。這雖然是很遠距離的推論，而且暫時不考慮許多相關的因素和環節，但某種程度上來說，這些經驗提供了一些思考的方向。

在更進一步討論前，我必須再次強調，這是針對動作控制的議題做出的實務上的選擇，不是在提供什麼標準答案，也不是在跟已經存在的動作檢測系統唱反調，實務界需要多種不同檢測系統才能互相補足缺點，而我認同的標準是使用「有負重潛力的人體自然動作」當作檢測工具。以下我們暫時放下技術性的議題，來探討一點點動作控制、學習、檢測與矯正的一些非官方歷史。

CHAPTER 4

動作控制的一些非官方歷史

　　之所以說非官方，是因爲這些歷史事件的解讀完全是出自個人觀點，如果你想要的是絕對客觀的歷史，我相信無論在任何領域你都會很失望，歷史事件永遠有撰寫者的觀點存在，所以很難眞正客觀，而我又是單純從我的學習過程歸納這段歷史，所以可以說是偏頗中的偏頗，主觀中的主觀，如果你還願意看下去，我就繼續討論下去。

　　我把動作控制分爲傳統訓練時期、動作控制觀念萌芽時期、動作控制大瘋狂時期，以及動作控制反思時期，很抱歉我無法給出確切的時間點，因爲雖然從長遠的角度來看，這幾個時期的確有一個大概的時間，但是每個時期之間的界線很不明確，而且或許是網路時代的特性，人們可以活在平行時空裡，就像在我覺得已經進入反思時期的今天，一定還有人停留在大瘋狂時期甚至是傳統訓練時期，刻意標定年代似乎徒增困擾，我們姑且用說故事的方式（很久很久以前，在遙遠的地方.....）繼續說下去。

傳統訓練時期

最早人們開始做肌力訓練時，目的不外乎增加肌肉量或增加肌力，從增加肌肉量的角度來看，訓練動作只要能達到目標就好，所以各種五花八門的動作都有，全程、半程的動作幅度，單關節、多關節的動作，徒手、自由重量或器械式訓練，只要能產生效果，大家都願意嘗試。這其實很成功，現在回顧起來，在那個沒有禁藥、高科技和複雜器械的年代，許多人僅憑槓鈴和啞鈴，就練出一身肌肉。從少數流傳至今的照片來看，當年的健美選手訓練出來的效果完全不亞於高科技時代的選手。不過也因為增肌訓練的重點擺在肌肉量，所以動作控制方面的發展比較專注在如何利用集中注意力徵召特定肌群（俗稱的感受度），而非整體動作控制能力。

以力量為導向的項目如舉重和健力，則比較有全身性的動作需求。早期的舉重有抓舉、挺舉和推舉，後來取消推舉，如今只剩抓舉和挺舉，健力則一直有蹲舉、臥舉、硬舉三項比賽。這些在傳統訓練時期都被當作「專項技術」，由教練示範，由學員模仿，個體差異容易被視為資質問題，標準動作不一定根據學習者的身材調整，而是以教學者的角度出發。這很像是在學習其他競技運動，如網球的揮拍、高爾夫的揮杆、棒球的投擲、游泳的划水，都是依照教練心目中的標準動作決定，學員的職責就是努力模仿、學習。並不是要討論是非對錯，而是要強調，動作控制在這時期與運動技術學習有著高度重疊，動作控制相關議題尚未受到廣泛重視。

在傳統訓練階段，常見的弊病就是因為不夠重視動作品質，容易在有問題的動作上增加壓力，要知道如果一個動作的品質不佳，反覆練習可能有機會解決，這在各種專項運動中都很常見，一項技術練不好，多練習就會了。可是重量訓練的過程中除了需要技術，也包含了對人體加壓，許多人在動作控制力不佳的情況下，就開始逐步提高重量，造成了很多問題，有些時候是一個不良的動作逐漸被強化，變成習慣性的不良動作，更有許多時候不良姿勢的負重訓練會直接帶來各種大小傷害。

動作控制觀念萌芽時期

隨著時間的演進，配合經驗的累積，傳統那種力量導向或肌肉量導向的訓練出現的問題逐漸受到重視，最主要的當然是受傷問題，許多人發現在學習重量訓練動作的過程中，出現一些動作幅度和姿勢控制的障礙，例如關節卡卡的打不開，姿勢搖晃穩不住，或是隨著力量的增加動作卻越來越走樣，硬要操作則會產生疼痛。

同時，隨著肌力及體能訓練觀念逐漸擴散，許多從事肌力訓練的人一改傳統訓練的思維，他們練重量的目的不是為了長出更多肌肉量，也不單純是為了舉起更多重量，他們是為了提高運動表現而從事重量訓練。許多來自其他運動項目的選手，在初期利用重訓提升肌力之後，顯著增益了運動表現，但是隨著肌力訓練的年資增長，也開始出現一些負面副作用，例如活動度降低、速度受影響，或甚至是因為訓練而受傷，這種種現象讓大家開始思考動作控制的相關議題。

一個顯而易見的議題是，每個人的身材各異，如果訓練肌力的過程和結果都是希望可以舉起更大的重量，那麼要求每個人用一樣的動作舉起重量，或是模仿另一個人的動作，似乎都可能忽略了個人身材的優缺點，但是在教學上如果沒有一套可以依循的標準，那麼又該如何引導訓練者學習一個新的動作呢？

反過來講，如果說每個人的動作都是依照他們的身材量身訂做的獨一無二的動作，為什麼大家看似不同的動作，卻又都具有一些高度相似的特質呢？這種獨立於個體差異，可以廣泛應用於每個不同的個人身上的動作特性到底是什麼呢？答案其實是先前提到過的，每個動作背後都有一個共通的原則，也就是它們都是一些有負重潛力的人體自然動作。即使每個人的身材比例不同，每個動作的幅度方向各異，似乎都有一套相同的人體自然動作，這些動作依循著人體先天的設計，所以經過的都是安全而強健的關節動作幅度，周邊的肌肉組織也會因為從事這些動作而越來越

強，更重要的是，這些動作都符合人體發力原理，具有「中軸穩定，四肢發力」「近端穩定，遠端發力」的特性，且承載重量後動作型態不會改變。

讓我們回到不官方的歷史故事。當人們逐漸意識到，用於肌力訓練的這些動作恰好挑戰了人體發力的能力，等於是說，這些動作的好壞，不僅代表一個人舉起重量的技術好壞，也展露出人體「最基本」的動作控制能力，而這些控制力是種廣泛的存在，最適合發力的動作如果有問題，那些更複雜、更動態、更高難度的動作也非常可能有問題。

人體基本動作品質如果很好，對人體基本動作施予壓力刺激，人體就會變強，執行其他動作的能力就會提高，反之，人體動作品質如果不好，不但不應該貿然施加壓力，執行更複雜的動作時也可能有較多的問題。總之，大家逐漸意識到「人體動作控制能力」這件事情的重要性。

要如何評估一個動作的好壞呢？最簡單的方法，就是解構一個動作的組成，人體的動作都是由可動關節來完成，更具體一點講，人體基本動作如推、拉、蹲、屈髖等，都是由一系列的可動關節來完成，這些關節包括腳趾、足弓、踝關節、膝關節、髖關節、腰椎、胸椎、肩胛骨、肩關節、肘關節、腕關節、指關節等。每個關節雖然各自有不同的動作幅度和周邊的肌肉力量，但如果從「功能」的角度來看，每個關節在動作中都在提供兩種功能：「活動度」和「穩定性」，活動度指的是一個關節可動的程度，是由關節本身所具備的動作幅度，以及周邊的局部肌力所構成；穩定性是一個關節抵抗動作的能力，分為靜態穩定（完全靜止不動）和動態穩定（在固定的軌跡上移動而不偏移），而一個動作的品質好壞，就是一連串關節功能的綜合表現。這種分析的方式，讓動作控制可以不必陷入複雜的解剖學細節，但也不會含糊到無法應用，「活動度／穩定性」的分析方式，剛好可以精準聚焦在動作控制這件事。

每個動作都是由關節完成，而每個關節在動作中都扮演著提供活動度，或是提供穩定性，或是提供兩者的角色，比方說，背蹲舉的過程，腰椎（含）以上所有關節都用力保持固定，提供了靜態穩定性。下肢髖關節、膝關節、踝關節都在固定的軌跡移動，提供了穩定性和活動度，換言之，如果一個人做不出一個上半身穩定，下半身在固定軌跡移動的深蹲動作，我們可以合理推論，有某些關節的功能該提供卻沒有提供。

這種現象在最初可能只會被認為是單一動作做不好，但是如果我們綜觀全局，可能就會發現，單一動作不好固然是一種可能性，但是有很多情況下，同一個關節活動度或穩定性的問題，可能在不同動作都會發生。比方說，有些人在深蹲會駝背，硬舉也會駝背，分腿蹲也會駝背，側蹲更駝背，我們發現這個人「剛好」就是這四個動作做不好的機率越來越高，似乎有一個更深層的因素影響著這些動作。

更有趣的是，這些關節功能失調的現象，除了在人體基本動作裡會發現，在更複雜或難度更高的動作裡也會跟著「遷移」過去，比方說，在深蹲、硬舉、分腿蹲和側蹲裡出現駝背，一種可能的動作失調是「腰髖連動」，在正常的情況下，人體應該要能「動髖不動腰」，這在有大幅度屈髖動作的運動中是很重要的，深蹲硬舉等動作皆屬之，如果髖關節有動作的同時，腰椎會不由自主地跟著動，那就可能在用力過程中自己降低中軸穩定性。這很可能是一種代償的表現，也就是說，應該要由髖關節獨立完成的全程動作幅度，有部分沒有完成，而這個不足的活動度被腰椎用代償的方式完成了。

這現象如果遷移到更複雜的、更高速的動作裡（例如衝刺或甚至是在奔跑中投擲），這些動作已經無可避免地會有牽動脊椎的可能性，用力過程中如果髖關節無法提供夠大的活動度，腰椎就需要更多代償，此時就會提高受傷風險。關於關節代償的分析在後面的篇幅還會討論，不過總而言之，用多個動作交叉比較我們會發現，一些關節的功能失調很可能在任何動作都存在，用多種動作交叉檢測，可以搜索出一些可能「放諸四海皆準」的關節功能失調。至此，人們已經發現，肌力訓練動作的好壞可以透露一個人的整體動作控制能力，當這個觀念受到足夠的重視的時候，我稱之為動作控制觀念萌芽階段。

動作控制大瘋狂時期

隨著人們對動作控制能力的好奇，以及大家對「動作健康」這件事的重視，有一段時間，出現了大量的動作檢測系統，大家開始一改以前用糟糕的動作狂壓重量，希望力量和控制能力同時長出來的態度，開始審慎思考動作缺失的各種可能性。

但是，隨著大家開始重視動作控制議題，五花八門的動作檢測系統也紛紛出籠，在不太長的時間之內，許多檢測系統就開始商品化。一個領域的產業化不是壞事，畢竟商業的誘因能吸引優秀的人才和等價的努力程度，但是在大家為了做出市場區隔、讓產品脫穎而出的競爭過程中，許多光怪陸離的現象也逐漸出現。

這裡不打算批評任何個別的系統，因為就像科學研究，其實推動人類社會進步的常常是爭論的過程，而不是真的找到什麼真理，一時一刻的道理讓我們可以解決問題，而對這個道理的爭論讓我們保持開放性的思考，以避免犯下簡單的錯誤。因此以下以歸納的方式，來說明這個我稱為動作控制大瘋狂時期的幾個現象：包括過度診斷、過度矯正、擴張解釋和捨本逐末。

過度診斷

就像許多健身、營養、作息和健康的議題，常常出現所謂的單擺現象，一反過去認為肌力訓練動作就是一些舉重量的技術，當大家發現原來這些有負重潛力的人體自然動作可以透露出人體更深層的動作控制力時，大家紛紛「開挖」各種潛在的可能性。說來有趣，曾經有那麼一段時間，健身教練面對新客戶的時候，會像是一位主考官，拿著一塊板子，上面夾了一張複雜的評分表，然後要求客戶做出一系列

的檢測動作，客戶像是來考試，戰戰兢兢搖搖晃晃的努力做出被要求的動作，然後健身教練在評分表上勾勾選選，最後得到一張滿江紅的成績單。這樣的歷程其實暗藏了不少行銷手法，學員在檢測的洗禮之後，深感自己的不足，同時也無比佩服教練的專業，這對於後續的行銷其實有不小的幫助。

訓練前進行檢測，釐清身體的動作控制問題無可厚非，不過循著這條線走下去，難免有些人走過了頭，變成過度診斷。所謂的過度診斷，指的是當大家致力於尋找訓練動作所透露出的控制力問題時，任何蛛絲馬跡都不放過，除了原本一些顯而易見的缺失如彎腰駝背、關節活動度不足、姿勢穩定性不足、明顯的左右不對稱之類的典型問題之外，許多人關注的焦點越來越細，幾乎到了吹毛求疵的地步，任何細微的閃失都被用高倍顯微鏡放大檢視，標準嚴格到幾乎讓受測者動輒得咎，一點點站不穩、一點點高低肩、一點點側身，都被當成致命疾病處理，許多受測者在還沒明白動作流程的時候，就已經被「診斷」出一打以上的動作失調。

事實上，即使是長年訓練的運動員，在尚未熱身的情況下也可能做出一些品質沒那麼完美的動作，更何況是廣大的運動初學者，初學者在掌握一個動作之前，一定會有一些嘗試錯誤的過程，但是在動作控制大瘋狂時期，這些都被視爲極其嚴重的控制問題，貼上動作失調的標籤。

我們可以舉幾個簡單的例子，如果突然要某個人用非慣用手拿筆寫幾個字，我們可以預期這些字應該不會太好看，但是我們不會說這隻非慣用手有什麼功能性的缺損，它就是不熟悉而已。另一個例子是，假設一個人開始學習外語，剛開始練習會話的時候，一定會有發音不標準的問題，我們會知道那純粹是不熟悉語言，而不會認爲此人有構音異常或是語言失調的問題。但是，在動作控制大瘋狂的時期，無論是怎樣細小的問題，一經發現，不由分說，立即標定爲缺失。這個現象在網路時代更是被放大百倍，一個示範動作的影片或甚至只是日常訓練的剪影，只要放到網路上，馬上引來一堆鍵盤專家指指點點，這些人的眼睛比透視科學儀器還要厲害，可以一眼看出影片裡的動作有問題。在這些人的眼裡，幾乎每個人都有病入膏肓的動作障礙，在美國的業界，人們給了這種過度鑽牛角尖的人一個戲謔的稱呼，叫做「動作納粹黨」（movement Nazi），意指那些對於動作標準性極度苛求，且無法接受不同意見，一定要按照他們的方式處理動作問題的「專家」們。

除了大家開始斤斤計較動作的各種枝微末節之外，過度診斷引發的另外一個現象是，許多人開始發明各種檢測動作，這原本是很好的發展方向，物理治療、職能

治療、運動訓練領域裡，原本都有一些特殊的檢測動作，可以針對特定的缺失情形進行檢測。但是，從好的出發點出發，還是有可能離原本的用意越來越遠。動作檢測最初的用意是評估一個人最原始的人體自然動作品質好壞，但是隨著大家想知道更多，開始把檢測動作越改越難，改到後來一些檢測動作跟傳統肌力訓練動作差別越來越大。

檢測動作和訓練動作分道揚鑣的現象很值得探討，這種做法背後的基本假設是，如果使用受測者平常就已經在練習的動作，可能因為熟練而「隱藏」了可能有的動作失調問題，使用一套不熟悉的動作，可以讓一些受測者曝露出更多弱點。這樣的觀點看似合理，但實際上卻也有值得反思的地方。舉例來說，假設有一位重訓初學者，初期訓練時髖關節活動度不足，因此深蹲總是無法蹲過大腿與地面呈水平線的深度，但是教練有耐心地讓他慢慢練習，結果經過三週的訓練，終於可以蹲過水平線了，這個現象到底要解讀為他的髖關節活動度增加，活動度不足的問題已經解決了，還是要解讀成，他利用訓練取得的技巧「掩蓋」了髖關節活動度的問題？我想，有訓練經驗的人應該都知道，髖關節活動度不足不那麼容易被掩蓋，如果可以在一個端正的深蹲動作中蹲過水平線，且沒有出現彎腰駝背或是夾膝蓋踮腳尖等代償動作，那麼有很高的機率髖關節活動度是有進步的。如果不放心，可以觀察這位訓練者在其他需要屈髖的動作例如分腿蹲或硬舉等，看看髖關節的活動度是否充足，如果答案都是肯定的，那麼其實髖關節活動度的問題已經解決了。

所以，刻意避開受測者習慣的動作實質意義並不大，大多數情況下，用傳統訓練動作就可以達到目的，使用特殊設計的非訓練動作當作檢測項目非但不是必要的步驟，還有另一個潛在問題是，很多時候受測者是在還不太明白動作特性的情況下就被評分，製造出很多「假陽性反應」，換句話說，是在摸索動作特性的嘗試錯誤階段，被當成動作控制能力失調。

過度矯正

除了過度診斷的問題，隨之而來的就是過度矯正。發現問題，下一步理所當然就是要解決問題，否則就難以自圓其說，但是，許多檢測在測試時就已經有不少偏誤，沒有問題也被測成有問題，接下來，要如何解決不存在的問題呢？只好發明一大堆矯正動作，運動訓練的動作不夠用了，接下來就開始模仿物理治療、職能治

療、瑜伽或是醫學領域的動作，再加上各種業者的渲染，一時之間，如果你去健身房訓練卻沒有做幾個矯正動作，就好像落伍於時代之外似的。

矯正的手法五花八門，不過大致依循了「針對活動度」和「針對穩定性」的規律，比方說，在一套動作檢測過後，發現了髖關節活動度不足，以及核心穩定性不足的現象，接下來一個順理成章的處置就是，針對髖關節活動度和核心穩定性進行矯正訓練，針對髖關節活動度的部分可能是三到四種不同的伸展運動，針對核心穩定性的部分可能是幾種核心肌力訓練。姑且不論檢測的部分是否已經有過度檢測或是假陽性反應的問題，這種直接針對特定部位的穩定性或活動度進行矯正的方式其實也可能失準。

人體的完整動作並非各部位動作的整合，人體各個關節之間經常有互相代償的現象，也就是說，一個部位的活動度不足，身體很可能會在無意識的狀態下調整附近的其他關節去「分擔」活動度，換言之，從外觀看到的問題，未必是問題本身，直接針對外表看到的活動度或穩定性問題進行修復，其實可能打不到重點。

另外一個問題是，有些時候矯正的手段與訓練的目標可能背道而馳。舉例來說，對於活動度不足的一個常見矯正方式是「靜態伸展」，但是已有大量研究顯示以放鬆為目標的靜態伸展有可能導致肌力、爆發力和肌肉剛性降低，因為這種伸展所依循的機制之一是降低神經系統對肌纖維的徵召力，如果放鬆的目的是為了打開活動度，打開活動度的目的是為了進行重量訓練，則在重量訓練之前降低神經徵召，等於是先退兩步再開始前進。而這還是在以肌力訓練為目的的情況下發生的問題，很多訓練機構到後來直接把矯正訓練當作健身訓練，檢測出一堆問題之後做一系列的矯正，讓學員感受到動作變好了，但是接下來並不進行訓練，就舒舒服服的收工了。這樣的訓練不但不會有肌肉、骨質、神經系統和能量系統的進步，更重要的是，很多矯正效果都是短效的，一旦回歸到日常生活中不良的姿勢習慣和缺乏活動的靜態生活，動作失調的現象又會慢慢恢復，如此一來，規律的訓練不再是漸進式超負荷的過程，而是反覆矯正又反覆回到原點的過程，以至於光陰虛擲卻沒有進步。

過度診斷跟過度矯正的組合拳，可能會讓人做著不需要的矯正動作，試圖修復不存在的動作問題，但即使是真有動作控制的問題，使用矯正動作來進行矯正的效果，也未必優於慢慢練習原來的動作，因為人體關節的活動度和穩定性是可以適應的，一個人如果因為某些關節活動度或穩定性不足，導致動作失調，這並不表示此人完全不能做這個動作，而是在動作控制力更好之前不宜大幅提高壓力，但是如果

使用小重量甚至徒手慢慢訓練，有很大部分的問題是會逐漸解決的，換言之，拿一套額外的矯正訓練來矯正動作缺失，效果和效益未必優於直接繼續訓練。

　　如果動作缺失的問題真的很嚴重，以至於目前不適合逕行做負重訓練，此時第一個選擇的策略也未必是矯正，這是時間效益的問題，當活動度或穩定性不足的問題足以影響訓練安全時，如果直接進入漫長的矯正訓練過程，在矯正好之前都不做負重訓練，那可能面臨的問題是，有些活動度或穩定性的問題很「頑強」，不是三兩下就能解決，嚴重的動作缺失可能需要數週甚至數月的時間才能慢慢矯正過來，如果因此就花費數月的時間進行矯正而不做負重訓練，其實在時間上是很可惜的，三個月的漸進式超負荷訓練已經可以大幅改變一個人的肌力和肌肉量，發現一個問題就花一兩個月的時間矯正，如果身上有不只一個問題，且這些問題接二連三出現的話，可能耗費一年都還沒開始訓練。所以，一個比較可行的做法是進行「退階」訓練，所謂的退階訓練指的是暫時不挑戰有活動度或穩定性缺失的關節，先做目前可以安全負重的動作，哪怕那是一個限制動作幅度或是增加額外輔助的訓練方式，譬如對於肩關節活動度不足而無法做背蹲舉的人，可以使用「安全深蹲槓」（safety squat bar, SSB）進行訓練，讓訓練者在不受肩關節限制的情況下練深蹲，在此同時，可以利用組間休息或是主項目之外的補強訓練時間，進行可以打開肩關節活動度的矯正或補強訓練，這種「教學」「退階」「補強」「矯正」四部曲的訓練方式，才是更能善用訓練時間的選項，關於這部分，後續會有更多說明。

使用安全深蹲槓，訓練者可以在不受肩關節限制的情況下練深蹲。

擴張解釋

過度診斷、過度矯正之外，還有一個值得探討的問題，就是擴張解釋。前面提過，訓練動作之所以衍生出動作品質的議題，是因為人為了扛起重量，大量採用了有負重潛力的人體自然動作，這些動作之所以能夠對抗高阻力，身體在重量下不被壓壞反而還會變強，就是因為這些動作依循的路徑是安全且有效率的，而且可以讓身體吸收壓力刺激之後變得更強健。

檢測這些動作品質可以幫助推估一個人最原始的控制力好壞，雖然沒有哪種評估對未來有百分之百的預測力，如果連這些自然動作的動作路徑都做不出來，合理推論在執行更複雜的動作時很容易有更高的風險。舉例來說，一個人如果在深蹲的過程中展現一些問題，我們第一是評估深蹲的可行性，第二是關切這些問題到底是只有深蹲時才會有，還是其他動作也會有，如果在分腿蹲、側蹲、硬舉等動作中都發現類似問題，那麼有可能這個控制力的缺失不是深蹲所專有，而是有某種程度的普遍性，接下來就要看看在跑、跳、上下樓梯或是運動表現方面有沒有發現類似的問題。

但是，這個觀念被往前推進，幾次跳躍性思考過後，就變得無限寬廣，「看到黑影就開槍」的現象開始出現，曾經有過那樣一個年代，有些教練看到一個人深蹲時膝蓋搖晃了一下，就判定此人不能跑也不能跳，否則會受傷，看到有人硬舉時背彎了一下，就判定此人不能游泳不能打球，除了專門的矯正訓練之外什麼都不該做。

針對這種現象，有另一個戲謔的名詞出現，就是「動作算命仙」，動作算命仙意指那些看似能見微知著，實際上缺乏合理推論依據的專業人員，就像是裝神弄鬼的騙徒，看人一眼就說人可能有厄運，必須花錢請他幫忙改運消災。偏偏機運這種事情無法預料，很多人寧可信其有不可信其無，動作控制和運動傷害領域裡，也有類似的現象。

擴張解釋的現象近年來逐漸開始有收斂的趨勢，因為一段長時間過去之後，實務經驗和研究數據都並未支持動作檢測對運動傷害或運動表現的預測，所以目前來說，比較審慎的做法是回歸到對重量訓練本身的安全性評估，以及對其他運動表現和安全性作有限的推論。

捨本逐末

捨本逐末大概是動作控制大瘋狂時期最嚴重的問題，前面提到過，這一切的緣起，是在傳統大重量訓練過程中發現問題，接著才有後續的這一連串發展，但是在資訊爆炸的今天，卻產生一個弔詭的現象，就是學習動作控制的人不是為了重量訓練，而是在訓練動作控制本身。

這是怎麼一回事呢？當大量的動作檢測出現，檢測變成一個健身業的標準作業程序，很多人在健身初期都接受過某種動作評估，而這其中當然也發生許多過度診斷的問題，緊跟著過度診斷而來的是過度矯正，也就是大家花大把時間忙前忙後，追逐著一個又一個不存在的問題，執行著一個又一個不必要的解方。

這種現象持續一段時間之後，很多人開始把這種針對特定問題的矯正手段跟真正的肌力訓練搞混，以為矯正東矯正西的，就是提升肌力的方法，就是去健身房訓練的目的，陷入過度診斷和過度矯正的無限循環，忽視了肌力訓練真正的目的是提升肌肉、骨質、神經系統功能，讓身體準備好接受體能的挑戰，以提升能量系統，最終達到優異的肌力體能，去參與各種專項競技運動或是享受健康的生活品質。這種把矯正訓練當作肌力訓練的現象，是不折不扣的捨本逐末。

你或許會說，如此明顯的問題為什麼會發生？大家難道不覺得自己正在做著無意義的事情嗎？事實上，旁觀者清，當局者迷，尤其是當捨本逐末的是健身業者本身的時候，他們所吸納的學員要自己發現問題，其實難度相當高。為什麼身為專業人員還會犯這樣的錯誤呢？這大概有幾個原因，首先，全球的健身業從業人員背景一直都很複雜，至今以培養專業健身人員為目的的大學科系仍然不多，而且即使有，其師資和環境也未必追得上瞬息萬變的健身業界，健身業界的從業人員背景包括了退役選手、運動教練、體育科系畢業生、健身愛好者、醫療相關領域人員，或是（可能是為數最多的）「其他」，所以，大家都是憑著自己的學習經驗在建構對健身市場的理解，換言之，在這種多元的知識和技術背景下，健身從業人員相信的思維系統，往往跟他們初期接觸到的資訊有關。

這種現象在物理治療師和運動傷害防護員大舉進攻健身市場的時候變得更加明顯，以美國的市場為例，本來物理治療師和運動傷害防護員，跟肌力體能教練或是健身教練之間，應該是種非常完美的互助合作關係，可以使健身業的守備範圍更廣，讓訓練者有更好的訓練歷程。但是，美國從1980年代打開的健身市場，在1990

年代一路向上衝，這股力量到了兩千年前後不但沒有停下，反而用前所未有的速度繼續擴張，對於醫療相關領域的技術人員來說，相較於在醫療院所或學校單位服務，呈現爆炸性發展的健身業看起來有無限可能，於是一股健身淘金熱就此興起。從正面的角度來看，跨領域生力軍的加入，對於市場來說應該是健康而歡樂的，而且醫療行為和運動訓練有條很清晰的界限，「有病去醫院，沒病來訓練」，應該是人盡皆知的觀念，但是當年美國許多搶進市場的先行者，可能由於太過急切，跳過了真正學習重量訓練的歷程，直接把在醫院治療病患的手段包裝成健身運動，這等於是過度診斷、過度矯正、沒病治病的進階版。這些專業人員不會把學員導向大重量訓練，畢竟這不在他們的技術版圖之中，更有甚者，有些人為了跟真正教授重量訓練的同業競爭，乾脆開始放大肌力訓練的壞處，夾帶著醫療相關領域的專業背景帶來的優勢，一邊貶損健身教練的學歷和知識水準，一邊把各種不當訓練導致的問題塑造成重量訓練必然發生的後果，利用民眾的恐懼心態持續招攬客戶。

除了這種脫軌的市場競爭外，時間落差也是造成捨本逐末的原因，前面提到過，從傳統訓練時期，到動作控制的萌芽時期，再到動作控制大瘋狂時期，這其實是個跨越數十年的歷程，跟這段歷程比起來，專業人員的學習歷程相對較短，願意花三到五年鍛鍊基本能力的人已經不多，在市場蓬勃發展的時期，只接受過幾天職前教育就直接穿上教練制服的大有人在，簡單來講，許多人沒有足夠的時間細細體會這段歷史的意義。沒有足夠的受訓時間，就很容易把此時此刻最流行的議題當作最先進的訓練法，所以，在某個時期有大量的從業人員不知道動作控制、學習、檢測與矯正的手段來自於傳統肌力訓練，而且是為了解決傳統肌力訓練遭遇到的問題，為了讓人可以更安全的進行傳統肌力訓練而生，反之，他們誤以為這些矯正動作就是最先進的肌力訓練技術，而扛起重量來壓自己是一種過時且無意義的行為。

你或許會問，如果訓練無效果，或者只是在過度診斷和過度矯正之間空轉，參與健身的民眾應該會發覺才對吧？畢竟沒有人願意花時間和金錢訓練無效的東西，不是嗎？實際上卻沒有那麼簡單，因為許多參與健身的一般民眾對於健身的觀念相當模糊，他們依稀知道這應該跟健康有關，但是並不清楚肌力訓練的標的是肌肉、骨質和神經系統功能，而體能訓練的標的是能量系統，他們如白紙一張的進入健身房，接受教練的「體態評估」「動作評估」或是「運動能力評估」之後，發現自己被評得一無是處，只好欣然接受教練開出來的處方，同時也買了數十堂課。開始訓練之後，初期學習任何東西都是很笨拙的，但是在教練的「悉心指導」之下，他們逐漸掌握技巧，可以慢慢做到以前做不到的事情，偏偏這些事跟提升肌肉、骨質、神經系統和能量系統可能一點關係都沒有，這個現象我稱之為「假性學習」，有點像失

靈的學校教育，用讀書考試的方式「學」了十多年的英文，但大部分的人遇到需要講英文的場合時，仍然無法流暢的表達自己的意思。

在本書所撰寫的時空裡，捨本逐末的現象仍然廣泛存在，無論新時代的肌力訓練已經創造出多少強壯又高功能的身體，本末倒置的從業人員仍然有意無意的跟大重量訓練唱著反調，只是在民眾知識水準提高，醫界開始跟健身業產生零星的良性互動之後，這些現象慢慢有減少的趨勢。或許，在這本書變成一本舊書之前，這個現象可以得到徹底的改善。

4

動作控制反思時期

　　動作控制大瘋狂時期，就跟任何熱潮一樣，終究會逐漸冷靜，並且慢慢進入反思的時期。雖然這方面仍有許多爭議尚未平息，或是可能永遠不會平息，但至少有幾個大原則可以供我們做出有意義的取捨和判斷。

　　首先，檢測動作需不需要獨立於傳統肌力訓練動作？先說結論，我們認為不必，至少大多數的時候不必。雖然真實世界的動作千變萬化，不可能用一套簡單的動作把所有控制能力都檢測完畢，但是常用的、好用的、高頻率出現的動作型態，以及這些動作型態背後需要的關節活動度和穩定性，其實大部分都已包含在傳統訓練動作之中，舉例來說，日常生活的行走、爬樓梯、跑步、跳躍、投擲等，大部分所需的關節活動度都在深蹲、硬舉、分腿蹲、肩推等動作的範圍內，換言之，一個有能力深蹲、屈髖、跨步、高舉手的人，其實已經具備了基本的動作幅度，以及支撐這些動作幅度背後所需的穩定能力。

　　其次，肌力訓練動作檢測最主要的目的，其實是「可訓練度評估」，也就是這個人現在是否可以用這樣的動作對抗阻力。如果這個動作品質不好，就需要進一步調整，或是暫時改換訓練方式，不要讓身體在糟糕的動作上加壓力，因為根據經驗，這樣的受傷風險是會提高的。如果動作檢測的意義是評估一個訓練是否應該持續提高強度，那麼「一次性檢測」意義不大，實際上每一次訓練、每一次加重，都應該以檢測的態度進行，因為隨著肌力增加、身體素質改變、生活型態改變或是其他與訓練有關或無關的因素，動作控制都有可能改變，一試定終身的作法不僅偏頗，而且可能會錯過真正的問題。

　　此外，許多檢測都是在徒手或是低阻力狀態下進行，但隨著訓練的進展，遲早會逐漸增加負重，或是使用這些動作進行肌耐力訓練時，壓力和體力的負荷都會

影響動作控制，此時可能會浮現新的控制問題，如果只記得此人徒手檢測的成績優異，無視於增加負重後的動作缺失，那顯然違背了檢測的精神。所以簡單來講，訓練動作就是檢測動作，每一次訓練，都是一次動作品質檢測。

可訓練度評估外，針對動作品質的評估也可以「幫助推論」在真實世界或競技運動的受傷風險，但要知道，這種預測效果有限，而且有些時候必須要有一些追加檢測的過程，才能作出判斷，例如，假設我們在一個人深蹲的過程中，發現有膝蓋歪斜的問題，這問題如果出現在跑步的過程之中，顯然對於膝關節的健康不利，但是我們要做的不是禁止此人跑步，如果我們同時也是此人的跑步教練，我們應該特別注意跑步過程中有沒有出現類似的現象，因為不同動作之間的「缺失遷移性」不是必然的，很多動作缺失是某些動作所專有，專心處理這個動作就好，但有些時候缺失是一體的，做什麼動作都會出現，因此，對於其他動作應抱持「提高注意」的態度，但不要鐵口直斷，這樣很容易犯下擴張解釋的錯誤。

如果動作缺失的問題嚴重，超過訓練可以修正的程度，此時也不一定要完全拋棄訓練，反之，可以用「退階」的方式訓練，所謂的退階，指的是使用比較簡單、訓練者目前可以掌握的訓練技術來訓練，這樣的好處有二，一是可以持續訓練，不必因為有動作缺失就錯失寶貴的訓練時間，第二是如果退階訓練選擇得當，甚至有可能會逐步進階，解決原本的問題。

舉例來說，一個人在做前蹲舉的過程中，不斷發生踮腳尖的問題，且無法自主控制，此時無需完全拋棄前蹲舉，可以暫時將腳跟墊高，如果腳跟墊高整體動作就恢復正常，則可以把「腳跟墊高的前蹲」當作退階訓練，經過一段時間的練習過後，逐漸降低腳後跟墊高的幅度，最終回到原本想要的動作，這就是利用退階去矯正動作缺失的例子。

過去的二十年間，「矯正訓練」四個字往往代表一些特殊技法，但隨著時間的演進，我們漸漸體認到，很多時候矯正訓練其實就是均衡訓練，許多動作缺失現象都來自於肌肉控制力的問題，而提高肌肉控制力的最佳方法其實是「均衡攝取訓練」。

綜合以上，我們可以說，在動作控制的反思時期，動作控制的議題大概可歸納為以下幾大原則：

1. 有負重潛力的人體自然動作，是人體最重要的動作基礎。

2. 有負重潛力的人體自然動作品質良好與否，關係到一個人是否可以安全地進行漸進式超負荷的訓練。

3. 有負重潛力的人體自然動作品質，也可以提供一些線索，幫助判斷在競技運動或日常生活中，是否有值得注意的動作控制問題。

4. 對有負重潛力的人體自然動作檢測，不應只局限於徒手單次檢測，應該在所有訓練負荷下，都持續檢視動作品質。

5. 負重過程中可以觀察出許多在徒手狀況下無法觀察到的動作控制問題。

6. 如果動作品質有問題，應循著教學、退階、補強和矯正等四個管道做修正。

7. 動作品質有問題，可能是不夠熟悉動作，反覆訓練會有幫助。

8. 如果反覆訓練無法改善，可暫時改用可以避開控制力問題的退階動作訓練。

9. 如果退階訓練無法達到修正動作品質的效果，則可同步增加補強和矯正訓練。

10. 矯正訓練未必是一套特定動作，很可能只是一個更均衡的課表，以及增加針對缺點而設計的訓練動作。

11. 檢測動作能力最好的方式是使用均衡的肌力訓練動作，修復有問題的動作最好的方法還是使用均衡的肌力訓練動作，均衡的肌力訓練可以用教學、退階、補強、矯正等手段長期維持動作控制能力，並且提升最大肌力。

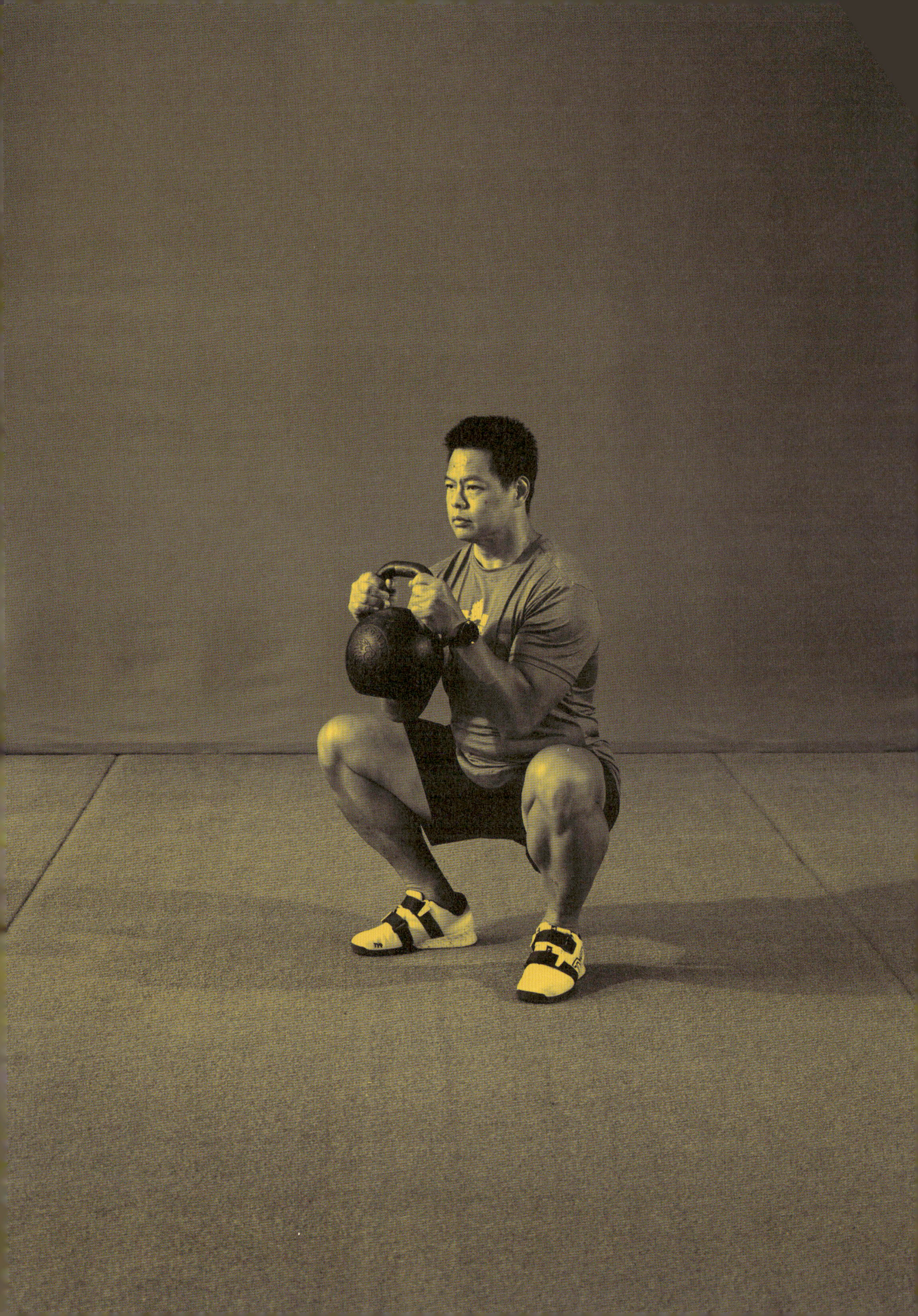

PART 2

技術

CHAPTER 5

關節的活動度與穩定性

　　讓我們來討論一下,一個人體自然動作是怎麼完成的。人體的結構和功能複雜,但是每一個動作,其實都是由各個關節的移動所組成。關節的結構和功能仍然很複雜,就算只討論一個關節,這裡面也牽涉到大量的肌肉、肌腱、韌帶、骨骼、神經、血管等錯綜複雜的組織,以及各種組織各司其職所發揮的功能。我們如果不想陷入過於微觀的資訊爆炸陷阱,也不想把截然不同的事情一概而論,那把關節的功能分為「活動度」和「穩定性」,應該是最恰如其分的分類法。而這裡所謂的「活動度」(mobility),指的是一個關節可動的程度,「穩定性」(stability)指的是一個關節抵抗動作的能力。

關節活動度

活動度指的是一個關節可動的程度，而這個「可動」的背後，有一些相關的因素存在。一個關節可動的程度可能受限於關節的硬組織結構，譬如關節面形狀、大小，關節窩的深淺等等，另外，關節可動的程度也可能受限於軟組織結構，例如關節囊和韌帶，以及關節周邊的肌肉長度和力量，以下分爲關節動作幅度和關節周邊的局部肌力兩方面來探討。

動作幅度

在非受傷或非先天異常的情況下，人體自然動作的幅度受限於硬組織的機率不高，骨骼性的關節活動度限制通常出現在較大的動作幅度裡，例如少數人的髖關節的髖臼較深，可能就比較不容易做出劈腿的動作。如果不是極端大幅度的動作，則通常會限制關節動作幅度的都跟受傷有關，如果是這一類情形，只能以醫療篩檢的方式釐清關節受限的程度，不是訓練所能處理的。

受限於軟組織的情形比較常見，這部分又分爲幾種不同的情形，影響關節活動度的軟組織包括肌腱、筋膜和肌肉，這其中只有肌肉是主動收縮的組織，筋膜和肌腱的功能是傳遞力量。在不考慮肌肉力量大小的情況下，肌肉、筋膜、肌腱所構成的系列結構可能因爲長度太「短」導致關節活動度受限。所幸的是，這跟受骨骼限制比較不一樣的地方是，骨骼性的限制很難用訓練來改變，但肌肉的限制較容易用訓練改變，主要的原因在於肌肉的長度有可塑性。

大動作幅度的負重訓練其實可以視為一種伸展，我們都知道重量訓練可以達到肌肥大的功效，而所謂的肌肥大，指的是肌肉細胞在數量不變的情況下，產生體積的改變，不過如果我們更進一步分析，可以發現肌肉體積的改變可以是橫向的粗度變化，以及縱向的長度變化。這是因為肌肥大的過程中，雖然肌纖維的數量大致不變，但是肌纖維裡面的肌節其實是會增生的，而肌節增生的形式分為縱向的串聯型增生和橫向的並聯型增生，串聯型的肌節增生就可以製造更長的肌肉長度，讓動作幅度顯著增加，關於這部分，在後續的章節還有更多討論。

除了骨骼性的關節動作幅度限制以及肌肉長度造成的關節幅度限制之外，接下來討論局部肌力對關節活動度造成的限制。

局部肌力

局部肌力的影響可以分為兩方面，一是「主動肌」無力，一是「拮抗肌」過緊，但這兩者通常會導致類似的結果，就是一個關節可能會出現「主動活動度不足」但「被動活動度正常」的情況。

所謂的主動活動度不足，指的是一個關節在人體自主用力的情況下關節活動度受限，但是在旁人稍微協助的情況下，活動度卻打開了。舉例來說，一位訓練者主動將手臂舉起時，無法讓手臂高舉到正對天花板，只能舉到一個斜斜向前傾的姿勢，但是在教練稍微協助扶一下手臂，訓練者雖然會感覺肩膀有點緊繃，但仍然可以把手臂舉直，對著天花板。這顯示了幾件事，首先，關節本身的形狀並不影響動作的幅度，其次，是這個動作的主動肌的力量，可能略小於拮抗肌的力量或是組織剛性，導致主動用力時無法克服自己給自己的阻力，以至於無法自主做完全程動作幅度，但是在有人協助的情況下就可以。

對於肌力非常低的人來說，有些時候肌力不足也會以活動度不足的方式表現，這可能是因為肌力太低，以至於光是舉起肢段本身的重量就已經太重，以至於主動的動作幅度很低，但又因為整體肌力很弱，所以稍有外力協助就會發現被動活動度很大。

另有一些情況是關節周邊的肌肉有著不正常的神經張力，這可能是不明原因造成的「防禦性張力」，意思是說，我們的身體因為某種原因，「擔心」關節活動度太大可能會失控或引發受傷，所以刻意繃緊關節周邊的肌肉，造成關節活動度受限。

如果無論是主動（自己舉手）或是被動（有他人協助）都無法達到手臂向天花板方向舉直的程度，則可能是關節本身有限制，或是主動肌的力量和拮抗肌的力量或組織剛性之間差距太大，以至於即使有他人的協助也不易打開。要區別這兩者，可以感受一下動作幅度的限制是因為骨骼的夾擠感還是肌肉的撕扯感所造成。

由於無論是主動還是被動的動作幅度，肌肉都在裡面扮演著重要的角色，肌肉的長度不足可能影響關節活動度，肌肉的張力過大或過小也可能影響關節活動度，所以關節的動作幅度和局部肌力不是外觀上可以輕易區分的，不過無法區分不表示無法解決，因為改變肌肉長度和改變肌肉張力的方法，其實有很大一部分是重疊的，相關議題在補強和矯正的部分會有更多的討論，接下來先繼續討論下一個議題，就是關節的穩定性。

關節穩定性

　　所謂的關節穩定性，指的是一個關節抵抗「不想要的」動作的能力，關節穩定性又可細分為靜態穩定和動態穩定。靜態穩定指的是關節在整個動作過程中完全沒有動作，例如深蹲硬舉過程中的脊椎骨，脊椎骨是一系列的關節，但是在深蹲或硬舉的動作過程中並不負責做出任何動作，反之，必須穩穩的停在原地，讓髖關節、膝關節、踝關節去完成動作。動態穩定指的是關節在有動作的情況下，能夠抵抗多餘動作的能力，所謂的多餘動作，舉凡顫抖、搖晃、偏斜或是突然改變速度均屬之。換言之，只要是不在原定計劃的軌跡和速度裡的移動，都算是多餘動作，而抵抗多餘動作的能力就是動態穩定性。

　　跟穩定性相關的一個概念是「平衡感」（balance），甚至過去有些人會把這兩個詞混用，不過穩定性跟平衡感雖然概念上略有重疊，但實際上仍然是不一樣的概念。穩定性與平衡感的差別用實例來說明會比較簡單，舉例來說，在深蹲的過程當中，不歪斜、不搖晃，全程維持左右對稱的姿勢完成動作，同時可以是一個穩定性的展現，也可以是一個平衡感的展現，但是如果我們今天討論的是膝關節在深蹲的過程中既沒有左右搖晃，也沒有突然加速或減速，也沒有發生非預期的前移或後移，那使用平衡感這個詞就不足以形容膝關節的狀態，穩定性才是比較合適的用語。

活動度與穩定性的交互作用

　　接續前面的討論，我們可以這樣解構一個動作：一個動作是由身體各個可動關節提供活動度或穩定性來完成的。例如，一個深蹲是由腰椎以上的所有關節提供了靜態穩定性（全部保持不動），加上髖關節、膝關節、踝關節等三關節「貢獻」出屈曲/伸展的活動度，同時在活動的時候有足以抵抗多餘動作的能力，才得以完成的。所以，看似不參與動作的關節其實是在提供靜態穩定性，看似有參與動作的關節其實是在提供活動度和動態穩定性。這種活動度加上穩定性的完美演出，才會產生最終的動作。我們平時關注的肌肉收縮、筋膜和肌腱傳遞張力、韌帶連接骨骼，骨骼產生力矩，最後輸出力量等一切過程，最終在外顯動作中都是以關節活動度或關節穩定性的形式展現。

　　既然動作是由關節活動度和關節穩定性完成，那麼一個動作的「動作品質」，就是身體各個關節是否提供了該提供的活動度和穩定性來決定的。如此一來，判定一個動作的好壞就變得相當簡單，假設一個人的深蹲過程中，所有的關節表現都很正常，只是腰椎在動作過程中無法固定在中立腰椎位置，那麼我們可以形容這是一個缺乏腰椎穩定性的深蹲動作，如果一個肩推的動作一切都很正常，只有手臂無法高舉過頭，我們會說這個肩推動作的肩關節活動度不足。

　　大肌群多關節完整動作幅度的大重量動作，通常參與的關節包括了中軸的胸椎和腰椎（雖然胸椎和腰椎都是脊椎，但其構造和功能不盡相同，所以在動作控制上經常分開來看），上肢的肩胛骨、肩關節、肘關節、腕關節和指關節，以及下肢的髖關節、膝關節、踝關節、足弓和腳趾。這裡你可以看出很多關節其實是一堆關節的組合，在解剖學的定義裡，骨骼相接就是關節，動作控制中主要討論的是可動關節，而在大重量訓練的動作中，很多時候一整組的關節因為結構和功能都「集體行動」，所以被歸納為同一個單位，例如胸椎是12節骨頭，腰椎是5節骨頭，與足弓相

關的骨骼有14塊,而它們各自有大量的大大小小關節,但因為在大肌群多關節完整動作幅度的大重量動作過程中,這些骨骼和關節都是一起合作提供一樣的功能,因此實務上就把它們視為一體,很多關節裡有大量複雜的小關節(例如腕關節、踝關節等),但也由於都是致力於提供相同的功能,因此也都簡單視為同一個單位。

所以,我們其實只需要評估中軸的胸椎和腰椎,上肢的肩胛骨、肩關節、肘關節、腕關節和指關節,以及下肢的髖關節、膝關節、踝關節、足弓和腳趾各自提供的活動度和穩定性是否充足,理論上我們就可以評估每一個動作的品質好壞,不是嗎?可惜答案沒有這麼簡單,因為人體的動作控制包含了有意識的層次,以及無意識的層次。有意識的層次掌管的是動作的目的,例如想要蹲下,想要站起來,想要舉起手來等等,但是在動作的過程中有大量的無意識層次的控制,例如在動作中因為收到一些回饋訊號而自動調整姿勢或重心,這是為了繼續完成動作的目的,不想花時間重新思考,所以精密的人體就有這種自動調整的功能。

自動調整動作是一個非常優異的能力,它可以讓我們在姿勢失衡的時候立即轉換策略,而且過程當中不需要經過有意識的計算,就可以立即產出反應,如今最高科技的機器人僅能大致模仿這個能力。但是這個優異的自動控制能力卻也有可能成為把動作失調複雜化的重要原因。

先前提到一個動作的品質是由身體各關節提供活動度和穩定性所達成的,而身體在動作出現問題的時候所使用的自動調節系統,也是藉由改變關節的活動度和穩定性來達成任務,偏偏這個自動調節系統只知道瞬間達成任務的目的,不太會考慮手段,當它偵測到一個關節無法提供該提供的活動度或穩定性時,它會不加思索地瞬間徵召相鄰的關節來代償所缺失的功能。這個現象在功能性訓練蓬勃發展的階段受到廣泛討論,功能性動作專家格雷·庫克(Gray Cook)把無意識的過程稱為「Reflexive Feedback」,中文慣用的說法是「反射回饋」,而反射回饋的結果,往往是由相鄰的關節來代償,所以這整個過程我們稱為「反射回饋,相鄰代償」。

何謂「反射回饋，相鄰代償」？

所謂的「反射回饋，相鄰代償」，指的是人體動作控制的一個重要機制，人體的動作過程中，有意識的層次只專注在動作的目的，大部分姿勢和力量的控制，其實在無意識的層次就完成了，而無意識的層次控制動作的依據，就是有意識的層次所專注的那個目標，換言之，當有意識的層次已經決定動作的目的，無意識的層次就有使命必達的決心。

這聽起來是個不錯的機制，可是為什麼我們會說它把動作失調的現象複雜化呢？因為無意識的層次只在乎能否達成有意識層次決定的「目標」，卻不在乎「過程」。換言之，當人體機器一切運作順暢的話，無意識層次的動作控制通常會依照正常動作流程走，這是沒問題的，但是，當人體這個機器有任何一個部位可能有問題，讓無意識層次的動作控制無法按照正常流程運行的時候，無意識的層次並不會「回報問題」，也不會「終止動作」，反之，它還是一樣使命必達，只不過是使用「代償」的方式讓動作繼續下去。

我們先來理解一下什麼是代償。動作控制領域裡所謂的代償，指的是動作過程中如果有一個關節沒有提供它該提供的活動度或穩定性，我們的身體會在無意識的層次讓鄰近的關節提供一些活動度或穩定性來幫忙，使原來的動作可以繼續進行，表面上看起來這沒什麼問題，身體各部位本來就互相支援，反正最終都是一起達成任務，不是嗎？實際上卻沒這麼簡單。假設一個關節的活動度不足，身體無意識地讓相鄰的關節幫忙分擔一些活動度，偏偏相鄰的關節在這個動作中正好致力於在同一個方向提供穩定性，此時一邊需要它提供穩定性，一邊需要它提供活動度，它很可能會放棄掉一部分穩定性，「借出」一些些活動度給原本缺乏活動度的關節。

舉個例子來說，羅馬尼亞式硬舉是一個由上往下的直膝硬舉，起始姿勢是站姿，雙手用懸垂姿勢拿著槓鈴，然後在微屈膝（避免膝關節不當壓力）的情況下，轉動髖關節讓軀幹前傾，直到腰椎概略平行於地面，此時槓鈴應位於腳掌心正上方，大約在脛骨中段附近的位置，再依照原路線

返回起點。過程中如果動作品質沒問題,那會是一個不折不扣的髖主導動作。我們今天來假設一個狀況,假設這個人的髖關節活動度不足,卻又想要做羅馬尼亞式硬舉,那會發生什麼事呢?當髖關節活動度不足的時候,身體前傾到某個程度就會感覺到髖關節無法繼續前屈,但前面說過,有意識的動作控制只專注在動作的目的,以羅馬尼亞式硬舉來說,就是把槓鈴降低到脛骨前,所以,當髖關節活動度不足的時候,身體會自動用「反射回饋,相鄰代償」的方式,找髖關節相鄰的關節來代償不足的活動度。

髖關節的相鄰關節往下是膝關節,往上是腰椎,當髖關節不足以提供足夠的活動度,身體就會不加思索的跟膝關節或腰椎「借」一些活動度,如果這個活動度由膝關節來代償,我們會看到一個屈膝幅度加大的姿勢,也就是會從羅馬尼亞式硬舉變成類似傳統硬舉的姿勢,這樣的轉變頂多就是降低了一些腿後肌群的負荷,增加了一些大腿前側的用力,未必有安全的問題,但是如果今天活動度是由腰椎來代償,我們會看到一個「負重過程中改變腰椎角度」的危險動作。代償本身是人體的保護機制,不必然發生危險,但是因為發生危險的代價很高,所以在重量訓練時應盡一切可能避免發生代償。

當髖關節不足以提供足夠的活動度的時候,身體就會不加思索的跟膝關節或腰椎「借」一些活動度。

相鄰代償這件事情不一定只發生一次，所以有可能發生「連續代償」或「循環代償」的現象。所謂的連續代償指的是，當一個關節有功能性缺失，相鄰的關節會試著代償缺失的功能，如果相鄰的關節為了代償這個缺失，變得無法扮演好自己的角色，此時自己也會變成第二個有功能缺失的關節，而這第二個關節還是有它自己的上下兩個相鄰關節，上下兩個相鄰關節也可能必須出來代償第二個關節缺失的功能。代償第二個關節功能的相鄰關節，可能是第三個關節，也可能是第一個關節，如果是第三個關節代償，那就會發生所謂的連續代償，連續代償可以一路發展到第四、第五個關節，影響力無遠弗屆。如果代償兩個關節的是第一個關節，也就是最先發生問題的關節，那麼就會出現所謂的循環代償。

這些過程敘述起來可能很抽象，我們可以用實際的例子來說明。假設有一個人要做低槓式背蹲舉，結果缺乏足夠的髖關節活動度，下蹲到一半之後，髖關節便已無法繼續屈曲，此時，此人有意識的想要繼續往下蹲，無意識的動作控制讓身體開始代償髖關節所缺乏的活動度。

左圖為正常動作，右圖則是缺乏足夠的髖關節活動度，在下蹲到一半之後，髖關節無法屈曲，無意識產生駝背和夾膝動作來代償。

先說明連續代償可能的機制，從髖關節往上看，髖關節活動度不足時，腰椎可能會彎曲，以幫助身體繼續往下蹲，腰椎本身需要足夠的穩定性，但當腰椎穩定性不足的時候，胸椎可能會變得「僵硬」，以試著幫不穩的腰椎增加穩定性，如果胸椎僵硬在不對的位置，例如有點駝背，那將會影響肩胛骨的位置，肩胛骨位置被影響以至於無法做出適當的夾背動作，可能會連帶影響肩關節，讓肩關節沒有足夠的外旋空間，使得手肘必須往後抬起，偏偏雙手已經握在背後的槓鈴上，手部位置固定，抬起的手肘可能會造成手腕翻折。

　　一樣是連續代償，從髖關節往下看，當髖關節活動度不足的時候，原先應該要適度後推的臀部可能會推不出去，致使膝關節被往前推，膝關節往前推的時候會向下擠壓踝關節，踝關節如果活動度不足，膝關節可能會不由自主改變方向，常見的狀況是向內，踝關節活動度不夠用時，人可能會踮起腳尖，或是自動把腳尖向外旋轉，導致足弓被踩平在地上，最終導致踩地的雙腳變得不穩。

　　有些地方可能會發生所謂的循環代償，比方說，在深蹲下蹲的過程中，因為髖關節活動度不足，導致無法下蹲，此時腰椎可能會試著增加彎曲的幅度以幫助下蹲，腰椎增加彎曲勢必先放棄自身的穩定性，偏偏腰椎穩定性在深蹲過程中是必要的環節，因此腰椎穩定性不足本身也是一個功能缺失，腰椎穩定性不足的這個缺失，可能會引發腰椎的相鄰關節啟動代償機制，腰椎的相鄰關節是胸椎和髖關節，如果發生代償的是髖關節，那就會陷入一個弔詭的現象，原先髖關節活動度不足，因此導致腰椎穩定性不足，而腰椎穩定性不足，又進一步向髖關節「要」穩定性，髖關節又再次鎖緊，更緊的髖關節回頭再次影響腰椎的穩定性，讓腰椎更不穩，如此互相代償，最終導致功能互換，髖關節變成一個壓不下去的關節，腰椎變成一個拚命彎曲的關節，一個超級駝背深蹲就此形成，如果背上還有一支重槓，那會是極度危險的訓練動作。

　　所以，代償有可能產生一連串的連鎖反應，也有可能在原地打轉。這些現象不必然發生，也不必然有清楚的脈絡可循，有些連續代償只有部分環節很顯著，部分環節看起來很正常，造成一種斷斷續續的外觀，可能被視為幾個獨立的問題，有些循環代償從外觀上根本分不清誰是源頭，只覺得兩個都有問題。這些現象無可避免地讓動作檢測變得複雜，甚至可能會

覺得無所適從，但了解這些可能的機制是解決動作問題的第一步，後面會有更多關於這個議題的討論。

「反射回饋，相鄰代償」的機制給我們的重要啟示是：「你所看到的動作缺失，未必是動作缺失的源頭」，很可能是一連串代償的過程或結果，這對於教學和矯正是很重要的一件事，因爲在動作教學的過程中，如果只覺得動作很爛很難看，卻無法確認動作問題的根源，也不知道怎樣引導後續的訓練，那很可能會選擇錯誤的訓練方針。要知道，業界經常標榜「個別化訓練」，而這類個別化訓練經常是跟訓練目標比較有關，例如個別化的增肌減脂訓練，個別化的競技運動訓練，但是，很多人沒有注意到的是，個別化訓練最直接的展現，其實是動作能力的個別化，這個概念我在《抗老化，你需要大重量訓練》一書中也再三應用，在我們爲自己或他人立下遠大的訓練目標之前，最現實的問題是，你期望用來變強的動作是不是根本做不出來？

在動作控制觀念不發達的年代，判斷是否可以進行訓練，其實經常依賴一些不太有根據的直覺判斷，有些時候是不顧危險的硬練，例如「年輕人蹲不下去就壓重一點」或是「沒有痛苦就沒有收穫」，有些時候是極端的保守，例如「長輩不要深蹲，會傷膝蓋」「這個動作可能不適合你，你散步甩手就好」，其實在沒有醫療禁忌的前提之下，有負重潛力的人體自然動作應該適用於所有人，而所謂的動作缺失其實是可以依循著動作控制的技巧去修復，讓大多數人都可以從訓練中得到進步。個別化訓練有很大一部分的任務，其實是根據一個人的動作品質，評估可訓練的程度，以及對於有動作控制能力失調的部分進行退階、補強或矯正。

談完了一個出問題的動作可以是如何的混亂，背後的原因又是如何的難以釐清，接下來跟大家討論的是，如何在這樣複雜的狀態中，尋找出一個最能解決問題的方法。

CHAPTER 6

動作檢測與矯正的策略

　　從前面的分析可以得知，一個動作產生缺失的原因，可能是因為某些關節沒有足夠的活動度，也可能是某些關節沒有足夠的穩定性，而因為「反射回饋，相鄰代償」的機制產生的交互作用，使得活動度和穩定性的問題變得相當複雜。換句話說，要確認哪個關節的活動度或穩定性有問題，一聽之下就像是個大工程，不過，有些有用的資訊可以幫我們大幅減低問題的複雜度，接下來我們先來探討一個可以幫大腦節省記憶體的工具：「相鄰關節法則」。

相鄰關節法則

相鄰關節法則（Joint-by-joint approach）是由功能性訓練專家麥克‧波依爾（Michael Boyle）和功能性動作評估專家格雷‧庫克（Gray Cook）所提出的，這個法則的主旨是，雖然每一個關節都有提供活動度和提供穩定性這兩種功能，但是，在非醫療（亦即沒有受傷或病變）的情況下，每一個關節容易缺失的功能卻有一個有趣的規律，容易發生「活動度缺失」的關節是：肩關節、胸椎、髖關節、踝關節，而容易發生「穩定性缺失」的關節是：肩胛骨、腰椎、髖關節、膝關節。亦即除了髖關節兩個都容易有問題之外，其他的關節大部分依循著「相鄰的關節容易失去相反的功能」的特性。

我們如果依循著這個規則往下推，會發現上肢的肘關節容易發生穩定性缺失，腕關節容易發生活動度缺失，下肢的足弓容易發生穩定性缺失，腳趾容易發生活動度缺失，而這大致符合現實的觀察。

很多人在思考這個法則的時候，常常會忘了「非醫療」這個概念，以至於用特殊的疾病、開刀出問題、手術失敗、術後復原不佳等例子套用，結果當然有一大堆例外，然後就認為相鄰關節法則沒用，要知道相鄰關節法則「主要」是在描述非醫療的狀況，最常見的情況就是不當訓練或靜態生活，身體會產生不適當的適應，導致關節活動度、穩定性產生變化，而這種變化，根據相鄰關節法則，通常是有規律的，以下我們一一探討。

肩關節的功能缺失

肩關節指的是肩胛盂肱骨關節，在正常的情況下，肩關節是人體活動度最大的關節之一，這是因為肩關節屬於球窩關節，由兩個主要骨骼組成：肱骨頭是圓球狀，而肩胛盂是一個淺淺的窩，很多人形容肩關節很像是一顆高爾夫球放在開球的球座上，或是一顆棒球放在沾醬油的碟子裡，總之，球大窩小是肩關節的特性。

既然肩關節是一個球大窩小的關節，關節骨骼本身給予的活動度限制其實非常低，自由度非常高，可以做出屈曲、伸展、外展、內收、外旋、內旋、繞環等動作。但是因為幾個原因，在不當訓練或不訓練的情況下，肩關節常常是很僵硬緊繃的。不當的運動訓練或肌力訓練，讓肩關節周邊的肌肉長期維持僵硬緊繃，而長期靜態生活會導致關節長期維持固定姿勢，這兩種情形都會讓肩關節活動度越來越小，所以肩關節容易缺失的功能是活動度。

在沒有受傷或病變的狀況下，肩關節穩定性不足的情形較為少見，有些人會覺得自己的肩關節不夠穩，實際上經常是肩胛骨不夠穩定，導致覺得整個肩關節不穩，以下討論肩胛骨的角色。

肩胛骨的功能缺失

嚴格說起來，肩胛骨是一塊骨頭，不是一個關節，我們要探討的「肩胛骨」，其實是肩胛骨跟胸廓肋骨接壤的「肩胛胸廓關節」，但口語上都只講肩胛骨。功能健全的肩胛骨可以做出上旋、下旋、外展、內收、上提、下壓等動作，靠著肩胛與胸廓之間的肌群，肩胛骨可以在上背的兩側自由移動。

肩胛骨在動作控制當中扮演著支持肩關節的重要角色，可以說是手臂的地基，換言之，肩關節要順暢用力，肩胛骨必須先移到最有利的支撐位置，肩胛骨如果沒有移到對的位置且提供足夠的「穩定性」，肩關節的活動度就會受限，事實上，肩胛骨跟肩關節之間有重要的連動，所以通常在考慮肩關節活動度時，一定要同時觀察肩胛骨的穩定性。值得一提的是，肩胛骨的穩定性是一種動態穩定，固著在不對位置的肩胛骨，或是跑錯位置的肩胛骨，都不算是提供了好的「動態穩定性」。

胸椎的功能缺失

討論完肩胛骨的角色，下一個要討論的關節是胸椎。胸椎不是一個關節，而是很多個關節，胸椎有十二節，每一節之間有椎間盤提供避震和緩衝的功能，同時有小面關節控制胸椎移動的角度，並透過肋骨關節與肋骨連接。

胸椎具有有限的屈曲、伸展和旋轉活動度，在日常生活和競技運動裡，可能會有動作過程中改變角度的情形。但是在「有負重潛力的人體自然動作裡」，胸椎的功能非常簡單，就是「保持中立姿勢」。這一點是非常重要的，前面的章節已經提到，動作控制能力的檢測，要先從人體最基礎的動作能力著手，基礎控制能力沒問題，才逐步發展複雜的動作型態，前面也已經花了不少篇幅論述，為什麼我們認為「有負重潛力的人體自然動作」是人體最基礎的動作控制能力。

有負重潛力的人體自然動作的其中一個特性，就是符合人體發力原理，也就是「中軸穩定，四肢發力」。穩定的中軸會呈現中立脊椎姿勢，所謂的中立脊椎姿勢，在頸椎呈現微微的前凸，胸椎呈現微微的後凸，腰椎呈現微微的前凸，在這樣的姿勢下，脊椎所承受的壓力最均勻，每一節脊椎之間的椎間盤、脊椎周圍的肌肉及韌帶都處於受力均衡的最安全位置。由於胸椎與肋骨相連，所以通常穩定性不是問題。

偏離中立脊椎姿勢會降低負重潛力，偏離越遠，負重潛力降低越多，這是因為不中立的脊椎可能會給椎間盤不當的擠壓，造成移位或破損，此外，小面關節本身以及附近的的肌肉和韌帶也可能因為脊椎的形變產生不當的壓迫或拉扯，這都會影響脊椎的安全，而神經系統為了防禦這些危險，會主動降低運動單位徵召，同時限制身體其他部位的關節活動度。

在有負重潛力的人體自然動作裡，胸椎和腰椎都不需要做任何動作，所以其實只要能夠穩住自己就好，但是，在不當訓練或缺乏訓練的情況下，胸椎有可能會「固著」在不中立的姿勢，通常是過度彎曲，有人稱之為「胸椎塌陷」姿勢，而且無法輕易回正。比方說，肌力訓練課表不均衡，過度集中身體前側肌群，可能會導致肩膀前引的姿勢，技擊運動員長年練習「含胸拔背」的姿勢，缺少反方向動作的肌力訓練，都有可能讓姿勢逐漸定型。坐式生活者習慣斜靠椅背，雙手前伸使用鍵盤的姿勢，或是手機重度使用者「低頭族」的姿勢，一旦成為長期習慣，也可能會改變胸椎周邊的組織結構。

無法挺直的胸椎會導致幾個問題，首先，需要挺直軀幹的動作如蹲舉、肩推等，當胸椎固著在彎曲的駝背姿勢時，若訓練者想刻意挺胸，可能會不自覺地變成過度挺腰，過挺的腰椎也是不中立的姿勢，對於腰椎後方的小面關節產生巨大的壓力。其次，固著在彎曲姿勢的胸椎也會限制肩關節活動度，這是因為彎曲的胸椎使得肩胛骨沒辦法回到正確的位置，以至於限縮了肩關節的活動度，此時若要做雙手高舉過頭的動作，人體可能會出現挺腰、屈膝後仰或是手臂無法高舉過頭的動作問題。值得注意的是，這並不表示練肌肉、練格鬥、打電腦、用手機都是壞事，如果從事這些活動或是生活行為的同時，有均衡的肌力訓練幫忙「回正」姿勢習慣，這些問題未必會發生。

胸椎的彎曲不一定都是姿勢習慣造成，也有可能是骨骼形變造成的。這種現象較常發生在年紀較大的人或是骨質疏鬆的患者，長年的姿勢習慣除了對肌肉、肌腱、韌帶造成影響，也會對骨骼造成壓力，長期壓力導致骨骼變形，變成固定的駝背姿勢。骨質疏鬆的患者也可能因為骨骼缺乏足夠的支撐力，而日常生活中向前傾的動作較多，久而久之就造成向前彎曲的脊椎型態。這種因為骨骼問題導致的胸椎前彎，無法用一般的訓練手段矯正，且當椎體已經從「柱狀」變成「楔形」的時候，其實對於椎間盤壓力最均等的其實已經不是原本的中立脊椎。遇到這種情形，建議先經過醫療篩檢，經醫師確認重訓無特殊禁忌之後，接下來的訓練就可以依照「新的脊椎中立姿勢」進行訓練。

腰椎的功能缺失

腰椎大概是整個動作控制裡最重要的一環，雖然「中軸穩定，四肢發力」的中軸包含了胸椎和腰椎，但腰椎的穩定性比胸椎更難獲得。前面提到過，在不當訓練或缺乏訓練的情況下，胸椎很容易失去活動度，胸椎相對比較不容易失去穩定性，而腰椎則比較容易失去穩定性。要解釋這一點，需先從脊椎的穩定機制談起。

在沒有其他組織支撐的前提下，脊椎本身在非常輕的的壓力下就會開始變形，雖然各種研究得出的原始數據不一，但那些數值遠低於人在健身房裡舉起的大重量，換言之，脊椎本身的垂直負重能力是很低的，人體之所以有潛力在肩膀上扛百公斤以上的重量，是因為有其他力量支撐。

支撐脊椎的力量至少有兩個，第一是脊椎附近的肌肉組織，第二是包覆在脊椎外面的體腔內壓。脊椎附近的肌肉組織雖然對脊椎有直接的連結，但是這些肌肉緊貼在脊椎附近，由於力學角度較弱，對於大幅度的軀幹傾斜控制力有限，所以雖然這些肌肉被視為維持脊椎穩定的肌群，但人體無法單憑這些肌肉就對脊椎提供最高的穩定性，還需要其他機制來幫助穩定脊椎，尤其是在對抗大重量的時候。

體腔內壓是負重潛力的關鍵因素，這並不表示脊椎附近的穩定肌群不重要，肌群是結構，體腔內壓是這些肌肉配合其他軀幹肌群用力所產生，所以我可以說，肌群是一種結構性的力量，而體腔內壓是一種功能性的力量。兩者同時對脊椎的穩定性提供了重要的貢獻。

脊椎包含了頸椎、胸椎、腰椎、薦椎和尾椎，有負重潛力的人體自然動作裡，對抗體外阻力的通常是胸椎和腰椎，頸椎通常僅用於支撐頭部，除了少數頸部負重的動作之外，頸椎的穩定性通常在聳肩、肩推、手臂平舉等動作裡被訓練到，所以，強壯的肩頸肌肉是頸椎最佳的保障。薦椎和尾椎已經各自融合，所以本身較無穩定性的問題。胸椎和腰椎位於軀幹內部，跨越了很長的距離，承受了最多的壓力，卻最缺乏穩定性。因此，胸椎和腰椎也是最需要體腔內壓支撐的脊椎部位。

對胸椎來說，前面曾經提到過，胸椎在動作缺失的型態分類裡，屬於較容易缺乏活動度的部位，這並不表示胸椎不需要穩定性，也不表示僵硬的胸椎等於穩定的脊椎，胸椎之所以比較不易缺乏穩定性的原因有幾個，首先，胸椎跟肋骨相連，肋骨可以幫忙分擔部分壓力。其次，胸椎的穩定性可以由胸腔內壓來提供，而胸腔提供壓力支撐的方法較為簡單，人體的肺臟正好位於胸腔裡，深呼吸一口氣，再把氣憋著，胸腔內壓就會顯著上升，上升的胸腔內壓就好像打飽了氣的輪胎，輪胎可以支撐起汽車的重量，胸腔內壓也可以幫助胸椎支撐起壓在肩膀或是舉在手上的重量。

對腰椎來說就沒那麼簡單，首先，腰椎的位置比較低，所以承受的力量比胸椎大，任何無論是拿在手上、抱在胸前、背在肩上的重量都會對腰椎造成巨大的壓力。除此之外，腰椎的穩定機制應該由脊椎附近的肌肉群和腹腔內壓（intra-abdominal pressure）來支撐，偏偏許多人的腹腔支撐力不足，因此，腰椎容易發生的缺失是穩定性。

如何用腹腔內壓支撐腰椎呢？讓我們從結構和功能的角度來看，穩定脊椎的肌群習慣上稱為核心肌群，所謂的核心，指的是「腰臀骨盆系統」，深層的肌肉方面，

上有橫膈膜，下有骨盆底肌，周邊有環繞腹腔的腹橫肌，脊椎附近有穩定脊椎的多裂肌，這些肌群構成了核心最深層的結構。包覆在外的還有腹直肌、腹外斜肌、豎脊肌群、腰方肌、臀大肌和臀中肌。這些肌肉把核心包覆成一個「桶狀結構」，也有人稱為「氣球結構」，不管大家對核心的形狀用怎樣的譬喻，總之，一個強壯的核心結構需要包含幾個要件，第一：脊椎維持在中立姿勢，第二：橫膈膜正對著骨盆底，第三：環繞核心周邊的肌群要收緊，做等長收縮，第四：橫隔膜往下壓，第五：骨盆底收緊。如果這些敘述看起來太瑣碎，我們可以把核心看成是一個大鐵桶，大鐵桶的上蓋是一個活塞，活塞可以往下擠壓，讓鐵桶內部的壓力升高。

要做到這件事，必須使用所謂的「核心呼吸法」，所謂的核心呼吸法，指的是利用呼吸過程中橫膈膜會向下擠壓的特性，來提高腹腔內壓。人體的呼吸機制可以粗分為聳肩呼吸和環狀呼吸（還有許多不同的分類方式，介於這兩者之間，或是混合兩者的特徵，在此不再贅述），聳肩型的呼吸指的是在吸氣的時候，藉由提高肩膀來擴張肺部，環狀呼吸則是在吸氣的時候，藉由橫隔膜往下推來擴張肺部，由於橫隔膜往下推時，腰部、腹部、下背部會外擴，所以稱為環狀呼吸（如果只有腹部外擴，則稱為腹式呼吸）。一般來說，聳肩型的呼吸比較淺，常見於氣喘吁吁的時候，長時間使用聳肩型呼吸比較容易疲勞。環狀呼吸使用橫膈膜下降的方式，除了比較不易疲勞之外，也比較能夠帶來舒緩效果，更重要的是，環狀呼吸用到的橫隔膜下降的機制，只要再配合環繞腹腔的肌群和骨盆底部肌群收緊，就會變成可鞏固核心、保護腰椎的核心呼吸法。

這可以說是人體用力最重要的一個機制，因為人體的神經系統有自我保護的機制，當脊椎穩定性不足，用力的能力會受到抑制，同時四肢的關節活動度也會受到限縮。反過來講，當我們使用核心呼吸法鞏固脊椎，讓脊椎穩定性提高時，全身的力量就會被「釋放」出來。簡單來說，這就是「中軸穩定，四肢發力」的基本概念。

並不是只有吸一大口氣後用力憋住，才能製造核心穩定性。核心穩定性的高低，可以用呼吸的力道或憋氣的程度來決定，輕輕淺淺地吸氣可以產生小小的支撐力，用力深呼吸可以進一步提高支撐力，如果加上憋氣，腹腔內壓可達到最高點，適合對抗最大的阻力。關於更多核心呼吸法的說明，可以參考《怪獸訓練肌力及體能訓練手冊》，以及《怪獸訓練肌力課程設計》，這兩本書中會有相關的技術說明。

一個常見的問題是，腰椎需不需要活動度呢？這個問題其實要分成好幾個方面來看，不然討論容易失去焦點。

首先，腰椎在「負重過程」是否扮演提供活動度的角色呢？答案是否定的，「負重過程改變腰椎角度」是非常危險的事情，因為這等於是在不中立的脊椎上施加變動的壓力，對於脊椎骨、椎間盤和神經索都有可能造成立即性的危險。脊椎最安全的負重方式是在維持中立脊椎的狀態下，用附近所有的肌肉和體腔內壓「鞏固」，整個軀幹的剛性是脊椎在負重過程中的最佳保障。

在某些情形之下，我們可能看到「不中立脊椎」的負重例子，例如有些健力選手在拉硬舉的時候，會為了取得更有優勢的角度而彎曲脊椎，或是有些大力士比賽項目因為器材的形狀造成選手無法用中立脊椎姿勢負重（抱大石、大沙包或舉滾木槓）可能會出現駝背的姿勢，這樣到底安全不安全？這要分成幾種情形來看。先從硬舉分析，駝背的硬舉如果彎曲的是胸椎，腰椎仍保持中立，則風險相對較小，這是因為胸椎本來就是微微向前彎曲的角度，且有肋骨支持，比起腰椎有比較大的容錯空間，加上如果選手的胸腔內壓夠強，可以從內部提供夠大的支撐力，則用「彎曲但鞏固」的胸椎拉硬舉，屬於有風險但可控管的狀態。

如果拉硬舉時彎曲的地方是腰椎，那麼已經是明確高風險姿勢了，這個時候椎間盤有明顯向後突出的壓力，並隨著重量越重風險越高，而且此時，用腹腔內壓鞏固腰椎的機會越來越低，因為最健全的核心結構應該是「桶狀結構」。這只是一個比方，因為人體不是一個完美圓柱體，核心的上下也不是平面，但最重要的是，作為核心「上蓋」的橫隔膜，應該要正對著核心底部的骨盆底，像是2個大碗公的碗口相對。但無論是哪一種比方，最終都想描述一件事情，就是最穩固的核心結構發生在腰椎保持中立姿勢，且橫隔膜正對著骨盆底的時候，所以，一旦腰椎彎曲，就會違背這兩件事，此時要產生夠大的腹腔內壓去保護脊椎，難度極高，加上此時椎間盤已經在不當擠壓的邊緣，稍有不慎便會立即受傷，即使當下不受傷，這種動作也是慢性腰痛的高風險動作。

大力士抱大石、大沙包或滾木槓的動作則比較不同，這些器材跟槓鈴最不一樣的地方，在於重心位置，槓鈴的重心位置就是槓鈴本身，不管槓片有多少，重量有多重，只要雙手抓住槓鈴上對稱的位置，就可以直接掌握槓鈴的重心，又因為槓鈴很細，所以我們可以讓槓鈴跟我們的身體重心重合，深蹲、肩推、硬舉的時候，我們都可以把槓鈴對齊腳掌心的正上方，此時既可以保持中立脊椎姿勢，又可以讓槓的重量與自身的重心位置重合，是最安全也最簡單的負重方式。大石頭、大沙包或是滾木槓因為體積和形狀的關係，讓人無法直接貼近槓的重心，這也是這些動作的困難之處。無法將物體的重心靠近自己的身體重心，使得施力效率降低，這也就是

為什麼一個人能搬起的大石頭、大沙包或是滾木樁的重量，往往比硬舉小得多。這樣的情形讓人在舉起這些器材的時候很難保持中立腰椎姿勢，那是否表示這些訓練都是危險動作呢？

我們會說，這些訓練不算是危險動作，但是是進階的動作，因為要安全的舉起這些東西，必須要技巧性的跟這些器材「貼身」，換句話說，在不得不彎腰的時候，必須盡可能依靠器材的表面，貼在腹部前面的大石頭、大沙包或是滾木樁，其實也是脊椎暫時性的依託，在姿勢鞏固之後，可以藉由臀腿和手臂發力，把重量舉起。總而言之，在負重的過程中，最安全的方式是完全不要偏離中立腰椎，只要偏離中立腰椎，風險一定會提高，如果沒有相關的配套措施或技術去降低這個風險的話，應盡量避免做這些動作。

關於腰椎活動度的第二個問題是，我們是否需要「開發」或「提升」腰椎活動度呢？我認為，腰椎活動度是依照專項需求而定，一般日常生活的「非負重動作」裡，腰椎先天的活動度通常已經夠用，人體向前彎腰的角度大概可達40-60度，向後挺腰的角度大概可達20-35度，側彎角度大概可達15-25度，旋轉的角度大概只有5-10度。負重過程中我們希望腰椎不要發生任何角度改變，而在非負重的情況下，例如綁鞋帶、撿拾地上的物品、從俯臥姿勢挺起身體、轉身回頭等等，上述的活動度已經足夠使用。事實上，腰椎上接胸椎，下接髖關節，當動作幅度需求更大的時候，其實相鄰關節會負擔超過腰椎所能提供的活動度範圍。

所以，沒有特殊專項需求（例如舞蹈和體操等運動項目）的時候，不需刻意開發腰椎活動度。雖然活動度和穩定性不必然互斥，活動度大的腰椎仍然可以藉由夠強的核心肌群和腹腔內壓提高穩定性，但是「高度發展」的活動度會產生肌肉、韌帶甚至骨骼的改變，韌帶一旦拉長，會造成關節的鬆動，骨骼可能在反覆伸展過程中產生小面關節的壓迫。競技運動裡面很多高度發展能力其實都有一些代價，而這到底算是怎樣的利弊得失，要看訓練者自己的訓練目標，但以健康強壯為目的的訓練，腰椎不需要自然狀態以上的活動度。

回到相鄰關節法則的論述，很少人天生腰椎就太穩，在不當訓練或不訓練的情況下，腰椎往往容易失去穩定性，讓我們來分析一下這背後的原因。前面提到過，腰椎的穩定性是由周邊的肌肉和腹腔內壓來提供，不運動的靜態生活者可能肌肉不發達，核心肌群太弱的話，除了本身對脊椎的支撐力很低之外，也很難期待這些肌群能發揮很強的腹腔內壓，因此，肌力弱本身就是核心穩定性不足的重要因素。

其次，靜態生活的過程中，太常保持長時間坐姿，不良的坐姿容易導致腹部被擠壓，不利於環狀呼吸，而環狀呼吸是最容易製造核心穩定性的呼吸方式。如果長期使用聳肩式呼吸，身體可能會「忘記」環狀呼吸的機制，當然這裡的「忘記」只是譬喻，因為在大多數的情況下，只要稍加提醒，大部分的人都可以做出環狀呼吸，所以這並不是什麼一去不復返的能力，但如果長期使用聳肩式的呼吸，等於是用斜方肌代償了橫膈膜的功能，久而久之，呼吸跟腹腔內壓的連結逐漸不再使用，腹腔內壓就變成一個不習慣的機制。在理想狀態裡，我們大多數的時候應採用環狀呼吸，而環狀呼吸裡橫膈膜上下移動的過程，配合著核心肌群漲縮的程度，其實是一個隨時調控腹腔內壓的過程，當遇到姿勢轉換、對抗阻力或是做大動作時，身體可以在每次呼吸之間微調腹腔內壓，讓身體在動作中隨時有剛好夠用的核心穩定性，撿一支地上的鉛筆，因為對抗的阻力不大，所以脊椎可以有所彎曲，而此時，彎腰的方式並不是全然放鬆，把整個上半身的體重（加一支筆的重量，如果你要算得更仔細）被動地放給骨骼、肌腱、韌帶和肌肉的組織力量，反之，即使是一個不太需要用力的過程，在姿勢轉換時讓核心肌群稍微繃緊一點，吸氣的過程把橫膈膜向下壓，此時腹腔內壓上升了一些，剛好足夠從前側支撐住前傾的腰椎，如此一來，腹腔內壓就分擔了脊椎的負擔，腰部肌群就不至於經常處於勞碌狀態，徒增腰痠背痛的風險。

這種細微的「日常核心呼吸法」其實是一個很常被忽略的東西，很多人以為只有在對抗大阻力的時候才需要動用核心呼吸法，但事實上，人體的任何姿勢轉換或是舉手投足，其實都是在對抗小小的阻力，對抗大的阻力時需要很強的核心穩定性，對抗小的阻力時則需要小小的核心穩定性，所以關鍵不在於用力的大小，而在於核心穩定性應該要時時保持「夠用」，或是剛好超過當時動作所需的程度。這樣的建議是因為，核心穩定性跟下背肌群在穩定脊椎的功能上，扮演了共同合作的角色，如果核心穩定性經常缺席，下背肌群的負擔就會變大，一旦過勞到一個程度，可能就會產生各種不適，這時候通常也只能求助於醫療，醫療可以利用消炎止痛的方式處理疼痛的肌肉，但如果不建立核心穩定性，那麼當恢復正常生活的時候，下背仍然會繼續累積疲勞和傷害。

核心穩定性不足導致的背痛也可能被一些事件觸發，舉例來說，一個人在運動場上不小心讓腰椎移動了過大的動作幅度，實際上沒受傷，但是神經系統被「嚇到」，防禦性的讓脊椎附近的肌肉拚命收縮，以維持脊椎穩定性，如果這種現象發生在核心穩定性不足的人身上，下背肌群持續收縮，導致隔天痠到無法起床，也是很常見的事。遇到這種疑似受傷，首先當然是醫療篩檢，檢驗是否有明確的損傷，假

如排除醫療等級的受傷之後，純粹只有下背肌肉痠痛的問題，其實在接下來的幾天刻意藉由呼吸法時時提高核心穩定性，對於解除這種狀況會有幫助。提醒大家，以上非醫療建議，僅說明肌力訓練領域裡對這種現象的一些見解。

不當訓練也是影響腰椎穩定性的因素，過去曾經流行過的一個建議是，既然核心肌群對於腰椎穩定性很重要，要保護腰椎，應該要鍛鍊核心肌群，而核心肌群最直接的鍛鍊方式是仰臥起坐，所以要保護脊椎，應該要多練仰臥起坐。這個建議用今天的角度來看，這簡直是最南轅北轍的建議。核心在有負重潛力的人體自然動作裡，扮演的是保護脊椎、傳遞力量的角色，也因此，針對核心穩定性的訓練需要包含幾個要素：等長收縮、反應式肌力、多方向抗動。

等長收縮指的是，核心肌群保護腰椎的方式是避免腰椎產生形變，這過程中所有肌肉雖然用力，但是不改變長度，所以是等長收縮。反應式肌力指的是，核心在動作過程中本身並不移動，而是固定在原地，但是，此時通常身體其他部位正在做動作，因此，隨著姿勢的轉換或是動作的進行，核心對抗的阻力方向經常是持續變動的，所以，核心肌群要能夠隨著外力的變動「反應式」的調整用力的方式。多方向抗動指的是，核心可能產生的形變方式包括扭轉、伸展、彎曲、側彎，因此，核心肌群要有抗扭轉、抗伸展、抗彎曲和抗側彎的能力。從這樣的角度來看，仰臥起坐不是等長收縮，而是產生動作的收縮，仰臥起坐也不是反應式肌力，而是主動用力，仰臥起坐更不是多方向抗動，而是刻意產生脊椎移動，反覆彎折脊椎的過程，可能會產生骨骼、韌帶和椎間盤的的損傷。

有些人可能會說，任何運動不是都有可能造成損傷嗎？仰臥起坐跟其他運動有什麼不一樣嗎？這個問題剛好可以用來說明「有負重潛力的人體自然動作」的反例，如果一個動作是順著人體原廠內建的機制進行訓練，人體會展現出「反脆弱性」，也就是說，在漸進式的訓練過程中，被訓練到的組織結構和功能應該會越來越強，但以仰臥起坐來說，在腹肌耐力進步的過程裡，脊椎卻用了不適當的方法操練，以至於隨著訓練時間的累積，受傷機率越來越高，受傷次數也越來越多，雖然每個動作都有倖存者，但仰臥起坐受傷已經是許多前一代訓練者的共同回憶。不當的訓練還可能會強化錯誤的姿勢習慣、過度伸展需要穩定性的部位、鍛鍊出不均衡的肌肉量或肌力等，總而言之，腰椎在不當訓練或不訓練的情況下，是容易失去穩定性的關節。接下來討論髖關節的功能缺失問題。

髖關節的功能缺失

在動作控制的討論範圍中，髖關節算是很特殊的一個，因為其他關節通常在「活動度」和「穩定性」兩大功能之間，會有一個特別容易產生缺失的功能，而且相鄰的關節容易失去的功能通常是相反的，回顧前面的敘述，肩關節容易失去活動度，肩胛骨容易失去穩定性，胸椎容易失去活動度，腰椎容易失去穩定性，所以，輪到髖關節的時候，應該是輪到活動度缺失出場了吧？

髖關節的確容易失去活動度，髖關節跟肩關節一樣是球窩關節，但是跟肩關節的活動度限制比較不一樣。肩關節球大窩小，主要靠附近的組織維持穩定性，肩關節周邊的組織如果僵硬緊繃，就容易失去活動度。髖關節的球窩關節結構跟肩關節不一樣，髖關節是股骨頭包覆在髖臼裡所組成，而髖臼包覆股骨頭的程度很深，包覆範圍大，接觸面積也大，所以髖關節的活動度限制經常是跟骨骼有關。事實上，髖關節先天的形狀，是造成每個人深蹲的姿勢並不相同的主因之一，有些人可以在膝蓋直指向前的狀態下，深蹲到大腿低於水平線，完全不牽動骨盆和脊椎的姿勢，但有些人在相同的方向完全無法蹲到相同的深度，但是可能只要將腳尖稍微外轉，膝蓋往外推一點，便可以順利下蹲。

骨骼造成的活動度限制無法用訓練的手段改變，所以如果是因為骨骼限制了髖關節活動度，那麼實務上的做法是只能改換適合自己骨骼型態的蹲姿，不過根據經驗，在非醫療的情況下幾乎人人都可以找到蹲過水平線的骨骼角度，所以對大多數人來說，蹲過水平線仍然是合理的期望。除了骨骼的限制之外，髖關節活動度的限制當然也有可能來自於周邊肌肉緊繃，而這部分就是訓練可以處理的了。

不過，髖關節雖然容易失去活動度，但也可能失去穩定性，也就是說，其他關節特別容易失去活動度或穩定性其中一個功能，但髖關節卻兩個缺失都很常見，甚至有可能活動度和穩定性缺失同時出現。

這種現象乍看之下有點不太可能，畢竟從字面上看起來，活動度缺失就是太穩，穩定性缺失就是太會動，兩者同時出現的狀況似乎很難想像。但實際上，活動度缺失不一定是太穩，穩定性缺失也不一定是太會動，有些時候關節困在一個局限的範圍裡（活動度不足），但卻又搖搖晃晃（穩定性不足），這就是活動度和穩定性同時出現缺失的現象。

髖關節因為可以動的方向很多,包括了屈曲、伸展、外展、內收,所以有可能同時在不同方向發生不同的缺失,最常見的例子是在矢狀面缺乏活動度(無法蹲過水平線),但在水平面缺乏穩定性,也就是說,在屈髖的方向受限,但是卻在外展內收方向搖搖晃晃。

髖關節穩定性不足可能展現在許多動作上,例如單腳 RDL 的動作過程中軀幹翻轉,抬起來的腳尖無法指向地面,分腿蹲的前腳膝蓋內夾等等,總而言之,髖關節活動度和穩定性不足的現象,兩者都很常見。髖關節穩定性不足的原因可能是髖關節周邊的肌力不均,或是神經系統對這些肌群的掌控力不足,都有可能導致髖關節穩定性降低。髖關節穩定性和活動度的問題,通常對膝關節有顯著的影響,以下討論膝關節的動作缺失問題。

髖關節穩定性不足,做單腳 RDL 時會導致軀幹翻轉、抬起來的腳尖無法指向地面(左圖),做分腿蹲會導致前腳膝蓋內夾(右圖)。

膝關節的功能缺失

　　膝關節是鉸鏈關節，在矢狀面有很大的活動度，非醫療的情況下，膝關節很少缺乏活動度，膝關節會發生缺乏活動度的情形通常跟舊傷或手術有關，要恢復這類的活動度問題通常需要的是醫療復健而非訓練。

　　膝關節比較容易失去的是穩定性，主要的原因在於，膝關節先天的結構允許了很大的活動度，除了矢狀面之外，還有一些旋轉方向的活動度，但是，膝關節在動作中可能會發生搖晃、偏斜、外翻、內翻或是過度屈膝。這裡的穩定性問題指的是無法抵抗不想要的動作，並不表示這些動作出現了就必然受傷，膝關節發生穩定性問題的時候，有些時候會受傷，有些時候不會。

　　舉例來說，分腿蹲的過程中，假設訓練者想要維持軀幹直上直下的路徑，但是前腳膝蓋無法適時地「煞車」，導致軀幹在下蹲的過程中一路往前移動，變成一個「前壓式分腿蹲」，過去肌力訓練圈曾經認為下蹲時膝關節前壓是有危險的，尤其是膝關節大幅超過腳尖的時候，但近年來實務上一再顯示膝關節前壓其實並無特殊的風險，甚至可能因為增大屈膝動作幅度而獲得更多訓練效益。不過話說回來，雖然膝關節前推不是一個危險動作，但是「不想前推卻控制不住前推」是明顯的穩定性問題。

　　有些穩定性問題是會帶來受傷風險的，例如深蹲下蹲時發生「向內夾膝」的情形，當膝關節指向的方向已經比雙腳的腳尖還要向內的時候，持續往下壓會對膝關節造成類似巴西柔術關節技的扭轉力量，如果此時還有背負體外重量的時候，危險性更高。所以在深蹲下行過程中，如果無法控制夾膝蓋的問題，需要進一步處理，強行訓練會造成運動傷害。

　　這個現象跟有些舉重或健力選手在深蹲上升過程中，膝關節經過一小段內夾才站起來的情形不一樣。這種發生在深蹲上升過程的夾膝蓋，如果只出現一瞬間，而且迅速回正，通常可能跟徵召了內收肌群有關，因為大腿內收肌群也有伸髖的功能，也可能跟個人的骨骼力矩有關，選手可能是在用力站起來的艱難階段裡，試著尋找骨骼較有力量的排列方式，而剛好夾膝蓋的角度在特定的階段給予最佳的有利角度。這種現象如果只是小幅度且偶爾發生，通常不是問題，但是如果大量發生且伴隨著疼痛感則建議避免。

膝關節的穩定性常出問題是因為膝關節先天具備了較大的活動度，所以其實，在對抗阻力的時候，通常會以「扭地夾臀」的方式製造一些穩定性，扭地夾臀是個從腳底一路控制到臀部的動作，但是在膝關節主要的效益是，股骨和脛骨以前十字韌帶、後十字韌帶、外側副韌帶和內側副韌帶相連，這些韌帶連接股骨和脛骨的時候，其實都「多給」了一些活動度，但是當我們將腳踩穩在地面，然後兩膝向外側旋轉的時候，這個旋轉的力道會把這些韌帶「稍微」收攏，有點像擰毛巾，一條毛巾本來鬆垮垮的，但是擰了幾下之後會變成一個緊實的螺旋結構，我們當然不會把膝蓋擰個好幾圈，事實上，扭地夾臀只是一個輕輕的力道，只要扭到感受到下肢穩定性出現，就該停了，誤用這個口訣而旋轉過頭，可能會導致不當的膝蓋壓力。總而言之，膝關節的穩定性是動作教學過程中需要觀察的重點。討論完膝關節，接下來討論踝關節。

踝關節的功能缺失

　　踝關節是腳連接腿的關節，踝關節其實是兩個關節：脛距關節和距下關節，脛距關節主要的動作是足背屈（腳尖向上抬）和蹠屈（腳尖向下壓），而距下關節的主要動作是內翻和外翻。踝關節周邊有強健的韌帶連結，在非受傷或手術的情況下，踝關節比較容易發生活動度的問題。不當訓練可能會導致周邊的肌肉過度緊繃，缺乏訓練可能會導致周遭的組織逐漸「定型」在不屈不伸也不轉的長度，最終都會造成踝關節活動度不足。

　　踝關節活動度不足是很多人膝蓋痛的原因，因為運動過程中需要踝關節負責提供的活動度如果沒有提供，膝關節就需要幫忙提供，比方說，在崎嶇不平的路面走路時，如果踝關節沒有充足的活動度，當腳踩在凹凸不平的地面時，無法適時調整腳底接觸地面的角度，這時候人為了要站穩，會自然讓膝關節多提供一點活動度，以因應崎嶇地形，此時可能會迫使膝關節做出影響膝關節自身安全的動作。

　　競技運動場的劇烈運動過程也有類似的情形，過去有許多籃球鞋為了保護踝關節，因此採取高筒、高支撐力的設計，這種高筒、高支撐力的鞋子設計，為腳踝提供了強力的保護，但如果尺寸太緊或是鞋帶綁太緊，也會形成一種限制。過緊的球鞋限制了踝關節背屈、蹠屈、內翻、外翻和轉動的活動度，但是在劇烈的競技過程裡有太多衝刺、急停、跳躍、落地和急轉彎，這些都需要踝關節充分配合全身的動

作改變角度，此時，活動度被限制的踝關節無法時時配合動作改變角度時，身體就會跟膝關節「借」活動度，如果一次不小心「借」太多，就可能讓膝關節做出容易受傷的動作，過度的踝關節硬式貼紮也可能發生類似的情形。

踝關節的活動度大小也有專項特殊性，意思是不同項目可能需要不同的踝關節活動度，甚至有些項目可能會需要比較「小」的踝關節活動度，這些項目通常是需要踝關節「剛性」的項目，例如長距離跑步選手，踝關節的剛性其實是一個提高動作經濟性的因素，剛性高的踝關節可以讓選手自動「反彈」到下一步，對於這些運動員來說，踝關節的活動度較低不但不是缺點，反而是優勢。假設這些運動員想藉由肌力訓練提升運動表現，可能會發現在特別需要踝關節活動度的動作（如前蹲舉、短分腿蹲、前壓式分腿蹲等）可能會感到困難，此時是否需要刻意提高踝關節活動度，是一個因時制宜的選擇題，如果此時的踝關節活動度剛好處於最適合表現又能抵抗運動傷害的狀態，那麼維持原狀可能是個好選擇，在做特別需要踝關節活動度的動作時可以考慮使用一些退階動作。如果踝關節活動度已經低到經常引發膝關節代償的問題時，適度提高踝關節活動度可能是必要的，但此時提高踝關節活動度的手段應該要慎選，以免在打開活動度的過程大幅降低剛性，導致運動表現退步，針對這種情形，有阻力形式的伸展運動會好過放鬆導向的靜態伸展，因為前者在打開活動度的過程中仍可維持活動度全程的關節力量，但後者則是會降低神經對肌肉的徵召，導致剛性降低。談完了踝關節，接下來討論足弓。

足弓的功能缺失

傳統上的相鄰關節法則在下肢的關節只討論到踝關節，不過在實務訓練上，我們觀察到很多關於足弓的問題，所以在這裡也一併提出來討論。

足弓有三個，包括外側縱弓、內側縱弓和前側橫弓，是由骨骼、韌帶、筋膜、肌腱、肌肉和神經共同組成的複雜結構，其中以內側縱弓為最主要的足弓結構。足弓的功能在於幫助避震、緩衝和傳遞力量，對於維持腳的形狀和支撐力扮演著重要的角色。

足弓本身有過緊和過鬆兩種問題，不過過緊的足弓，在肌力訓練動作裡，可能會以「踝關節活動度不足」的方式表現，這是因為，在動作過程中足弓是沒有動作

的部位，只需要站穩在地即可，所以足弓「太穩」在這種情境下不太算是問題，但是僵硬的足弓可能會透過筋膜和肌腱，影響踝關節活動度，變成踝關節活動度的問題，這也就是為什麼，出現踝關節活動度不足的現象時，有些時候按摩放鬆足弓會讓踝關節活動度變大。

足弓「本身」在有負重潛力的人體自然動作中，較常出現的功能缺失是缺乏穩定性，健全的足弓應該可以幫忙控制整隻腳的穩定性，但在不當訓練或不訓練的情況下，足弓本身會呈現一種綿軟、塌陷、扁平的狀態。這跟先天的扁平足不同，先天的扁平足是因為骨骼的排列形態所造成，且不必然帶來不穩定性。這裡所謂的足弓穩定性不足，指的是足弓維持穩定的功能不足。

不穩定的足弓對於站姿的負重動作來說會有很大的影響，肌力訓練的一個基本概念是「穩定性換得力量」，而穩定性換得力量在實務上又可以分為「中軸穩定，四肢發力」和「近端穩定，遠端發力」，「中軸穩定，四肢發力」主要探討的是如何穩定脊椎骨，以免神經系統限制了用力的能力，「近端穩定，遠端發力」則表示，在動作過程中扮演「基底」的身體部位必須有足夠的穩定性，身體才會釋放力量。在站姿的情況下，無論做什麼動作，雙腳都是整個人的基底。深蹲、硬舉、肩推、負重行走等動作，腳都是接觸地面的第一線，如果站在地上的腳無法穩住自己，不穩定性將從腳踝向上擴散，以深蹲為例，如果腳下站不穩導致膝關節搖晃，膝關節搖晃可能會激發髖關節想要鎖緊活動度去製造穩定性，結果反而導致髖關節在尚未蹲到大腿上緣低於水平線之前就鎖死，鎖死的髖關節阻礙了下蹲，但有意識的腦仍然記得想要蹲低，結果就從腰椎向前彎去彌補髖關節所不足的活動度，最終造成了一個危險的駝背深蹲。

要製造一個穩定的足弓，需要注意一些要領，當我們在描述「腳要站穩」的時候，我們往往直覺地以為腳是一個整體，但實際上腳是很多骨骼和關節構成，一個腳掌有26塊骨骼和超過30個關節，每個關節都有自己或大或小的活動度，換言之，整個腳掌其實有非常多可以活動的方式，這對於適應各種地形來說是非常重要的，但是在「站穩且承載重量」來說，必須有一定的穩定技巧，才能夠讓這些靈巧的活動度不至於影響整個負重的姿勢和結構。要如何穩住腳呢？一點點的旋轉技巧通常可以達到相當高的穩定性。

要解釋穩定腳掌的旋轉技巧，就必須從「足底三腳架原理」開始討論，關於這部分的技術操作，可以參考《怪獸訓練肌力及體能訓練手冊》以及《怪獸訓練肌力

課程設計》，這裡就聚焦在製造足弓穩定性的議題上。所謂的足底三腳架原理，指的是人體的腳踩地的時候，最穩固的方式是將壓力分放在三個點：大拇趾根、小趾根和腳後跟，要站得穩，先要把這三個點抓緊地面，所謂的抓緊，不是像握拳一樣捲曲腳趾，而是讓大姆趾根、小趾根和腳後跟都確實與地面緊密接觸之後，用足弓的力量收緊整個結構。不過，要用足弓的力量收緊整隻腳的所有關節活動度，單靠「提高」足弓可能是不足的，當兩腳位於身體正下方且已經充分抓地時，將雙腿向「外側」旋轉，製造一個旋轉力矩，像是要用腳把地板「扭開」的感覺，而這也就是我們一再提到的「扭地夾臀」技巧。

當腳處於不同姿勢時，製造足弓穩定性的方式也會有所不同，當腳底的「三腳架」都著地時，向外扭轉可以製造最高的穩定性，但是當腳處於身體後方且無法三點著地時（例如分腿蹲的後腳），此時製造穩定性的方式是把膝蓋向「內側」旋轉，這是因為當腳踩在身體後方時，如果仍採取向外扭轉的方式，髖關節的外旋動作會讓整個姿勢越來越不穩，著地的前腳掌也會逐漸無法順利抓地。收緊足弓其實不單單是足弓的事，足弓的姿勢、形狀和力量，與小腿肌群緊密連結，所以製造足弓穩定性的時候，往往也牽涉到下肢用力的技巧。這也再次印證了，對於肌肉和肌力最好的鍛鍊方式，是讓肌肉在完整的動作中發揮力量，而不是把肌肉獨立出來然後叫它用力，這種分離式訓練是在完整動作的效益已經充分取得之後，若還有疏漏可以用來補強的訓練方式。

在不當訓練或缺乏訓練的情況下，足弓容易發生的缺失是缺乏穩定性，不過在實務上要怎樣觀察，卻不是一件簡單的事情，因為訓練時大多數的時候會穿鞋，腳掌被包覆在鞋子裡，腳掌的形狀其實不那麼容易被觀察到。這裡可以分享一個小技巧，在檢測一個人深蹲的動作時，若從背面或斜後方，觀察到鞋跟的「外側」會有規律地微微抬起，且此規律通常跟蹲下的動作一致，那麼足弓塌陷的機率就很高，如果再從正面觀察到膝關節有搖晃的情形，那就更進一步提高足弓塌陷的可能性。

會有這樣的觀察和推論是，從腳的結構來看，足弓最容易塌陷的部位是「內側縱弓」，也就是腳掌內側的部位，而從腳後跟來看，這裡剛好跟鞋跟外側相對應，也就是說，腳跟在中間，足弓在一側，鞋跟的外側剛好就在另一側。在腳後跟著地的情況，如果要把鞋跟的外側抬高，那麼合理的推論是，足弓的那一側是壓低的。其實這種徵兆不一定只有在深蹲會觀察到，很多人的足弓塌陷姿勢已經成為習慣，連走路的時候都會呈現腳踝外翻的姿勢，這也可能會有鞋跟外側抬起的現象。

足弓為什麼會塌陷，其原因可能很複雜，但是根據個人觀察，近年來看到足弓塌陷的人有增多的趨勢，這當然可能只是個人觀察的巧合，但也可能是群體性的生活型態轉變所造成。幾個跟生活型態相關的因素包括靜態生活，讓足弓缺乏受力而弱化，或是過度保護的鞋子，讓人即使參與了某種運動，但是足弓的緩衝制震功能被先進的運動鞋取代，導致功能退化，另外的可能性還包括小腿肌力弱，導致對足弓的控制力降低，這些都是可能的因素。在動作品質完善的前提下，均衡的肌力訓練可以重建足弓的穩定性，也有些人發現增加一些赤足訓練對建立足弓穩定性也有幫助。討論完足弓，接下來討論腳趾。

腳趾的功能缺失

腳趾的功能在肌力訓練的討論中算是出現較少的一個，不過腳趾其實在很多動作中都扮演了重要的角色。腳趾關節的活動度會影響姿勢、平衡、發力和動作，更重要的是，腳趾的活動度直接牽涉到足弓穩定性，而足弓穩定性對整體動作的影響在前面已經提過了。

在動作控制的範疇裡，我們所關切的腳趾關節活動度，指的是蹠趾關節，也就是腳趾連接腳掌的關節，在不當訓練或缺乏訓練的情況下，蹠趾關節容易失去活動度。活動度不足的蹠趾關節會向足弓「借」活動度，導致足弓放鬆，改變用力的方式與結構。

腳趾的功能之所以在肌力訓練裡比較少被討論，是因為傳統肌力訓練裡，大多數的動作都是全腳掌著地，在這種狀態下，腳趾沒有什麼活動度的需求，只需要穩穩踩地即可，但是，在少部分的動作中，腳趾的活動度會受到一些挑戰，例如分腿蹲的後腳，如果腳趾活動度不足，就會影響足弓和腳踝，較嚴重的情況下可能會一路改變整個下肢的動作。這也就是為什麼用有負重潛力的人體自然動作進行肌力訓練時要盡可能均衡，因為這樣才能夠檢測出更多運動場上需要的基本動作能力。在運動場上，腳趾的活動度需求就非常明顯，腳趾活動度不足的情況下，進行跑或跳，都可能因為相鄰代償的現象，增加踝關節或膝關節的傷害風險，或是改變了發力的方式。如果肌力訓練中只做雙腳左右對稱且全腳掌著地的動作，就無法發現並解決腳趾關節活動度不足的問題。

回到相鄰關節法則

以上是常見的關節活動度和穩定性的缺失現象，經過這樣的觀察與分析，讓我們知道，在實務上並不需要每一個關節都檢視兩種功能的缺失，在「絕大多數」的情況下，活動度檢驗的重點是肩關節、胸椎、髖關節、踝關節和腳趾，穩定性檢驗的重點是肩胛骨、腰椎、髖關節、膝關節和足弓。

有了相鄰關節法則的幫忙，我們的問題少了一大半，但是，如何找出動作缺失的源頭，以及如何矯正缺失的狀況，仍然是一大挑戰。活動度和穩定性之間的交互作用，讓表象上呈現的問題，跟身體真正發生的問題之間產生落差，而且「反射回饋，相鄰代償」的問題，讓一個關節的功能缺失的影響力無限放大，一個發生在腳底的問題，最後可能影響了肩膀的動作，如果沒有發現問題發生在腳底，一直修理看似有問題的肩膀，不但可能徒勞無功，還有可能導致運動傷害。因此，我們需要一個可以有效尋找動作缺失「源頭」的方法，而從過去的經驗裡，我們發現從「中軸穩定性」下手可能是最有效率的方法。

中軸穩定性優先的檢測方式

既然身體各個關節的活動度和穩定性既有可能是自身發生缺失，也有可能是因為代償別人的缺失而導致看起來像是缺失，我們需要的不是「如何」一一確認每一個關節是否有缺失，需要的是一個確認的「順序」，因此，把中軸穩定性當作起點是一個有效的手法，這就是所謂的中軸穩定性優先的檢測方式。

中軸穩定性優先的檢測方式，具體做起來其實很簡單，當我們發現一個動作「怪怪的」，不管是怪在哪裡，我們先從中軸穩定性開始確認。比方說，一個人的深蹲發生彎腰駝背、聳肩抬肘、夾膝蓋踮腳尖，我們不必立刻一一列舉所有問題（例如肩關節外展受限、肩胛骨無法收攏、胸椎塌陷、腰椎前傾、髖關節受限、膝關節不穩、足弓塌陷、腳踝外翻……），

我們先做幾個嘗試，例如讓訓練者躺平在地，然後在地板上複製背蹲舉的姿勢，我們可能就會發現，全身各關節可以完美複製背蹲舉的姿勢，只有站起來的時候不行。這時候一個合理的判斷就是，所有前面列舉的缺失（肩關節外展受限、肩胛骨無法收攏、胸椎塌陷、腰椎前傾、髖關節受限、膝關節不穩、足弓塌陷、腳踝外翻等等），其實都是腰椎穩定性不足所致，當仰臥在地面的時候，軀幹有地板支撐，腰椎穩定性不成問題的時候，髖關節和肩關節的活動度瞬間「歸位」，而由髖關節和肩關節向四肢延伸所經過的所有關節，也紛紛找回自己的活動度或穩定性。

如果仰臥的時候檢測到的深蹲姿勢仍有問題，例如肩關節仍然無法外展到背槓的位置，或是髖關節仍然無法打開到深蹲到髖關節低於膝關節的位置，那麼就表示肩關節和髖關節活動度有問題的機率大幅提高了。那麼其他部位的問題也可能跟中軸穩定性無關，而是跟肩膀和髖有關，或是本身就有明顯的動作缺失。這會是一個抽絲剝繭的過程，如果真的要精準定位問題之所在，額外的檢測時間可能是必要的花費，但可幸的是，實務上往往不需要漫長的追加檢測，只需要有大概判斷，就可以開始實施退階、補強和矯正。

不追根究柢不表示忽視問題的本質，而是在退階、補強和矯正的過程中，其實會有更多的資訊讓我們理解問題的根源，讓我們知道初期的判斷是否正確，是否有需要調整策略的地方。

這種中軸穩定性優先的做法，主要的考量是訓練的效果和效率，在動作控制大瘋狂的年代裡，許多人鑽牛角尖到必須窮盡一切可能性，不抓到分子生物學層次的原因誓不罷休，就算抓不到也一定要找一個關節、一根韌帶、或是一條肌肉入罪，這種做法不僅曠日費時，而且容易模糊焦點，要知道動作控制、學習、檢測與矯正這門學問主要來自於修正傳統重量訓練所造成的一些缺點，所以最終的目的仍然是讓訓練者可以回歸大肌群多關節完整動作幅度的大重量訓練，「評估一個動作的可訓練度」是所有議題裡面最重要的，所以進行動作檢測的時候，一旦評估到足以做出進退階訓練以及決定補強或矯正的策略之後，就可以開始行動，無需跟細細碎碎的問題繼續糾纏。

除了中軸穩定性對四肢的活動度和穩定性有直接的影響之外，使用中軸穩定性優先的另一個理由，是因為中軸穩定是四肢發力的前提，而肌力訓練正是在訓練身體用力的過程，優先確認中軸穩定性是否足夠，跟後續的負重訓練目標一致，可謂一石二鳥。要知道，動作檢測是一個五花八門的領域，標準答案絕對不只一種，對每個人來說，最有效的手法就是他最熟悉的手法，而且只要能夠讓訓練者安全地拿起重量進行訓練，提升無可取代的最大肌力，然後無傷無痛的把力量發揮在想要發揮的地方，就是肌力體能訓練最終的目的。

所以，中軸穩定優先的策略，指的是當我們看到一個動作有很多缺失的時候，先不假定所有缺失都是「真的」，而是回過頭來觀察或進一步檢測「中軸穩定性」是否健全，如果中軸穩定性是健全的，那麼其他部位的缺失就比較有可能是真的，如果中軸穩定性不足，則其他身體部位所出現的動作功能缺失，都有可能是中軸穩定性不足導致的「下游」問題。

我們提出這個中軸穩定性優先的策略，除了可以給目前尚未熟練任何檢測技術的訓練者或教練一個起點，然後希望你們能夠體會我們所體會到的訓練效率，同時也可以給目前已經使用其他策略進行動作檢測的同好當作參考，或許有一天會覺得值得一試。談完了動作檢測的策略，接下來討論我們如何檢測常見的肌力訓練動作。

CHAPTER 7

人體自然動作的檢測實務

前面談過了大重量訓練的歷史脈絡，也討論了動作控制的基本觀念和技術，這些觀念和技術最終構成了怎樣的訓練系統呢？究竟是哪些有負重潛力的人體自然動作，構成了我們實際操作的課表內容呢？

針對以上問題，我們可以簡單地回答，最終進入大重量訓練的人體自然動作包括了上肢的「水平推」「水平拉」「垂直推」「垂直拉」，以及「下肢的三關節伸展動作」，下肢三關節伸展動作又分為兩類，一類是以完整動作幅度為主軸的訓練方式，包含了一系列髖主導和膝主導動作（酒杯蹲、前蹲舉、背蹲舉、相撲硬舉、傳統硬舉、羅馬尼亞式硬舉等），另一類是以特定動作型態為主軸的訓練方式，包含了轉體和行走，轉體所訓練的動作型態是「轉胯不轉腰」，行走所訓練的動作型態是「單腳支撐，重心轉換」（更多關於動作分類的相關論述，可參考《怪獸訓練肌力課程設計》一書）。

由於動作控制所關切的是關節的活動度和穩定性兩大功能，所以選擇前面六大類（即上肢水平推、水平拉、垂直推和垂直拉，以及下肢的膝主導和髖主導）裡面具有代表性的動作來探討。這並不表示只有這些動作是重要的，事實上只要有動作，就有動作品質好壞的問題，選擇這些動作的原因在於建立對動作控制的基本認識，以及如何透過對這些動作品質的理解，去思考訓練和教學的具體手段。

具體而言，檢測的動作包括下頁所列出的項目：

項目1	人體站姿基準線	
項目2	人體俯臥直臂支撐基準線	基本檢測
項目3	呼吸法仰臥放腿檢測	
項目4	羅馬尼亞式硬舉	
項目5	單腳羅馬尼亞式硬舉	
項目6	酒杯式深蹲	
項目7	前蹲舉	
項目8	低槓式背蹲舉	下肢功能的檢測
項目9	過頭蹲	
項目10	分腿蹲	
項目11	側蹲	
項目12	坐箱單腳蹲	
項目13	伏地挺身	
項目14	反式划船	上肢功能的檢測
項目15	肩推	

這些檢測各自代表不同的意義，檢測的方式並不是把一個人找來，然後就從第一項檢測到最後一項，反之，熟悉這套檢測系統之後，可以在進行任何教學的時候發現有問題的動作控制，也能進一步釐清並且發覺動作控制的問題。檢測的過程中也可以透過任何手段幫助訓練者理解動作，包括示範、解說、引導或回饋，都是可以使用的手段，不需要在訓練者尚不明白動作細節的時候就將其「定罪」，也不需要對學習過程中必然出現的「嘗試錯誤」給予過多的評價。

項目1-3是中軸穩定性的基本檢測，它們不是肌力訓練動作，而是為了幫助大家理解一個穩固的中軸應該具備的條件，在實際訓練時非必要不會特別檢測，只有在完整動作出現問題時用來確認中軸穩定性，或是在教學時學習者無法體會中軸穩定性的觀念時，才會拿出來使用。項目4-15是真正在肌力訓練時會進行大重量訓練的動作，這些動作才是我們日常訓練經常出現的動作，前面提到過，檢測不是一次性的事情，而是一個長期持續的過程，因為隨著肌力進步，我們會試著對抗更高的阻力，而在對抗漸進式增加的阻力時，動作控制的問題仍然有可能出現，所以，真正有效的檢測，是在每一次訓練過程中都能即時發現問題，及時進行修正，對於長期的訓練來說才有最大的幫助。這些被選出來討論的動作，都是因為它們展現了一些特別有代表性的關節功能，熟悉了這些動作的檢測要領，其他沒有列入討論的動作都可以依此類推。

項目1的人體站姿基準線，是要讓訓練者對於「中立脊椎」的外觀有一定的理解，項目2是用伏地挺身的姿勢，維持跟項目1一樣的中立脊椎姿勢，但刻意藉由直臂支撐的姿勢，檢測人體維持中立脊椎的肌群，是否有足夠持續的肌耐力。項目3是核心呼吸法「強度」的測試，可以藉由項目3測知訓練者是否明白用呼吸法鞏固核心的技巧。

項目4-12是下肢功能的檢測，羅馬尼亞式硬舉檢測的是兩側髖屈伸的能力，能否維持「動髖不動腰」是關鍵，單腳羅馬尼亞式硬舉是檢測單邊動髖不動腰的能力，同時檢測維持姿勢平衡的能力，因為當兩腳都著地時，髖關節的活動度被限制在矢狀面，但是當單腳離地時，髖關節可以活動的方向變多，能夠考驗到的控制力也變多。

蹲系列動作包含了幾種不同形式的髖關節排列組合，深蹲系列是兩側屈髖，分腿蹲是一側屈曲一側伸展，側蹲是一側屈曲，一側外展內收，坐箱單腳蹲則是蹲系列的單腳版本。而深蹲系列又包含了酒杯蹲、前蹲舉、背蹲舉和過頭蹲，這幾個

動作的下肢動作型態都非常相似，差別在於上肢的動作。酒杯式深蹲是最不考驗上肢關節活動度的版本，前蹲舉考驗了手肘向前抬高的相關活動度，背蹲舉考驗了雙手屈肘外展的活動度，過頭蹲考驗了雙手高舉過頭的活動度，這背後所依循的機制是，因為身體從上到下的關節會競爭有限的活動度總額，不同的上肢動作需要不同形式的活動度，用不同的上肢動作可以檢測深蹲動作被上肢影響的程度。

項目13-15是上肢的檢測，伏地挺身是水平推動作，反式划船是水平拉，肩推是垂直推。你可能會問，垂直拉動作的檢測似乎不見了，這個問題其實過去也曾思考過，垂直拉的代表動作是引體向上，但是引體向上有一個拉起自身體重的門檻，對於多數初學者來說，這有可能是個過高的門檻。動作檢測雖然不可能完全避開肌力需求，但因為很多人的引體向上次數是零，完全拉不上去的話，什麼關節功能都檢測不到。可幸的是，垂直拉的動作路徑跟垂直推非常接近，所以從肩推便已經可以「路過」引體向上所需的動作幅度，因此就無需把引體向上當作基本動作檢測的範例。引體向上當然還是一個重要的動作，實際進行的時候也應該要能夠有足夠的眼光判斷動作品質，只是不需要列入目前的討論範圍而已。

另外需要特別提醒的是，無論目的是檢測還是實際負重，都要遵循「無痛訓練原則」，無痛訓練原則是除了肌肉痠痛之外，動作如果導致任何的肌肉刺痛、關節痛、瞬間的痠麻或無力感，都要馬上停止動作，必要時需尋求醫療諮詢。

以下，就逐一討論上述這15個項目的檢測方式和注意事項。

項目1　人體站姿基準線檢測

人體站姿基準線的檢測目的，是幫助訓練者理解中立脊椎的位置。很多人並不知道中立脊椎的位置，也沒有足夠的本體感覺讓自己維持在中立脊椎姿勢，習慣性駝背、骨盆前翻、低頭族或是肌肉發達但發展不均衡的健身愛好者，都有可能不知道自己目前是否正處於中立脊椎姿勢。

所謂的中立脊椎姿勢，並不是一條直立的脊椎，人體的脊椎有三個彎曲之處，在頸椎是向後彎，呈現輕微前凸的狀態，在胸椎是向前彎，呈現輕微後凸的狀態，在腰椎又是向後彎，呈現輕微前凸的狀態，這讓胸椎和腰椎構成一個扁扁的S形。值得一提的是，中立的脊椎是一個「範圍」，不是一個「定點」，也就是說，檢測的時候雖然會有檢測標準，但這並不表示偏離標準一絲一毫都會是問題，小幅度的偏離通常不會有什麼顯著的影響，但大幅度偏離就可能影響負重潛力。至於怎樣較小，怎樣較大，通常要在有一些經驗之後，比較能抓到評估的「手感」。

要檢測中立脊椎姿勢，我們可以使用最簡單的器材，一支硬式的塑膠水管便是一個方便的選擇，讓訓練者站直之後，把水管靠到訓練者背後，可以由訓練者自行操作，也可以有旁人協助。當水管貼緊在訓練者背後的時候，若脊椎為中立姿勢，水管應與訓練者的頭（大約是頂骨和枕骨交界的後腦位置）、肩（雙肩連線正中間的上背位置）、臀（兩側臀肌中間的尾椎位置）三點接觸，我們稱之為「三點共線」，而水管的延伸線，會對準腳後跟後緣連線的中心點。此時，下背與水管之間的空隙應概略與訓練者自己的手掌厚度相同。

這是一個適用於大多數人的標準，除了少數的例外狀況，例如有些人的腰部脂肪組織較多，可能會導致下背跟水管之間的空間偏小，非常瘦削的人可能下背和水管之間的距離會偏大，不過大致上來說，差異應該不大。

水管的功用在於提供一條基準線來對照，基本上，如果後腦、上背和尾椎三點一開始就不能排成一直線，那麼偏離中立脊椎姿勢的機率就很大。

不過，即使乍看之下三點共線，仍然需要進一步確認，有些人的頸椎前傾，或是胸椎前傾過多，所以頭部無法接觸到水管，為了達成三點共線，或刻意仰頭，這個時候會有顯著的抬下巴動作，這會讓頭部接觸水管的位置變成頭頂後方，而不是後腦。

胸椎前傾也可能會降低背部接觸水管的位置，當人體呈現中立脊椎姿勢的時候，背部接觸水管的點應該位於背後兩側肩關節的連線正中間，頂多是因為肌肉發達程度的不同造成些微差異，但駝背的胸椎前傾會導致這個接觸點明顯下降，可能會下降至胸椎靠近腰椎的部位，這可能會導致腰椎後方與水管的距離變得很小，甚至可能消失。

如果是過度挺腰、骨盆前傾、過度挺胸，可能會呈現一個三點共線大致正確，但是下背與水管之間的空隙變得非常大，可能達到自己手掌厚度的 2 倍以上，這種姿勢外觀看似挺胸翹臀，是許多健身者偏愛的體態，但是如果挺胸翹臀不是因為肌肉發達，而是因為骨盆前傾加上腰椎過挺所造成，則會變成一個不利於負重的姿勢，因為有負重潛力的人體自然動作，會充分利用核心的桶狀結構來維持腰椎穩定性，而核心桶狀結構需要橫膈膜正對著骨盆底，挺胸翹臀的姿勢讓橫隔膜無法正對骨盆底，這將不利於提高腹內壓，使得核心穩定性降低。

如果頭、肩、臀三點共線大致正確，但是水管的延伸線指的位置並不是腳跟後緣的連線中點，而是指向偏前或偏後的位置，那可能顯示了髖關節姿勢的問題，因為如果頭、肩、臀三點共線大致正確，表示中立脊椎的位置也大致正確，但是身體卻沒有站直，這通常是因為姿勢習慣所造成，可以在檢測時一併修正。

站姿基準線檢測所呈現的姿勢應該是左右對稱的，如果發現做到三點共線之後，水管卻是斜的，這有可能是脊椎側彎的問題，若口頭提醒仍無法自行回正，可能需要進一步做醫療評估。

人體站姿基準線的檢測示範

當水管貼緊在訓練者背後的時候，若脊椎為中立姿勢，水管應與頭、肩、臀三點接觸，我們稱之為「三點共線」。

常見的動作缺失

有些人的頸椎前傾，或是胸椎前傾過多，所以頭部無法接觸到水管。

為了達成三點共線，或刻意仰頭，這個時候會有顯著的抬下巴動作，這會讓頭部接觸水管的位置變成頭頂後方，而不是後腦。

如果頭、肩、臀三點共線大致正確，但是水管的延伸線指的位置並不是腳跟後緣的連線中點，而是偏前或偏後的位置，那可能顯示了髖關節姿勢的問題。

如果是過度挺腰、骨盆前傾、過度挺胸，可能會呈現一個三點共線大致正確，但是下背與水管之間的空隙變得非常大，可能達到自己手掌厚度的2倍以上。

項目2　人體俯臥直臂支撐基準線檢測

人體俯臥直臂支撐基準線檢測，基本上就是用伏地挺身最高點的姿勢，檢測核心肌群是否有足夠的耐力，維持中立脊椎姿勢達60秒。

核心穩定性先天有「肌耐力」的特性，因為在許多動作當中，核心肌群不像四肢肌群，在每個動作當中一次又一次的用力，而是在動作全程中持續保持用力，即使像是一個連續五下的大重量深蹲，下肢的肌群用了五次力量，但也休息了五次，每次下蹲站起就是一次用力，每完成一次後，短暫的站立姿勢便是一次休息，即使這個休息比起平常坐在沙發上休息累得多，但相較於深蹲過程中的用力，次數間的背槓站立階段因為下肢處於骨骼支撐力較強的階段，所以肌肉等於得到短暫的休息時間。

核心肌群則不然，核心肌群沒有一個時刻可以把重量「交給」脊椎，因為脊椎本身並沒有承載大重量的能力，前面提到過，沒有肌肉和腹腔內壓的幫助，脊椎本身只能承載5-10公斤，動輒數十甚至上百公斤的深蹲硬舉或負重行走，在動作過程中沒有任何一時一刻核心肌群可以放鬆，即使像是剛剛舉過的五下大重量深蹲的例子，核心不像雙腿，會經過支撐力較強的骨骼角度，讓肌肉休息，核心肌群則不然，即使深蹲過程中軀幹角度也有顯著的改變，但是核心從來沒有可以少出力氣的階段，只能持續對抗不同方向的壓力。

檢測核心耐力有非常多種方法，常見的棒式支撐（Plank）、鳥狗式（birddog）和伏地挺身都是，每一個效果都很好，我們選擇靜態伏地挺身支撐的原因在於，伏地挺身是一個大家都熟悉的動作，省掉了不少解釋和溝通，且伏地挺身在肌力訓練課程裡也屬於常見的動作，檢測越接近訓練動作越能夠經常監控訓練者的動作品質。

把60秒直臂支撐當作檢測的另一個好處是，這個檢測對於想要測驗的核心穩定性相當「敏感」，也就是說，這個檢測如果可以輕鬆通過，通常在深蹲硬舉等完整動作過程中，也都能展現出夠好的核心耐力，如果這個動作做得千驚萬險，或是距離60秒非常遠，根據經驗這些訓練者在進行其他動作學習時遇到的困難也會顯著較多。

為什麼是60秒？這也是我常被問到的問題，我只能說沒有特殊原因，純粹經驗法則，我記得我還在學校任教時，曾經把這個測驗當作大學生體育課的基本訓練，結果發現不常運動的學生可能連30秒都有困難，但是體育系學生或是競技運動員，往往60秒輕鬆愉快，還可以偷滑手機或是跟旁邊同學打來打去，且仍然維持直挺挺的中立脊椎姿勢。所以，如果你要問我為什麼不是10秒或300秒，或為什麼不是撐個3小時，我會說60秒大概是一個經驗上的甜蜜區，可以掌握最多的狀況。但如果你要問我為什麼不是59或61秒，我只能說我不知道為什麼。

人體俯臥直臂支撐基準線檢測的方式其實很簡單，就是讓人擺出伏地挺身的高點姿勢，然後不用做任何動作，維持靜止60秒。此時身體應該呈一直線，只有雙手雙腳著地，雙手手臂打直，手掌貼地，手掌大概位在肩膀正下方附近，雙腳腳趾背屈著地，整個人以近似站姿基準線的姿勢，支撐在伏地挺身的高點姿勢。

如果手邊有硬式塑膠水管，可以比照站姿基準線檢測，把水管放在訓練者背後，這個時候應該要維持一樣的「頭、肩、臀三點共線姿勢」，讓後腦、上背和尾椎同時貼水管，下背跟水管之間的空隙會跟訓練者自己的手掌厚度差不多，然後水管的連線會指向腳後跟後緣的連線中點。跟站姿基準線不一樣的地方，是手臂和肩胛骨的位置，站姿基準線的手臂下垂，比較接近人體中心，而在伏地挺身支撐姿勢裡，因為手臂向身體前方推出，所以肩胛骨略微偏外側，不過不影響中立脊椎姿勢。

這裡有一件事需要提醒，在直臂伏地挺身支撐的姿勢當中，軀幹不是水平於地面，而是呈現一個傾斜的角度，有些時候塑膠水管跟訓練者的衣褲之間可能沒有足夠的摩擦力，水管可能會一直向著腳的方向滑落，讓檢測的過程變成一個反覆撿水管的過程。如果有這種情形發生，幫水管簡單「加工」一下可能會有幫助，例如用貼紮的膠帶在水管接觸衣服的部位纏繞幾圈，膠帶背面跟衣褲之間應該有足夠的摩擦力，讓水管不會一直掉。

幾種常見的動作問題分別說明如下，首先要討論的是無法維持中立脊椎60秒，這種情形指的是，一開始的時候可以做出中立脊椎姿勢，但是幾秒鐘過後就開始出

現搖晃、抖動、駝背、躬身、挺腹或是其他各種歪斜姿勢，這就是核心肌耐力不足的徵兆。

核心肌耐力不足跟手臂力量不足不太一樣，雖然測驗的時候這兩種不足經常互相影響，所謂的手臂力量不足，指的是在伏地挺身高點姿勢支撐時，手臂的力量無法維持這個姿勢達60秒。從力學的角度來看，伏地挺身的高點需要支撐的力量大約等於自身體重的70%，低點大約等於自身體重的75%，因此，對於手臂力量不足以支撐70%自身體重的人來說，這個檢測的確是難度過高的，一個可行的做法是改用手肘著地的棒式支撐姿勢，就可以避開手臂力量的問題。

不過，這並不表示改成屈肘的棒式支撐檢測，就可以單單排除手臂力量的因素，直接檢測到原本想要用伏地挺身直臂支撐所能檢測的核心穩定性，這是因為，手臂的穩定性其實對於核心穩定性來說是一種挑戰，所以直臂支撐的核心穩定性檢測所測到的核心穩定性，是在雙手伸直之下的穩定性，比起屈肘支撐時的核心穩定性稍微困難，屈肘支撐因為比較穩，所以核心感受到的難度也會略低一點，評估檢測結果時要把這個因素考量進去。

另外一個降低手臂力量需求的版本是墊高雙手，也就是讓手比腳的高度高，伏地挺身支撐的難度就會降低，抬高30公分的時候，雙手需要支撐的重量會降到60%左右，抬高60公分的時候會降到40%左右，抬高到90公分時會降到剩下24%左右。因此，將雙手扶在較高的位置進行測驗，也是一個可行的選項。不過，這個方法有一個缺點，就是隨著越來越高的姿勢，手臂負擔減輕的同時，核心的負擔一樣跟著減輕，簡單來講，直接高到站著推牆壁，難度就跟直立檢測差不多，甚至更簡單了。

核心穩定性不僅僅是一個「形狀」，同時也是一種力量，所以，單是觀察核心的形狀（三點共線、下背微凹、橫隔膜正對骨盆底的外觀姿勢等）不一定足夠，有些時候，核心穩定性的不足，會從核心以外的地方表現出徵兆，也就是說，有些時候核心的外觀看似正確，但問題卻從四肢跑出來。伏地挺身支撐檢測當中一個常見的這類問題，就是下肢出現屈膝屈髖的動作，有些時候是把臀部推高，有些時候是壓低臀部但是膝蓋卻彎曲了，這些動作如果經過口語回饋之後就有改善，可能只是訓練者對這個動作不夠熟悉，不明白自己正擺出怎樣的姿勢，但是如果經過口語回饋之後仍然無法，或是伸膝伸髖之後核心就變形，那就表示核心穩定性真的是有問題的，只是在外觀上透過相鄰代償的方式展現在下肢。

這樣的現象背後的原因仍然是「反射回饋，相鄰代償」，核心穩定性不足，相鄰的髖關節會試著製造穩定性來幫忙，但是製造穩定性的過程當中，身體可能會將髖關節從打直的伸展狀態「拉」回縮腿的屈髖狀態，所以可能會出現臀部被推高的姿勢出現，這個時候會明顯看出，水管的延伸線遠高於腳後跟後緣的連線中點。如果訓練者試著降低姿勢，不肯打直的髖關節無法降低，只好屈膝把自己降低。最後就會出現一個屈膝屈髖的伏地挺身姿勢。

有些時候臀部並不推高，反而是降低，這時水管的延伸線會遠低於腳後跟後緣的連線中點，造成這種情形的可能原因是腹肌或大腿前側肌群鬆弛，無法有效收緊髖關節，將髖關節固定在大腿與軀幹呈一直線的位置，這現象不一定跟核心穩定性有關，如果核心基本上保持中立姿勢，則比較可能是髖關節穩定性不足，如果核心其實已經失衡，則可能是核心無力所造成。

聳肩或夾背是另一類問題，聳肩通常跟上斜方肌過於強勢有關，所謂的過於強勢，其實是一種用力習慣的問題，這背後可能是其他控制肩胛骨的肌群不常使用或是肌力太弱，上斜方肌變成主要用來控制上肢動作的肌肉，所以就出現「手臂一用力就聳肩」的現象。夾背則可能是肩胛骨控制力不佳所造成，理論上來說，伏地挺身的姿勢，雙手在推出的時候，肩胛骨應該要推著手臂向外。

在檢測的過程中，只要是三點共線無法維持，就已經是出現核心穩定性不足的徵兆了，假設同一位訓練者剛剛做完站姿基準線檢測，可以跟現在的俯臥直臂支撐兩相對照，站姿基準線就已經無法維持中立脊椎的，通常在俯臥直臂支撐也不會自動變好，因為俯臥直臂支撐是檢測站姿基準線「加上」核心肌耐力，等於是更高難度的檢測，所以不太容易無緣無故變好。如果站姿基準線檢測正常，但是到了俯臥直臂支撐檢測卻無法維持中立脊椎，可能就是核心肌耐力不足。

無法維持中立脊椎的情形有幾種，包括仰頭、中下背貼水管、下背凹陷過小和下背凹陷過度等。仰頭跟中下背貼水管通常跟胸椎活動度不足有關，不足的胸椎活動度導致胸椎前傾，連帶地把頭推向身體前方，如果想要讓頭碰到水管，只能把頸椎往反方向挺回去。此外，一般狀態下應該是兩側肩關節連線的中間點碰觸水管，但是前傾的胸椎導致與水管接觸的點往下降，變成中背甚至是接近下背的位置與水管接觸，這些都是胸椎前傾造成的現象。對照站姿基準線，可以試著判斷這是俯臥直臂支撐所獨有，還是連站姿基準線檢測時都有這樣的現象，如此可以幫助推論，胸椎前傾的問題是來自於原本姿勢習慣或是胸椎組織就已經前傾甚至僵硬，還是這

是只有在核心穩定性需求提高時才產生的問題，兩者的解決方式不盡相同。站姿和俯臥都一樣會發生胸椎前傾的人，有可能需要考慮進行胸椎活動度相關訓練。若是站姿基準線檢測正常，但俯臥直臂支撐檢測時卻出現異常的訓練者，需要提高的可能是核心穩定性。

如果胸椎姿勢基本上正常，但是下背的角度出現問題，那就有可能是腰椎穩定性出問題，有可能是腰椎前傾（下背與水管之間的距離縮小），也可能是過度挺腰（下背與水管之間的距離過大），跟站姿基準線一樣，下背與水管的距離應該等同於訓練者一個手掌的厚度，顯著偏離這個厚度的現象都需要加以注意。胸椎姿勢正常顯示橫隔膜的位置應該大致正確，但腰椎無法維持在中立姿勢，這很可能就跟骨盆有關，骨盆應該位於中立位置，骨盆前翻可能讓下背與水管之間的距離變大，骨盆後翻可能讓下背與水管之間的距離變小。

姿勢偏斜和左右失衡是最後一類需要討論的問題，所謂的偏斜指的是出現脊椎側彎、俯臥時肩膀一前一後，身體無法維持直線等，這可能來自於姿勢習慣、肌肉張力不均或者是脊椎側彎，必要時需做醫療篩檢以釐清原因。左右失衡則泛指任何左右不對稱的現象，例如俯臥時肩膀一高一低、骨盆俯臥時無法保持水平，高低手、長短腳等等，這些現象不必然來自動作控制的問題，如果經醫療評估無醫療相關問題的話，一些修正左右姿勢和力量差異的訓練可能是必要的。

人體俯臥直臂支撐基準線的檢測示範

比照站姿基準線檢測，把水管放在訓練者的背後，這個時候應該要維持一樣的「頭、肩、臀三點共線姿勢」。

常見的動作缺失

前傾的胸椎導致與水管接觸的點往下降，變成中背甚至是接近下背的位置與水管接觸。

下肢出現屈膝屈髖的動作，水管的延伸線遠高於腳後跟後緣的連線中點。

上斜方肌變成主要用來控制上肢動作的肌肉，所以就出現「手臂一用力就聳肩」的現象。

腰椎穩定性不足所呈現的過度挺腰（下背與水管之間的距離過大）。

水管的延伸線會遠低於腳後跟後緣的連線中點，造成這種情形的可能原因是腹肌或大腿前側肌群鬆弛。

項目 3　呼吸法仰臥放腿檢測

呼吸法仰臥放腿檢測的目的是為了檢測核心呼吸法的強度，它跟站姿基準線檢測以及俯臥直臂支撐算是核心穩定性的三部曲。站姿基準線檢測是用來評估對中立脊椎的認知，俯臥直臂支撐檢測是用來評估核心肌群的肌耐力，呼吸法仰臥放腿檢測是用來評估呼吸法的「強度」。

在說明呼吸法仰臥放腿檢測之前，我們先回顧一下鞏固脊椎的機制。前面的章節已經介紹過，中軸穩定性是人體發力的重要前提，沒有穩定的中軸，人體的神經系統不會允許身體發出大的力量，這是一種先天的保護機制，目的是為了避免不良的姿勢和過大的力量傷害到自己。要製造夠高的中軸穩定性，最佳的方式是先將脊椎排列為中立脊椎姿勢，同時用體腔內壓將軀幹強化成一個剛性結構。

前面已經介紹過的「人體站姿基準線檢測」是在檢測一個人是否有能力做出中立脊椎姿勢，「俯臥直臂支撐檢測」則是在檢測一個人有沒有足夠的核心肌耐力維持這個姿勢達一段時間，現在要介紹的「呼吸法仰臥放腿」則是在檢測一個人有沒有能力用呼吸法維持一個剛性的核心。

在完整的訓練動作裡，剛性的核心必須用「吸氣閉氣，壓胸夾背，扭地夾臀」的方式製造，但問題是，在完整動作裡，核心穩定性的缺失往往跟一大堆其他關節的活動度或穩定性缺失混雜在一起，使問題難免變得複雜，我們需要一種可以「單獨檢測」一個人到底會不會使用呼吸法的檢測方式。

在重量訓練的情境裡，所謂的中軸穩定包含了胸椎和腰椎，頸椎雖然也是脊椎的一部分，但是因為在大多數的槓鈴動作裡，我們通常不用頸椎直接承載重量，所以頸椎只要可以維持中立姿勢即可，且頸椎周遭的肌群往往可以在上肢訓練中得到

強化，所以需要用體腔內壓保護的只有胸椎和腰椎。

而胸椎和腰椎，又以腰椎的穩定性最難製造，因爲胸椎有肋骨的支持，同時胸腔可以靠吸氣過程中肺臟的擴張而得到支撐力，所以簡單來說，我們最關心的是一個人有沒有調控「腹腔內壓」的能力，也就是藉由橫隔膜往下降，同時保持腹背肌群用等長收縮的方式收緊，再加上夾緊骨盆底，讓腹腔內壓上升的手段，是大重量訓練最基本的能力。

要檢測一個人有沒有這個能力，方法其實有很多，有我們推薦的，也有不推薦的，傳統上有很多有效的方法，但是在今日的教學情境裡並不適用，比方說，提高腹腔內壓的方式，其實跟一個人肚子快要被揍的時候，反射性的用憋氣撐住肚子，然後硬生生吃下這一拳的用力方式幾乎一樣，所以在傳統訓練時期有些教練乾脆三不五時直接給訓練者的肚子來上一拳，如果訓練者不懂得用腹腔內壓抵抗，就會被揍到岔氣，如果訓練者有非常強大的腹腔內壓，就可以面不改色的吃下這一拳。說到這裡你大概已經明白為什麼這種方法在文明的今日已經不合時宜了。另外，也有教學者會叫學員試著做好呼吸法，鞏固核心，提高腹內壓，然後教學者就用手指在學習者的腹部、側腹、下背等處戳來戳去，檢查核心是否有足夠的剛性。這當然比一拳揍過去的傷害性小得多，但是這種用手指在人身上戳來戳去的行爲，幾乎是無視於身體界線，當然也就不再合用。所以，我們需要的是一個不需要身體觸碰，也不要製造傷害的檢測方式，「仰臥放腿」就是一個這樣的方式。

仰臥放腿

仰臥放腿原先是練腹肌和屈髖肌力的徒手訓練動作，但很適合拿來檢測呼吸法的強度。最簡單的仰臥放腿版本是一個自我檢測，不需要任何器材，訓練者躺平在地上，然後把一隻手擺放在下背與地板之間。先前提到過，中立的脊椎姿勢會讓下背與一條貼背的直線之間具有一個手掌厚度的空間，所以把手掌平放在這個空間應該是剛好手心貼地，手背貼腰。當然，躺著檢測跟站姿拿水管檢測的空間不會完

全一樣，因為站姿的時候水管是靠在兩側臀肌中間的尾椎，躺著的時候地板是一個平面，所以是貼在臀肌上，這之間的差異通常並不顯著，但對於臀肌很發達的人來說，可能會在仰臥於地面時，產生比站姿水管檢測時要略大一些的空隙。不過畢竟這本來就不是一個需要極度精細的檢測，中立脊椎是一個範圍不是一個定點，所以些微的差異通常可以忽略。

在這個躺平同時手放在下背的姿勢裡，訓練者可以先感受一下手掌夾在下背和地板之間的壓力大小，接著，用腰腿之力把雙腳打直，並舉到空中，讓腳底面對天花板，此時壓在下背的手應該要完全不受影響，保持與躺平時一樣的壓力感。之所以壓力感應該要相同，是因為鞏固核心的時候，如果核心的剛性夠高，應該可以達到「動髖不動腰」的狀態，如果舉起的過程感覺手背的壓力突然變大，那表示舉腿的過程已經牽動腰椎，應重新嘗試，直到可以做到手臂壓力不變。

舉起雙腿的過程其實只是準備過程，真正的考驗是放下的過程，這也就是為什麼這個動作的名稱叫做「仰臥放腿」。經過先前的程序，訓練者應該已經達到一個脊椎維持中立、雙腿打直且腳底指向天花板、手掌位於下背、手心貼地手背貼腰的姿勢。然後以這個姿勢為起點，訓練者要做一次吸氣閉氣的動作，提高腹腔內壓，然後在腹腔內壓的保護下，把打直膝蓋的雙腿慢慢放下，直到腳放回地面，而重點是整個過程中，放在腰後的手掌必須感受到全程壓力不變。

這個檢測所利用的原理是，當雙腿慢慢放下的過程中，腿的重量會逐漸開始拉扯骨盆，但骨盆又是核心的一部分，如果核心的剛性夠強，骨盆就不會被拉走，腰下面的手掌就會感覺全程的壓力都一樣。如果核心的剛性不夠強，骨盆就會被拉走，腰下面的手掌就會感覺到壓力逐漸改變，骨盆如果前翻，腰就會離開手背。

這是一個非常有效的檢測，訓練者可以自行操作，直到找到要領，若可連續完成數次動髖不動腰的仰臥放腿動作，大概也已經掌握了足夠的核心呼吸法技巧，可以幫助自己在大重量訓練動作中保護脊椎。不過這個方式也不是沒有缺點，最主要的缺點在於，這個動作最關鍵的檢測來自於訓練者自己手掌的感覺回饋，如果訓練者對於動作的機制理解不足，或是對手掌壓力的改變不敏銳，則整個測驗的判斷標準就不存在了，如果讓教學者把手伸到訓練者背後，則又回到身體界線的老問題上。

要改變這一點，我們試過很多種方法，最終找到了一個不完美但很有效的方法，那就是用一條彈力帶取代壓在下背的手掌。具體的做法是，找一條有彈性的繩

子，鬆緊帶、彈力繩或是一條彈性布料都可以，把一端固定在大約腰部高度的物體上，健身房裡的蹲舉架是一個不錯的選擇，如果沒有固定物，也可以請一位夥伴幫忙拉住彈力繩。當彈力繩一端固定時，訓練者拉著彈力繩的另一端，然後按照剛剛的方式躺下，並且把彈力繩的另一端穿過下背與地板之間的空間。在脊椎保持中立的情況下，彈力繩應該可以輕易穿過下背與地板之間的空間。此時彈力繩應該用手拉住，保持一個被拉長隨時可以反彈的狀態。這個步驟一定要先做對，如果一開始就把彈力繩放錯地方，例如讓彈力繩被臀部壓住，那麼後續的檢測就沒有效果了。

接下來是最重要的一個步驟，就是訓練者把兩腳舉起，保持直膝的姿勢將腳舉到腳底對著天花板，此時刻意將下背貼地，壓住地上的彈力繩，然後放開原先拉著彈力繩的手。放開手以後，彈力繩已經完全由下背壓住。一個必須要特別說明的事情是，此時已經從「中立脊椎姿勢」轉變為「直立脊椎姿勢」，這就是我所謂不完美的地方，但是如果檢測的目的是核心呼吸法的「強度」，再加上前面已經有兩個測驗（人體站姿基準線和俯臥直臂支撐檢測）可以檢測中立脊椎姿勢，仰臥放腿暫時不用中立脊椎，單純檢測呼吸法的強度，是一個不完美但可接受的做法。

過去我們也曾嘗試過克服脊椎不中立的問題，試過在下背與彈力繩之間墊東西，例如一塊軟墊或是一捲毛巾之類的，但發現這個塞進來的物體的軟硬材質和形狀大小，幾乎成了測驗成敗與否的關鍵。另外也試過恢復把手壓在下背的做法，然後把彈力繩塞在手背和腰之間，但這個方法太容易激發人的作弊本能，讓人有機會用手控制彈力繩，所以後來也放棄不用。最終採取了這個不完美但可接受的「直立脊椎」檢測。

從中立脊椎姿勢變成直立脊椎姿勢，難度其實是提高的，因為這等於是要在骨盆微後翻的情況下把雙腳放回地面，過去曾經想過是否因此把成功的標準從「腳跟回到地面」改成「腳跟回到離地15公分處」，但後來發現其實落回地面的標準雖然比較嚴格，但從經驗上來看不至於不合理，所以仍然維持腳跟落回地面的標準。為了避免僥倖成功，通常建議訓練者做到連續成功5次才算是檢測通過，如果訓練者可以順利完成五次，彈力繩都沒離家出走，那麼核心呼吸法的強度應該是沒問題的。

仰臥放腿因為想要檢測的能力很單一，動作也夠單純（但是不簡單），所以不管任何缺失，其實背後的原因都是呼吸法的強度不足，不過因為人體會用各種不同的方式想辦法達到目的，所以仍需簡單介紹一下常見的錯誤。

一個最明顯的常見錯誤就是無法壓著彈力繩，這表示核心的剛性不足以對抗兩條腿的重量，導致骨盆翻轉，下背離開地面。如果可以壓著彈力繩，接下來就要觀察是否有以下情形發生，一是腳停在落地前但無法碰地，二是利用屈膝碰地，三是利用捲腹或捲胸椎來幫助下背壓彈力繩。腳停在落地之前但遲遲無法真的碰地，是因為身體感覺到再把腳往下放就會壓不住彈力繩，所以下肢活動度整個被「鎖住」了。屈膝碰地其實是一種代償，就是把原先應該由髖關節達成的動作幅度，轉嫁給膝關節，膝關節彎曲一些些，就可以在不改變髖關節角度的狀態下讓腳跟碰到地面。捲腹或是捲胸椎也是一樣，將頭部和肩膀抬離地面，等於製造一個躺著的駝背姿勢，有助於把下背壓緊地板。有這些現象出現的時候，即使看似完成整個動作，彈力繩也沒彈出來，但仍算是失敗的嘗試。如果檢測發生失敗，任何強化核心的訓練都可能有助於提升呼吸法強度，包括練習這個測驗本身。仰臥放腿本來就是核心訓練，訓練之後核心呼吸法的強度自然就會上升。

最後關於「呼吸法仰臥放腿檢測」需要說明的是，這個測驗通常是在一般重量訓練動作（如深蹲、硬舉等）中發現可能有核心呼吸法的問題，為了進一步確認訓練者的呼吸法強度，才需要做的檢測，如果在從事重量訓練時，一開始就充分掌握各種動作中該有的核心穩定性，則不一定需要拿出這個動作來檢測，畢竟如果在大肌群多關節完整動作幅度的大重量動作中都已經掌握呼吸法的技巧，也做到該有的強度時，就沒有必要回到這種專門檢測呼吸法強度的動作。

呼吸法仰臥放腿的檢測示範

訓練者把兩腳舉起，保持直膝的姿勢將腳舉到腳底對著天花板，此時刻意將下背貼地，壓住地上的彈力繩，然後放開原先拉著彈力繩的手。放開手以後，彈力繩已經完全由下背壓住。

把腳往下放，全程壓住彈力繩。

常見的動作缺失

屈膝碰地是一種代償,把原先應該由髖關節達成的動作幅度,轉嫁給膝關節。

捲腹或是捲胸椎,將頭部和肩膀抬離地面,等於製造一個躺著的駝背姿勢。

項目 4　羅馬尼亞式硬舉

　　這是本書要介紹的第一個完整肌力訓練動作，前面的站姿基準線、俯臥直臂支撐以及呼吸法仰臥放腿都只是針對核心能力的一些檢測，這些檢測通常用在訓練者無法掌握中立脊椎姿勢和核心呼吸法的時候，如果訓練者已經可以直接從完整肌力訓練動作開始學習，則不一定需要進行這些檢測。

　　在開始討論羅馬尼亞式硬舉的動作控制相關議題之前，先說明一下接下來這一系列動作的討論方式，首先我會先做一些關於各個動作的「動作說明」，接著會討論「局部動作缺失」，最後會討論「代償性動作缺失」。

　　「動作說明」的目的是為了讓讀者更理解我們想呈現的動作細節，「局部動作缺失」主要在討論參與動作的身體各部位如果有功能性缺失，會有怎樣的外顯徵兆，而「代償性動作缺失」主要是討論在「反射回饋，相鄰代償」的機制作用之下會有哪些常見的問題，這部分實際狀況種類繁多，所以通常會用舉例的方式說明。

　　接下來所有的動作都會依循這樣的流程，以下就先從羅馬尼亞式硬舉開始討論。

動作說明

　　羅馬尼亞式硬舉是站姿髖屈伸動作，也是髖主導系列動作的代表。前面提到過，下肢肌力訓練最主要的動作型態是「三關節伸展」，而三關節伸展的動作型態若依「屈膝」和「屈髖」動作幅度的排列組合來分類，可以畫成一條介於「膝主導」和「髖主導」動作的光譜，膝主導指的是有大幅度屈膝的動作（以及與屈膝幅度相配合的屈髖），大部分的深蹲系列動作均屬之，而髖主導動作指的是有大幅度屈髖，但只有較小幅度屈膝的動作，大部分的硬舉系列動作和早安運動系列動作均屬之。

　　最具有膝主導特性的代表動作之一是前蹲舉，最具有髖主導特性的代表動作之一是羅馬尼亞式硬舉（之所以說是「之一」，是因為有不只一個動作達到這種動作幅度，例如前抱式深蹲的屈膝幅度可能跟前蹲舉相近，而窄站姿直膝早安運動的屈髖幅度可能跟羅馬尼亞式硬舉相近）。而我們常見的背蹲舉、相撲硬舉、傳統硬舉和各類早安運動等，則分別處於光譜上的不同位置。

　　在肌力訓練的實務界裡，羅馬尼亞式硬舉其實是一個不太精確的名詞，因為在這個名詞出現之前，就已經有這個動作存在，而且被稱作羅馬尼亞式硬舉的動作也不只一個。在我們的定義裡，我們所指的羅馬尼亞式硬舉是一個從直立姿勢出發的直膝硬舉。所謂的直立姿勢指的是人體完全站直，槓鈴用懸垂方式抓握在手上的姿勢，而所謂的直膝，指的是微屈膝大約15度左右的姿勢。

　　初學者可以使用空槓或水管直接進行訓練，並且在訓練中進行檢測。如果已經是進階者，已經使用大重量進行訓練時，檢測的標準仍然是相同的，這個原則對於所有動作都一樣，後面將不再贅述。

　　羅馬尼亞式硬舉動作的最高點是從站姿開始，雙手用懸垂姿勢抓握著槓鈴，保持中立脊椎，然後用「吸氣閉氣，壓胸夾背，扭地夾臀」的方式做好呼吸法，這是為了幫軀幹製造剛性，以保護胸椎和腰椎。呼吸法完備之後，微屈膝，然後保持穩固的核心和中立脊椎姿勢，將臀部緩緩往後推，軀幹往前傾倒。槓鈴全程對準腳掌心的位置，隨著臀部往後推，同時軀幹持續往前傾，槓鈴緩緩下降，直到腰椎達到概略與地面呈水平線的位置，因為腰椎是一條弧線，所以腰椎概略與地面平行的時刻，肩膀仍然是略高於臀部的。上升過程是下降過程的反方向重複，直到回到直立姿勢。

我們來分析一下以上的動作流程。在雙手握槓於身體前方的懸垂姿勢進行呼吸法，第一個需要注意的地方就是，當重量在身體前方的時候，有利於壓胸但不利於夾背，這時候要注意的問題是避免胸椎塌陷，也就是駝上背。避免的方式是在有限的空間裡仍然盡可能維持夾背的力道，即使肩胛骨不會真的向中間靠攏，這是因為手臂在身體前側抓握著重量，所以夾背不太可能也沒有必要夾到肩胛骨互相靠攏的位置，但是至少要讓胸椎保持中立，以便於讓橫膈膜正對著骨盆底。

在開始將軀幹前傾之前，先把站直的腿改成微屈膝的姿勢，目的是為了避免膝關節產生不當的壓力，肌力訓練裡我建議遵守一條安全守則，就是在負重過程中「直膝不屈髖，屈髖不直膝」，直膝屈髖負重的動作容易發生膝關節不適，嚴重的情況還可能直接受傷，所以雖然羅馬尼亞式硬舉是最髖主導的下肢肌力訓練動作，但是仍然需要一點屈膝。

雙腳踩地並抓地向外旋轉，用「扭地夾臀」的方式製造從腳底一路到骨盆底的穩定性，這是製造「近端穩定，遠端發力」的技巧，也因為要做出「扭地夾臀」的動作，所以腳尖外轉的方向雖然沒有硬性規定，但至少要足以讓人作出扭轉的力道，腳尖太過於外轉的時候，會無法同時讓兩腳抓地並讓雙腿向外扭轉。當完成扭地夾臀的動作時，才算已經站穩，可以準備開始動作。

當軀幹往前傾的時候，對脊椎的挑戰會越來越大，此時核心的強度逐漸受到考驗，事實上，羅馬尼亞式硬舉的整個動作型態跟前面提過的仰臥放腿十分相似，只是用力方向不同而已，羅馬尼亞式硬舉把重量懸垂在身體前方，在核心穩定的前提下，考驗下背、臀部和腿後的肌力，這些肌群合稱為背後動力鏈，人體往前加速、跳躍和從地上拉起重物等動作，都大幅依賴背後動力鏈的力量，而動髖不動腰是整個過程中都不能違背的原則，腰椎的穩定性是發力和安全的前提，如果無法保持腰椎穩定性，那麼可能的結果不是力量受限，就是出現代償動作，兩個都不是好結果。

槓鈴對齊腳掌心是所有站姿大重量訓練動作的大原則，當人處於站姿的時候，最穩定的姿勢就是讓自己重心和體外負重都對準腳掌心的正上方，之所以對準腳掌心的道理很簡單，當重心越接近腳尖，就越容易向前失衡，當重心越接近腳後跟的時候，就越容易向後失衡，對準腳掌心可以在兩者之間取得平衡。

以上就是關於羅馬尼亞式硬舉動作特性的說明，接下來討論各關節局部的動作缺失。

局部動作缺失

局部動作缺失指的是不考慮代償機制的情況下，在羅馬尼亞式硬舉動作中常見的關節功能性缺失，分述如下：

肩關節：因為羅馬尼亞式硬舉所需的肩關節活動度不大，缺失並不常見。

肩胛骨：肩胛骨穩定性不足，或收肩胛肌群整體肌力不足時，肩胛骨會被槓鈴拉走，導致肩膀過度前移的姿勢，在站姿的時候會呈現肩膀前引的狀態，在屈髖到低點的時候更會呈現類似手臂變「長」的姿勢。如果肩胛骨穩定性不足來自於收肩胛肌群的肌力不均，常見的狀況是上斜方肌主導，使用的重量較輕時，外觀可能會呈現聳肩的姿勢。

胸椎：胸椎活動度若不足，會呈現僵硬的駝背姿勢。

腰椎：腰椎穩定性不足時，會無法維持核心桶狀結構。在站姿過程可能呈現彎腰或是過挺腰，且在軀幹開始前傾時彎腰的現象可能會加劇。彎腰的特徵是肋骨過於接近骨盆，或是骨盆後翻，且下背肌群被拉長。過挺腰則是相反，肋骨抬高遠離骨盆，或是骨盆前翻，但下背呈現擠壓的狀態。

髖關節：髖關節活動度若是不足，將無法向前傾倒至腰椎與地面概略平行的動作低點，軀幹前傾的角度會在這之前就「卡住」。髖關節穩定性若是不足，可能會出現無法做出「扭地夾臀」的動作，膝關節可能會搖晃或是向內夾。

膝關節：膝關節穩定性若是不足，膝關節本身可能會搖晃或是向內夾，或是微屈膝的曲度變大，變成大幅度的屈膝。

踝關節：在羅馬尼亞式硬舉過程中，踝關節的活動度需求不大，所以缺失並不常見。

足弓：足弓穩定性不足時，會呈現足弓塌陷，足弓可能會踩平在地，鞋跟外側可能會略為提高，腳尖也可能外轉，指向膝蓋方向的外側。

代償性動作缺失

讓我們用一些假想的例子說明可能發生的代償現象。假設有訓練者在羅馬尼亞式硬舉前傾的過程中感覺到腿後緊繃，這緊繃感可能會讓人覺得是柔軟度不好，不過，臀肌或腿後肌群的柔軟度不佳只是其中一種可能性，這些後側鏈肌群的緊繃可能來自於核心穩定性不足。當核心穩定性不足的時候，「反射回饋，相鄰代償」的機制可能會導致髖關節鎖住活動度，讓身體試圖用髖關節的僵硬性彌補核心的穩定性。而鎖住的髖關節可能會導致下一波的核心穩定性降低，這是因為腰椎發現髖關節活動度不足的時候，又反過來增加自己的活動度去彌補髖關節缺乏的活動度。

這種互相代償的現象，導致在做羅馬尼亞式硬舉的時候，屈髖前傾到某個角度之後，突然轉變成彎腰前傾。當有這種情形發生的時候，就應該立即停止動作，尤其是手上握有重量的時候，因為當腰椎放棄一部分的穩定性，去代償髖關節的活動度的時候，就已經構成了「負重過程改變腰椎角度」的危險動作模式，有立即性的受傷風險。

有些時候髖關節活動度不足的問題會「往下走」，意思是說，當髖關節活動度不足時，身體選擇以增加屈膝的方式幫助完成原先想完成的動作幅度，增加屈膝的確比增加彎腰安全得多，但是出現這樣的現象仍然是一個需要重視的問題，理想狀態下的羅馬尼亞式硬舉應該很接近直膝，微屈膝的幅度大約在 15 度左右，無法有意識的維持微屈膝的姿勢，顯示不是膝關節的動態穩定性有問題，就是髖關節的活動度有問題，動態穩定性指的是在動作過程中抵抗不想要的動作的能力，如果膝關節的動態穩定性有問題，也是一個需要積極處理的問題，否則如果這個現象發生在競技運動場上或是日常生活中，可能會導致受傷的風險。

有些人為了避免駝背，會在動作一開始就採取「過挺腰」的姿勢，這是對動作控制的一個常見的誤解：為了避免駝背就預先往反方向走。殊不知，這樣的做法可能恰好得到反效果，因為穩定腰椎的力量包括腰椎附近的肌力和腹腔內壓，這兩個必須合作，缺一不可，要提高腹腔內壓不可能沒有脊椎附近肌群的參與，但是脊椎附近肌群卻不一定需要提高腹腔內壓才能用力。主動預先拱腰的做法，就是單靠下背肌群用力收縮的做法，因為過挺腰的姿勢不利於蓄積核心穩定性，所以雖然看似在動作初期預先遠離了駝背姿勢，但實際上是用一個更弱腰部的結構去承載重量，當手上的槓鈴夠重的時候，就會在前傾到某個程度的時候把腰椎拉走。有些時候過挺腰的姿勢並不明顯，但如果發現訓練時會用力抬頭，就可能是用錯力道的徵兆。

真正能避免腰椎不要被重量拉走的做法，是在中立脊椎姿勢盡可能提高腹腔的支撐力，這不代表要吸最大一口氣然後用最大的力氣憋住，因為最強的核心未必出現於用力吸氣的過程，「適度」吸氣閉氣是關鍵，而通常所謂的適度，是需要經過一些練習才能嘗試出來，而且通常是個別化的。

　　羅馬尼亞式硬舉是一個左右對稱的動作，所以如果過程中出現任何左右姿勢失衡的情形，都應該要進一步釐清原因，以利於在後續的訓練中增加讓身體均衡發展的補強動作。

羅馬尼亞式硬舉的檢測示範

羅馬尼亞式硬舉的高點姿勢。

羅馬尼亞式硬舉的低點姿勢。

常見的動作缺失

肩胛骨會被槓鈴拉走,導致肩膀過度前移的姿勢。

為了避免駝背而過度抬頭。

聳肩的羅馬尼亞式硬舉。

左右失衡的羅馬尼亞式硬舉。

項目5　單腳羅馬尼亞式硬舉

動作說明

對稱訓練（如深蹲、硬舉等）和不對稱訓練（如分腿蹲、側蹲、單腳蹲、單腳羅馬尼亞式硬舉等）曾經是一個飽受爭議的議題，肌力及體能訓練領域裡也曾經發生過「極端對稱」和「極端不對稱」的派系之爭，一方主張大重量訓練就是以姿勢穩固、載重量高的動作為首選，沒有什麼必要做不對稱姿勢的肌力訓練，另一方則主張，運動場上和真實世界的體能表現裡，左右完全對稱的動作少之又少，不對稱的肌力訓練才是肌力訓練的王道。雖然這個爭論至今仍然沒有完全消除，不過「兩種都練」的方式已經被廣為接受，畢竟訓練不可能一成不變，「極端對稱」和「極端不對稱」的爭論常常陷入「單一最佳動作」的思路陷阱，就像爭論哪一種食物最營養一樣，基本上是爭不出結果的，因為就算硬要選出一種超級食物，人也不會一輩子只吃一種東西。

對稱訓練和不對稱訓練其實各有效益，對稱訓練因為姿勢較為穩固，所以可以承載的重量比較大，不對稱的訓練因為姿勢穩定性較低，所以可以訓練到姿勢穩定性，此外，核心的角色和功能也大不相同，對稱訓練因為姿勢較穩、承載重量較大，可以鍛鍊出高度的核心剛性，不對稱訓練因為下肢動作左右不同，核心需要對抗較多姿勢失衡的問題，可以訓練出多方向抗動能力。此外，對稱動作因為量級較大，所以適合當作課表中驅動人體長期向上適應的項目，而不對稱的動作因其與競技運動和真實世界動作的相似性，所以適合訓練專項肌力。

單腳羅馬尼亞式硬舉是單邊站姿髖屈伸動作，也是髖主導系列的單邊動作代

表，目的是為了檢測單腳站姿時維持中立脊椎，並且做出最大幅度髖屈伸動作的能力，以及單腳支撐的能力。

　　首先來談一談單腳支撐這件事，自然界的動物裡，能夠單腳站立的動物並不多，這裡所謂的單腳站立，指的是單腳支撐全部的體重而不至於失衡，而且還可以運用在移動當中。跟人類相近的靈長類動物，單腳支撐的穩定性都相當低，其他脊椎動物如牛、羊、犬、馬等，幾乎無法做出穩定的單腳支撐動作，能夠用兩隻腳走路的動物除了人類之外，其實只有少數鳥類，例如企鵝，不過相較於企鵝在水裡的敏捷和靈活，站起行走的企鵝遲緩到一個可愛的地步，所以如果要說，行走這個單腳支撐重心轉換的動作，是人類得天獨厚的天賦，其實並不為過。

　　行走需要單腳支撐的穩定性，而這個穩定性並非僅來自身體局部的力量，而是來自全身肌肉的協調配合，從腳底來說，人需要足弓結構的平衡，而這需要從腳到腿的肌群用力，包括腳趾的屈伸肌群、脛後肌、脛前肌、腓腸肌和比目魚肌的貢獻，接著往上有股四頭肌、腿後肌群、內收肌群、臀大肌、臀中肌、臀小肌等等控制膝關節和髖關節的動作。此外，單腳支撐不是下肢專屬的任務，更重要的是，整個軀幹要能夠在單腳支撐的過程維持平衡，這又牽涉到豎脊肌群、腹外斜肌、腹橫肌和腰方肌的功能。簡單來說，光是單腳站立，就有大量的主要肌群參與其中。

　　下肢有負重潛力的人體自然動作可以用幾個象限來區分，最常見的分類方式就是分為髖主導和膝主導，以及單邊和雙邊，髖主導雙邊動作就是硬舉系列，膝主導雙邊動作就是深蹲系列，髖主導單邊就是單腳硬舉系列，膝主導單邊就是單腳蹲系列。以下就先討論髖主導單邊動作，而我們選用的檢測範例是單腳羅馬尼亞式硬舉（也有人稱之為單腳直膝硬舉），選擇這個動作的原因跟選擇羅馬尼亞式硬舉一樣，因為這個動作的髖主導特性最明顯。

　　單腳羅馬尼亞式硬舉的準備動作跟雙腳的羅馬尼亞式硬舉一樣，身體呈站姿，保持中立脊椎姿勢，雙手以懸垂姿勢握槓，槓鈴懸垂於大腿前側。接著將身體重心移到其中一隻腳，著地腳微屈膝，另一隻腳微微離地，離地的腳有不只一種方法，有些人會向後微微抬起，有些人會向前微微抬起，總而言之，一點點屈膝就可以把一隻腳變「短」，讓它離開地面，讓另一隻腳完全承載全身的重量。

　　著地腳此時承擔了全身穩定性的重責大任，而這個穩定性挑戰是相當高的，記得我們在討論雙腳著地的動作時，會使用「扭地夾臀」的動作來製造穩定性，那其

實是雙腳著地時的「特權」，利用兩腳各自往相反的方向抓地扭轉，製造一個高度穩定的雙腳支撐結構，但是，當只有一隻腳著地，另一隻腳已經懸空的時候，扭轉的技巧就無法使用了，因為這時候如果想要抓地扭轉，會造成整個人旋轉，所以兩腳抓地扭轉的技術，只有在雙腳著地時可用。不能使用扭地夾臀的技巧，就只能「就地穩住」這個單腳支撐的姿勢結構，而且因為等一下要進行屈髖動作，所以著地腳的膝蓋不能是鎖死的，必須有一點微屈膝，這也是單腳動作的難度之所以會比較高的原因。

穩住單腳站立的姿勢之後，接下來可以做好呼吸法，準備屈髖向前。呼吸法跟所有動作一樣，都是保持中立脊椎姿勢，接著做出吸氣閉氣的技巧，讓腹腔內壓提高，確保腰椎有足夠的穩定性之後，才開始向前屈髖。

屈髖時，軀幹保持穩定，維持中立脊椎姿勢，肩關節、髖關節都維持在左右平衡的狀態，懸空的腳在軀幹向前傾的時候順勢向後舉直，足背屈，讓伸直的腳和軀幹呈一直線。有件事情說來有趣，單腳羅馬尼亞式硬舉是一個不折不扣的單關節動作，跟二頭肌彎舉同類，因為這個動作真的只有一個主動關節，這其實是一件相當特殊的事情，因為絕大多數被當作主項目的動作，都有「大肌群，多關節，完整動作幅度」的特性，而且通常是三個特性都具備，才會成為主項目，單腳羅馬尼亞式硬舉是一個特例，真的只是一個單關節動作，但跟二頭彎舉不一樣的地方在於，二頭肌彎舉是全身幾乎都是靜態的，只有一隻手臂在做動作，單腳羅馬尼亞式硬舉是只有一隻腳是靜態的，全身其他部位都在移動，這過程需要大量的姿勢控制和肌力，所以才會被當作主項目的重要選項。

向前傾倒的動作要一直持續到腰椎達到與地面概略呈水平的姿勢，跟雙腳的羅馬尼亞式硬舉一樣，因為腰椎是一條弧線，所以腰椎概略與地面平行的時刻，肩膀仍然是略高於臀部的。此時的姿勢有幾個重要的檢測重點，首先是脊椎仍維持中立姿勢，這是全程不變的大原則。其次，肩膀和骨盆都呈現左右對稱姿勢，這一點可以從左肩右肩等高，以及下背左右等高來觀察得知，如果有水管，可以把水管橫放在腰椎位置，水管在同時接觸左右腰部肌肉時，應該要呈現水平線。這一點需要特別提醒，有些時候教學者在幫訓練者放置水管的時候，會小心翼翼的反覆微調，去找一個讓水管可以剛好水平的微妙平衡位置，事實上不應該這樣找，一個水平的腰背姿勢，水管隨意放上去就應該是水平的，如果不是，應該要調整人的站姿，而不是調整水管放置的位置。

這是一個不容易的姿勢，因為這牽涉到髖關節的控制力，髖關節的外展內收肌群要能夠恰到好處的把單腳支撐的姿勢「對正」，才可以達到腰背左右同高的水平姿勢。一個常見的問題是抬腳的那一側腰部也大幅高於支撐腳那一側的腰部，以至於水管放上去是斜的，這是因為軀幹前傾的時候偏離了原本預計的矢狀面方向的動作，變成一個一邊前傾一邊外展的動作，才會導致單腳羅馬尼亞式硬舉的低點呈現一個「半翻身」的姿勢。

　　值得一提的是，雖然我一再強調左右等高的重要性，但這僅能從肩膀和腰背來觀察，臀部其實是不等高的，抬起來的那一腳因為臀部用力的關係，臀不一定會比較高，所以要觀察有沒有多餘的外轉動作，應觀察腰部而非臀部。

　　另一個可以觀察左右等高的地方是抬起來的後腳，後腳的腳尖應指向地面，如果腳尖指的方向偏外側，表示屈髖的動作仍然摻雜了一些些的外展。要做到完全不外展，引導訓練者在動作初期把懸空腳的髖關節用往前推的力道固定，製造一個類似「關門」的力道，或像是把髖關節往前先「靠牆」，再開始讓軀幹向前傾倒，都可以幫助控制屈髖的方向。這裡用了很多譬喻，其實只是要描述，在髖關節屈曲的過程中不要發生外展或旋轉的動作。

　　單腳羅馬尼亞式硬舉還有另一個特別的地方，就是這個動作很像一個蹺蹺板，蹺蹺板的一端是上半身和手上拿的重量，另一端是向後舉起的腳，支點是著地的腳，這種蹺蹺板的動作型態讓單腳羅馬尼亞式硬舉的重心位置跟大多數重量訓練動作不一樣，在左右對稱的深蹲和硬舉動作裡，人體的重心對準腳掌心，體外負重（也就是槓鈴）的重心也對齊腳掌心，如此一來，便可以找到一個最穩定的動作路徑。單腳羅馬尼亞式硬舉則不同，這個動作是個蹺蹺板，蹺蹺板要穩固，不是對準一個路徑就可以做得到，蹺蹺板的穩定性來自於兩側均衡，但是，在單腳羅馬尼亞式硬舉裡，一側的重量會隨著槓片的增減而改變，另一側卻永遠只是一條腿的重量，也就是說，如果不做出一些調整，單腳羅馬尼亞式硬舉在槓鈴加重的過程中勢必會逐漸失衡。

　　要平衡越來越重的槓鈴，在抬起來的後腳加重量似乎不太對，所以只能選擇另一個辦法，就是改變著地腳支撐地面的角度。我們來模擬一下單腳羅馬尼亞式硬舉加重的過程，在空槓的時候，因為手上的重量尚輕，所以蹺蹺板的兩端平衡相對容易，槓鈴可能位於腳尖前方，隨每個人肢段比例不同可能不太一樣，不過大致上來說，槓鈴越輕的時候可以距離支撐腳越遠，著地腳也相對較接近垂直於地面的角

度。隨著槓鈴逐漸加重，為了平衡蹺蹺板，抬起來的後腳會越來越往後伸，但腳不會憑空變長，所以腳往後伸的動作，其實是藉著整個人往後腳方向推來達成，此時著地腳也越來越斜，在操作大重量的時候，單腳羅馬尼亞式硬舉的路徑會變成一個一邊前傾一邊往後推髖的動作。

這樣的現象讓我在最初定義「有負重潛力的人體自然動作」的時候有點煩惱，如果不是因為單腳羅馬尼亞式硬舉，我大可說所謂的「有負重潛力」指的是在增加重量的過程中動作完全不變，深蹲、硬舉、臥推、肩推甚至是分腿蹲都是如此，只要重量還在肌力負荷的範圍內，動作都是完全不變的，而當重量超過肌力負荷的範圍時，頂多就是僵持著原地不動，或是原路徑倒退罷了。唯有單腳羅馬尼亞式硬舉，在安全且正常的加重範圍裡，就會產生角度的改變。但是，經過一番思考之後，覺得所謂的有負重潛力，只要是動作「型態」不變，其實就可以算合格，至於動作幅度在安全範圍裡的增減，不應算是動作型態改變。而事實也證明單腳羅馬尼亞式硬舉在長期進步、安全堅固及反脆弱性方面，都不輸給其他動作，頂多會因為單腳支撐的難度，讓重量訓練的「量級」偏小，但這是所有單邊訓練的共通性，不算是缺點，所以單腳羅馬尼亞式硬舉仍然名列在有負重潛力的人體自然動作裡。

以上是關於單腳羅馬尼亞式硬舉的背景介紹，接下來說明單腳羅馬尼亞式硬舉的局部動作缺失以及代償性動作缺失。

局部動作缺失

肩關節：單腳羅馬尼亞式硬舉的肩關節活動度需求不高，所以不易出現功能性缺失。

肩胛骨：跟羅馬尼亞式硬舉相同，肩胛骨穩定性不足，或收肩胛肌群整體肌力不足時，肩胛骨會被槓鈴拉走，導致肩膀過度前移的姿勢，在站姿的時候會呈現肩膀前引的狀態，在屈髖到低點的時候更會呈現類似手臂變「長」的姿勢。如果肩胛骨穩定性不足來自於收肩胛肌群的肌力不均，常見的狀況是上斜方肌主導，使用的重量較輕時，外觀可能會呈現聳肩的姿勢。

胸椎：胸椎活動度若不足，會呈現僵硬的駝背姿勢。

腰椎：腰椎穩定性不足時，會無法維持核心桶狀結構。在站姿過程可能呈現彎腰或是過挺腰，且在軀幹開始前傾時彎腰的現象可能會加劇，除此之外，由於單腳羅馬尼亞式硬舉只有單腳支撐，所以還有可能發生向側面彎腰的現象。向前彎腰的特徵是肋骨過於接近骨盆，或是骨盆後翻，且下背肌群被拉長。過度挺腰則是相反，肋骨抬高遠離骨盆，或是骨盆前翻，但下背呈現擠壓的狀態。向側面彎腰則是一側的肋骨靠近骨盆，另一側的肋骨遠離骨盆。

髖關節：髖關節活動度若是不足，將無法向前傾倒至腰椎與地面概略平行的動作低點，軀幹前傾的角度會在這之前就「卡住」。髖關節穩定性若是不足，在動作的高點姿勢可能會出現軀幹傾斜的現象，在動作過程中可能會無法維持矢狀面的移動，產生半翻身或是旋轉的現象。

膝關節：膝關節穩定性若是不足，膝關節本身可能會來回搖晃，或是微屈膝的曲度變大，變成大幅度的屈膝。

踝關節：在單腳羅馬尼亞式硬舉過程中，踝關節的活動度需求不大，所以缺失並不常見。

足弓：足弓穩定性不足時，會呈現足弓塌陷，足弓可能會踩平在地，鞋跟外側可能會略為提高。不穩的足弓也可能出現腳掌原地在內翻和外翻的動作之間來回搖晃，類似站在不穩定表面上。

代償性動作缺失

單腳羅馬尼亞式硬舉常見的幾大問題，首先是頭、肩、臀三點無法共線，而這包含了彎腰、駝卜背、過挺腰等症狀，這些現象可能是特定肌群過緊，也可能是特定肌群無力，還有可能是核心穩定性不足，但最不能排除的一種可能性，是「反射回饋，相鄰代償」造成的動作改變。有可能是因為髖關節活動度受限，或是支撐腳穩定性不足所致，我們可以用模擬的例子來說明。

假設一位訓練者的足弓穩定性不足，導致腳站不穩，此時踝關節可能會收緊，試著彌補足弓穩定性之不足，單腳羅馬尼亞式硬舉過程中的踝關節活動度需求不

高，所以僵硬的踝關節不至於造成影響，膝關節在單腳羅馬尼亞式硬舉中的動作幅度也不大，只需要微屈膝即可，但搖晃的腳可能會製造搖晃的膝蓋，接著這個源自於腳底的不穩定性就會傳到髖關節，髖關節在正需要做出大幅度屈髖的時候，卻受到來自下方關節不穩定性的干擾，這使得髖關節在試圖進行矢狀面動作時不敢做大幅度的動作，導致屈髖受限，在無意識層次的動作控制裡，受限的髖關節阻擋了單腳羅馬尼亞式硬舉前屈的動作，但人體仍有意識的想要把手上的槓鈴放低，結果就可能出現幾種情形。

一種可能性是髖關節為了繞過卡住的矢狀面屈曲動作，把軀幹姿勢轉動了一下，原先正面向前所需要的穩定性太高，髖關節做不到，所以只好卡在原地，但是當身體稍微側身一點，呈現一個半翻身的姿勢，懸空腳那一側的所有體重，都從著地腳的側面移到上面，這讓穩定性的需求大幅降低，髖關節突然又動了起來，可以繼續進行把槓鈴放低的動作，但是這已經變成一個半翻身的單腳羅馬尼亞式硬舉，骨盆左右高低失衡，懸空腳的腳尖從指向地面，變成指向斜向的外側。

另一種可能性是，既然髖關節卡住了，我就不管髖關節，直接跳到腰椎去要活動度，而這就是彎腰駝背的開始，也就是「動髖不動腰」的反例，在負重過程中，應該讓移動發生在髖關節，同時鞏固腰椎，這樣既安全又有力量，當髖關節罷工，改成彎腰去完成任務時，第一是降低的核心穩定性會大幅縮減力量輸出，正在工作的肌肉力量會像突然電力不足一樣變弱，此時若要勉強自己完成任務，身體會用代償的方式繼續動作，沿途可能會經過一大堆不當使用的關節角度，讓受傷的風險大幅增加。

聳肩是另一個常見的問題，雙手以懸垂姿勢持槓時，如果出現聳肩，第一可能是對動作不理解，以為要拿著一支槓就要所有肌肉都用力向上，這部分可以用口語教學改正，比較有問題的是改不過來的那一種，這通常跟上斜方肌主導現象有關，也就是相較於肩背部位的其他肌群，上斜方肌習慣性的強勢介入動作，以至於一需要用到手力就先聳肩，在單腳站不穩的時候更是加倍緊繃，這種動作出現在單腳羅馬尼亞式硬舉中雖無急性的風險，但是長期下來對肩膀來說仍然是有害健康的，應進一步用補強或矯正動作予以修正。

單腳羅馬尼亞式硬舉的檢測示範

單腳羅馬尼亞式硬舉的高點姿勢。

單腳羅馬尼亞式硬舉的低點姿勢。

如果有水管，可以把水管橫放在腰椎位置，水管在同時接觸左右腰部肌肉時，應該要呈現水平線。水管隨意放上去就應該是水平的，如果不是，應該要調整人的站姿，而不是調整水管放置的位置。

常見的動作缺失

肩胛骨被槓鈴拉走，導致肩膀往地板方向移動。

為了避免駝背，有時候會出現用力抬頭的姿勢。

髖關節穩定性若是不足，在動作的高點姿勢可能會出現軀幹傾斜的現象，在動作過程中可能會無法維持矢狀面的移動，產生半翻身或是旋轉的現象。

膝關節穩定性不足時，會出現膝關節搖晃的現象。

項目 6　酒杯式深蹲

動作說明

酒杯式深蹲的檢測目的，是在上肢活動度需求相對較低，且在有重物反向平衡的狀態下，檢測核心及下肢功能，可以說是最為「單純」的下肢檢測動作。

酒杯式深蹲的動作據傳是知名肌力體能教練丹・約翰（Dan John）所設計。這個動作是利用雙手相對掌心向上的方式捧著啞鈴或壺鈴，然後進行深蹲，目的是為了讓初學階段的訓練者可以在較輕的壓力下訓練深蹲動作。由於雙手相對掌心向上的姿勢，從正面看很像是一個高腳杯，因此被稱為「Goblet Squat」，中文直譯為高腳杯深蹲，或稱酒杯式深蹲。酒杯式深蹲不一定需要用雙手捧啞鈴，直徑較小的槓片也可以拿來捧，如果使用的器材是壺鈴，除了雙手捧之外，還可以用雙手抓握壺鈴的握把來做深蹲。

酒杯式深蹲是最簡單的蹲系列動作，由於重量用手捧於胸前，大幅限制了訓練強度，這聽起來像是個壞處，其實不然，訓練者為了捧著手上的重物，自然而然會反射性地鞏固核心，這等於是一個自動激發核心穩定性的過程。自動激發的核心穩定性讓四肢的活動度和力量都得到較順利地發揮，這也是酒杯式深蹲成為最簡單的深蹲的原因之一。

除了核心穩定性之外，雙手捧酒杯的姿勢也讓深蹲動作變簡單，依照「反射回饋，相鄰代償」的原理，一個關節活動度如果不足，就傾向跟另一個關節借活動度，而一個動作裡的諸多關節，如果每一個都需要展現很大的動作幅度的話，全身

動作幅度的「總額」夠不夠用，可能就會是一個問題，這很像是說，每個關節都是動作控制的一個工作單位，每個單位都在競爭有限的活動度總額，如果全身的活動度不足，各個關節之間就會搶來搶去，最後做出一個奇怪的動作。

從這個角度來看，我們發現「活動度需求總額」低的動作比較簡單，活動度需求總額高的動作比較困難。所以，相較於前蹲舉、背蹲舉、過頭蹲，這些動作的下肢動作型態都跟酒杯式深蹲類似，但是上肢動作幅度顯然都比酒杯式深蹲要大得多，酒杯式深蹲的肩關節、肘關節和腕關節沒有一個需要接近極限的活動度，身體有很大的餘裕把活動度讓給下肢。上下肢互搶活動度的現象乍看之下有點詭異，但這在實際訓練卻是經常發生的現象，後面關於其他蹲系列動作的部分會有更多討論。

另外，酒杯式深蹲因為重量在身體前方，相較於前蹲舉、前抱式深蹲、背蹲舉和過頭蹲，酒杯式深蹲的體外負重都往前移了很多，前蹲舉的槓鈴放在前三角肌平台，前抱式深蹲的槓鈴抱在上腹部，背蹲舉的槓鈴背在背後，過頭蹲的槓鈴高舉在後腦正上方，三種深蹲都是讓重量緊貼在軀幹上，或是位於軀幹上方，只有酒杯式深蹲的負重位於軀幹前方。

這是一個很重要的差異，因為遠離軀幹的重量會形成一個「反向平衡」（counter balance）的結構，這個反向平衡的結構讓訓練者可以把臀部往後推，同時維持相對垂直的軀幹姿勢，軀幹垂直的程度大致與前蹲舉和前抱式深蹲相同，而且不用怕跌倒，往後推的程度可以藉由改變重量和身體之間的距離來調控。重量越往前，臀部就可以越往後，軀幹也可以越直立，較大重量（例如自體重量的1/2）的酒杯式深蹲可能製造完全垂直甚至略為後傾的軀幹姿勢。可以將臀部往後推遠的好處是，對於踝關節活動度可能受限的訓練者來說，可以在不挑戰踝關節活動度極限的情況下，用相對垂直的脛骨姿勢，藉由把臀部往後推來練習深蹲。對很多人來說，這可能是最容易蹲到大腿上緣低於水平線的深蹲版本。

接下來介紹酒杯式深蹲的操作過程，以及各階段的動作控制意義。在動作初期，先將啞鈴或壺鈴捧在胸前，保持中立脊椎，用「吸氣閉氣，壓胸夾背，扭地夾臀」的方式，蓄積核心穩定性，然後開始下蹲。下蹲時先將髖關節往後推，順勢屈膝，盡可能保持軀幹垂直於地面的姿勢，蹲到髖關節低於膝關節，或是大腿上緣低於水平線。通過動作底部之後，持續維持閉氣，循相同路徑反向回到站姿。

「吸氣閉氣，壓胸夾背，扭地夾臀」是製造**中軸穩定**和**近端穩定**的過程。中軸穩

定的建立方式是將脊椎先固定在中立脊椎姿勢，接著用胸腔內壓保護胸椎，用腹腔內壓保護腰椎，製造穩定的中軸，然後用扭地夾臀的力量維持基底的穩定性。在這個過程中，因為酒杯式深蹲的手臂位於身體前方，在「壓胸夾背」動作上，有利於壓胸，但無法讓肩胛骨靠攏做出完整的夾背動作，不過這並不成問題，因為壓胸夾背的主要用意是維持中立的胸椎，同時讓橫膈膜正對著骨盆底，而這一點就算肩胛骨沒有夾到人體中線也可以做得到，只要有一個力道「向後向下」拉住肩胛骨，不要讓肩胛骨往前或往上移動。不過這必須刻意為之，因為如果不刻意維持夾背的力道，位於身體前方的重量朝向壓胸的方向一直加壓，這會跟維持挺胸的力道相反，不維持夾背張力的酒杯式深蹲可能會有駝上背的情形發生。

如果所有關節的活動度和穩定性都正常發揮，酒杯式深蹲是可以蹲得很低的深蹲版本，一則是因為核心穩定性的加持，一則是反向平衡製造的餘裕，使得酒杯式深蹲是很多人在各種深蹲變化動作裡蹲得最低的版本之一。以下將討論酒杯式深蹲的局部動作缺失，以及一些代償性動作缺失的例子。

局部動作缺失

肩關節：酒杯式深蹲的肩關節活動度需求不高，所以缺失並不常見。

肩胛骨：肩胛骨穩定性不足時，會出現肩胛骨被往前往下拉，造成肩膀前引。

胸椎：活動度不足的胸椎可能會呈現僵硬前彎的姿勢，造成上背駝背的外觀。

腰椎：腰椎穩定性不足時，會無法維持核心桶狀結構。在站姿過程可能呈現彎腰或是過挺腰，彎腰的特徵是肋骨過於接近骨盆，或是骨盆後翻，且下背肌群被拉長。過挺腰則是相反，肋骨抬高遠離骨盆，或是骨盆前翻，但下背呈現擠壓的狀態。無論在高點是彎腰或是過挺腰，下蹲過程通常都會出現彎腰或骨盆後翻的現象。

髖關節：髖關節活動度不足可能會限制下蹲的深度，髖關節穩定性不足可能會出現搖晃的下肢動作。

膝關節：膝關節穩定性不足可能會出現搖晃或內夾。

踝關節：踝關節活動度的需求受到負重位置的影響，當啞鈴很靠近身體，或是啞鈴較輕的時候，反向平衡的效果較低，臀部向後推的幅度會縮小，此時對踝關節活動度的需求較高，踝關節活動度若不足，可能會出現踮腳尖或是腳尖外轉的動作。當啞鈴比較遠離身體，或是啞鈴較重的時候，臀部向後推的幅度會放大，踝關節活動度的需求降低，就比較不容易出現踝關節活動度的問題。

足弓：足弓穩定性不足時，容易出現足弓塌陷的姿勢，足弓被踩平在地上，腳尖可能外轉，腳跟外側可能微微抬高。

代償性動作缺失

常見的酒杯式深蹲問題包括聳肩、駝上背、彎腰、骨盆後翻、骨盆前翻、大腿無法蹲過水平線、膝關節搖晃、踮腳尖、足弓塌陷和各種左右失衡。讓我們用一些假想的例子說明可能發生的代償現象。

有些人在酒杯蹲的過程中，因為手上的啞鈴很重，為了捧住啞鈴，雙臂出了很多力氣，但當感覺到啞鈴在降低的時候，為了維持啞鈴的高度，會想要用盡一切力氣抬高啞鈴，此時就有可能出現聳肩的姿勢，這部分通常用口語指導便可解決。另外，聳肩也可能透露出上斜方肌主導的現象，如果是，則可以藉由強化肩部的其他肌群，讓上斜方肌主導的現象被「平衡掉」。

駝上背、彎腰、骨盆後翻等都會造成頭、肩、臀三點無法共線。駝上背指的是酒杯蹲的過程中，胸椎向前過度傾斜的現象，這個現象可能伴隨著駝下背，但也可能是獨自發生。胸椎過度前傾的現象可能是胸椎活度動度不足，壓胸夾背姿勢沒做好，也可能是因為腰椎穩定性不足導致的代償性動作。彎腰指的是腰椎前傾，可能原因是核心穩定性不足，如果是核心穩定性不足，重新學習呼吸法，或對核心肌群的肌力和功能進行補強訓練，都是可行的辦法。

骨盆後翻指的是應該維持正對著橫膈膜的骨盆，產生了「前高後低」的現象，如果這個現象隨著每次蹲下時規律性的發生，那就是俗稱的屁股眨眼（Butt Wink），發生屁股眨眼的時候，有很高的機率腰椎是跟著動的，如果是在重量訓練的過程中發生，那就會構成「負重過程改變腰椎角度」的危險動作。

骨盆後翻的發生原因可能不只一個，包括骨骼限制、核心穩定性不足、膝關節穩定性不足和腿後緊繃等等。值得一提的是，外觀上的屁股眨眼不表示一定有骨盆後翻或腰椎前傾的情形發生，有些人的臀肌發達，下蹲的時候臀部肌肉的收縮移動造成「看似」屁股眨眼的情形，這種情形在穿著緊身衣褲的時候特別容易發生。若疑似骨盆後翻的動作並未同時出現腰椎的姿勢變化，則有可能只是肌肉造成的錯覺。

如果是因為骨骼限制造成骨盆後翻，那麼只能改換腳步，無法用訓練或矯正的方式改變，改換腳步最簡單的方法是直接改變腳尖的方向和兩腳的距離，經過幾次嘗試通常可以找到。不過，這樣的方式有些時候不一定有效，因為此時的問題如果是核心穩定性或膝關節穩定性不足所造成，直接用站姿的方式尋找適當的腳步，很可能會找來找去卻怎麼也找不到，因為不管換成什麼腳步，核心穩定性不足的時候骨盆就是容易翻。比較好的方式是用握把蹲或是俯臥蹲的方式尋找適當的腳步（俯臥蹲的操作方式是，以雙手、雙膝、雙腳腳尖六點著地的方式俯臥在地面上，模擬深蹲的姿勢下蹲，看看雙腳在怎樣的間距下可以不發生骨盆後翻的現象，動作細節可以參考《怪獸訓練肌力及體能訓練手冊》），如此較能排除核心穩定性和膝關節穩定性的問題，避免問題複雜化。另外值得一提的是，改變腳步的時候仍要記得，腳尖外轉的程度必須限制在可以「扭地夾臀」的範圍內，如果為了解決髖關節活動度的問題，就直接站一個超大的外八字，結果造成無法兩腳同時做出扭地夾臀的姿勢，那就等於放棄掉一大部分製造穩定性的機會。

前面提到，骨盆後翻也可能是「反射回饋，相鄰代償」的結果，而這通常來自「上下游」關節的影響，例如骨盆後翻可以是腰椎穩定性不足的結果，不穩定的腰椎造成髖關節反射性地提早鎖住活動度，訓練者如果在髖關節活動度已經啟動自動煞車的情況下還要繼續往下蹲，那身體可能會回過頭去跟腰椎要活動度，導致一個骨盆後翻加彎腰的動作。同樣的問題也可能來自膝關節穩定性不足，搖晃的膝蓋讓髖關節覺得不穩，反射性的鎖住髖關節活動度，髖關節活動度被踩了自動煞車，訓練者如果執意要蹲，就會發生骨盆後翻加駝背的現象，不同原因但都造成一樣的結果。

骨盆除了可能會後翻，也可能會前翻，事實上骨盆在深蹲的最佳姿勢是中立骨盆姿勢，偏離中立姿勢都需要進一步檢查。骨盆前翻通常伴隨著過度挺腰，而有幾個原因會導致骨盆前翻的深蹲，包括核心穩定性不足、對動作理解有誤、下背肌群過緊、腹部肌群過鬆等等。核心穩定性不足時，無法維持前後均等的核心桶狀結構，因而導致骨盆前翻。骨盆前翻時，核心的前側（腹面）拉長，後側（下背）縮短，變成不平衡的核心結構。核心最堅固的形狀是桶狀結構，也就是前後概略均等，沒有一側

特別拉長或縮短，所以骨盆前翻跟核心穩定性不足常常是互為因果，不穩的核心無法控制骨盆，翻掉的骨盆影響了核心，結果就呈現了一個骨盆前翻的深蹲。

有些時候骨盆前翻並不是意外，有些訓練者可能是為了怕駝背，所以刻意用力拱腰，有些可能是想要製造挺胸翹臀的外表，所以刻意把肋骨抬高，同時把臀部翹起。這樣的蹲姿在網路上並不少見，許多網路照片為了刻意凸顯身材，會把一些動作細節誇大，挺胸本來沒有不好，但過挺胸就可能影響核心穩定性，翹臀也沒有不好，但過度的翹臀導致骨盆前翻就不好。怎樣才算過度呢？還是要回歸到核心的桶狀結構，橫隔膜正對骨盆底的那個姿勢。

骨盆前翻最後的可能性是肌肉張力的不均衡，下背過緊且腹肌鬆弛的人有可能發生，遇到這種情形通常不建議伸展下背，因為核心需要穩定性，不當的伸展可能會破壞腰椎穩定性，比較建議的是先強化腹肌（記得，不是做仰臥起坐，而是做核心抗動訓練），通常在腹肌強化的過程，核心穩定性提高，下背肌群也就比較不容易緊繃。

接下來討論下蹲的「深度」問題，從動作控制的角度來看，只要是在仍然維持中立脊椎姿勢的前提下，深蹲的最低點應該是大腿和小腿互相貼緊的位置，換句話說，就是有多低就蹲多低。值得一提的是，不同訓練目標可能帶來不同的標準，如果訓練的目標是肌力和肌肉生長，蹲到大腿略低於水平線的那一刻，其實已經得到提升最大肌力和肌肉生長的效果了，但是如果訓練的目的是要開發最完整的動作控制能力，其實水平線以下的進展仍然會帶來效益。

只要不是選擇不適合自己的站姿寬度和腳尖方向，讓髖關節的骨骼限制了活動度，絕大多數人的身體結構是允許深蹲到底的。排除骨骼的限制之後，軟組織通常有足夠的適應性。規律訓練關節「全程」的動作幅度可以長期保持並強化這些動作幅度。此外，身體的姿勢控制、本體感覺和力量輸出，都需要大量的經驗資訊去灌溉，不常用到的動作幅度往往會因為缺乏經驗資訊的輸入，會逐漸失去控制能力。

舉例來說，膝關節有屈曲130-150度的活動度，但是如果訓練者長期只練90度，那麼膝關節周邊的組織以及動作控制能力也就只會被強化到這個幅度。一旦在運動場上或日常生活裡，需要動用到屈膝90度以上的動作幅度時，不常訓練的部分可能會緊繃、無力且控制力低。

我知道這跟過去許多人的觀念相違背，很多人認為深屈膝是危險的，但實際上，危險的往往是動作品質不佳或是超負荷的程度太大，換言之，不對的動作和不對的重量才是問題，屈膝的動作幅度本身並不是問題。過去幾年健身界有越來越多人嘗試全程的動作幅度，例如刻意將膝關節前推的「前壓式分腿蹲」、非常寬的「相撲式深蹲」、軀幹前壓到腰椎呈水平線的「坐姿早安運動」等，這些動作一再證實只要是循序漸進，挑戰動作幅度極限既不危險，甚至有益。

| 前壓式分腿蹲 |  相撲式深蹲 |  坐姿早安運動 |

　　長期未使用的動作幅度可能會逐漸變得受限，此時如果要恢復，必須經過一個緩慢漸進的過程，許多人在多年未使用一些關節的全程動作幅度，然後突然開始訓練的時候又想一步到位，結果往往弄傷自己，然後又再一次「確認」了大動作幅度的「危險性」，實際上如果可以用比較安全的方式嘗試，應該會有不同的結果。這並不是建議人人都應該今天就開始拚死拚活的加大動作幅度，提高動作幅度跟提高最大肌力一樣，是一個需要時間的過程，漸進式超負荷是關鍵，躁進只會得到反效果。

　　探索下蹲的深度時，不能以犧牲腰椎穩定性為代價，所以這又回到了前面的討論，那就是如果下蹲的過程有骨盆後翻、腰椎前彎的現象出現，該如何處置？如果是以肌力和肌肉生長為訓練目標時，只要是大腿上緣低於水平線之後才發生彎腰、翻骨盆的問題，則暫時可以不必做任何處理，持續在水平線下但仍能保持中立脊椎的範圍持續訓練，就可以獲得肌力和肌肉生長的效果，不需要貿然刻意壓低。如果是大腿上緣低於水平線之前就發生彎腰翻骨盆的現象，則需要先處理這些問題，才能進行肌力和肌肉生長的訓練。蹲不過水平線有可能是因為核心穩定性不足而提早鎖住髖關節活動度，也可能是髖關節本身活動度不足，兩種因素都要加以檢視。

核心穩定性不足會提早鎖住髖關節，這現象在蹲系列動作裡所有動作都可能發生。核心穩定性不足指的是核心肌群的肌力或功能無法在蹲姿過程中維持足夠的穩定性，導致腰椎不穩，腰椎不穩會讓神經系統想要保護腰椎，而其中一個方法是提早鎖住髖關節，不要讓身體繼續往下蹲，因為越往下越危險。

　　核心穩定性不足也可能會因為負荷過重而發生，所以不能夠假定一位訓練者在徒手或輕負荷的時候髖關節活動度充足，就覺得加重一定沒問題。舉例來說，很多人在訓練時喜歡用影片記錄自己的成果，尤其是破 PR 的時候，有些人有過一種經驗，千辛萬苦從一個大重量深蹲站起來，正在欣喜之際，拿出剛錄好的影片一播放，卻尷尬地發現根本沒過水平線。難道說，這些人都是愛慕虛榮且自我欺騙的騙子嗎？可是很多人信誓旦旦地說，自己在蹲的時候，已經紮紮實實感受到髖關節「到底」的感覺，難道這也是騙人的嗎？其實，這很可能是因為當時的重量已經到達核心穩定性的極限，因為無論是哪一種蹲，體外重量都以某種形式通過脊椎骨，當脊椎穩定性已經無法對抗體外負重的時候，就可能出現髖關節提早鎖住的現象。

　　酒杯蹲的重量會被手力限制，所以算是對核心垂直壓力相對較低的深蹲版本。前蹲舉和背蹲舉等動作，槓鈴就直接貼在軀幹上，核心經常是最終舉起重量的表現限制因素。發生核心穩定性達到極限的情形，這時候神經系統就有可能提早鎖住髖關節，阻止繼續下蹲的動作。要釐清是否是重量造成，一個最簡單的做法就是降低重量再重做一次，如果發現髖關節馬上就「恢復」了活動度，那就表示之前的重量已經到達核心負荷的上限了。

　　髖關節提早鎖住的原因也可能來自下肢，膝關節如果穩定性不足，髖關節可能為了避免膝關節繼續歪歪斜斜地往下壓而提早鎖住，而膝關節的穩定性有可能是踝關節活動度不足所致，僵硬的踝關節可能限制了膝關節往前推的動作幅度，導致膝關節用往內夾的方式繼續下蹲，這時候經常同步出現的現象是腳尖外轉或是踮腳尖，內夾的膝蓋和外轉或踮起的腳尖讓踝關節在下蹲的時候不需要提供什麼活動度，但這個動作把膝關節置於很危險的角度，神經系統為了避免危險，有可能選擇提早鎖住髖關節，結果就出現了一個半蹲夾膝的蹲姿。足弓穩定性不足也可能導致髖關節提早鎖住，不穩的足弓觸發了僵硬的腳踝，僵硬的腳踝造成了不穩的膝蓋，不穩的膝蓋讓髖關節不敢往下蹲，只好提前鎖住，最終限制了下蹲的深度。

　　「反射回饋，相鄰代償」現象之所以會讓動作檢測複雜化，是因為很多東西可能是互為因果的，例如前面提到的，不穩的足弓造成僵硬的腳踝，僵硬的腳踝引發了

不穩的膝蓋，不穩的膝蓋讓髖關節提早鎖住，這一整個流程的因果關係也可能是顛倒或是反覆的，髖關節活動度不足可能導致蹲不下去，蹲不下去還想硬蹲只好把膝蓋更推向前，推膝蓋向前造成膝關節不穩，不穩的膝關節讓身體想鎖住踝關節，於是僵硬的踝關節就跟足弓借了活動度，最終造成一樣蹲不下去的外觀。

這些現象都是假定，每個都有可能發生，但每個也都有可能不發生，討論這些的目的，是讓教練和訓練者心裡有足夠的「劇情」可以參考，在訓練現場才能試著推論下一步的處置方式。

如果很明顯不是因為重量過重，也排除了各種「反射回饋，相鄰代償」的問題，那麼下一個可能性是髖關節周邊軟組織和肌肉張力的問題，也就是所謂的柔軟度問題。柔軟度的問題向來是我建議「最後」處理的，從前面的論述大家大概已經看出來，一個關節的活動度不足，可能是來自於相鄰關節的穩定性不足，也可能是來自於更遠的關節的活動度或穩定性不足。透過「反射回饋，相鄰代償」的機制，關節的活動度和穩定性的問題可能一路傳遞，所以如果一看到一個關節有活動度的問題，就假定那是那個關節周邊組織的柔軟度不足，那就有可能搞錯方向。

這裡我們可以區分一下關節「活動度」和關節周邊組織的「柔軟度」，所謂的關節活動度，是關節動作幅度和局部肌力共同組成的概念，關節動作幅度是由骨骼和非收縮性的軟組織決定，而局部肌力則是關節周邊的肌肉的力量，局部肌力包含了兩種不同的概念，一是當肌肉不用力的時候，肌肉本身的長度和一些剩餘的張力對關節活動度造成的限制，二是人主動用力作出關節動作時可以達到的動作幅度。所以，一個關節的「被動」活動度多大，受限於骨骼結構、非收縮性的組織長度、肌肉本身在不主動用力時的剩餘張力。而一個關節的「主動」活動度多大，受限於關節周邊的肌肉對關節動作幅度的控制力。

柔軟度主要是在考慮肌肉的長度和張力，但同時也牽涉到一些非收縮組織的長度限制，柔軟度的增加絕大多數來自肌肉長度的改變，但也有些微的變化可能來自肌腱、筋膜和韌帶（韌帶拉長可能導致關節穩定性下降，所以通常會避免），但實務上來說，主要考慮的就是肌肉的張力和長度。所以，關節周邊的肌肉對關節活動度的限制方式有兩種不同的形式，一是長度的限制，一是張力的限制，所謂的長度限制，指的是肌肉的長度限制了關節活動的最大動作幅度，所謂的張力限制，指的是肌肉本身因為持續存在著放不開的張力，限制了關節的動作幅度，這兩者雖然是不同的概念，但是實務上卻不容易區分，因為一條緊繃的肌肉，我們不一定知道這

是因為肌肉本身一直收縮，還是肌肉根本就太短。也因此，增加柔軟度的方式有兩個，一個方法是降低神經系統對肌肉的徵召，讓肌肉放鬆以提高柔軟度，另一個方法是透過肌肥大訓練將肌肉的長度變長。是的，肌肥大並不是只能把肌肉變粗，還可以把肌肉變長，這是因為在訓練過程中，肌肉細胞裡面的肌節以串聯的方式增加。

會建議把關節的柔軟度當作最後一個處理的問題，是因為關節活動度不足時，很有可能是來自身體其他部位的活動度或穩定性不足所致，如果遇到關節活動度問題就一味的伸展，可能會忽略問題真正的原因。

下一個要討論的問題是膝關節搖晃，也就是所謂的夾膝蓋，深蹲的時候膝關節應該全程跟腳尖同方向，或是比腳尖略微偏外側，出現膝蓋比腳尖還要接近人體中線的現象時，第一個需要注意的事情是，扭地夾臀的力道已經消失了。扭地夾臀是促進足弓、腳踝、膝蓋、髖關節和骨盆穩定的手段，雖然這並不表示沒有扭地夾臀就完全沒有穩定性，只能說這是一個警訊，另外，如果夾膝蓋向內是一個無法控制的事情，那就表示膝關節穩定性是不足的，膝關節穩定性向上會影響髖關節活動度，向下會影響踝關節活動度，所以應該要加以處理。

膝關節搖晃除了可能是膝關節本身的問題，同時也可能是別的關節「送」過來的問題，舉例來說，髖關節活動度不足的訓練者，下蹲到一半的時候髖關節活動度就已經用完，此時如果還要繼續往下蹲，可能會讓膝關節往前多推一些，往前推的膝關節會需要多一點踝關節活動度來配合，但如果踝關節活動度不夠用，身體可能會採取腳尖外轉，膝蓋向內壓的方式，避開擠壓踝關節的過程，繼續往下蹲，結果就變成一個夾膝蓋下蹲的姿勢，此時通常也會呈現足弓塌陷的現象。如果不採取腳尖外轉的方式，也可能採取踮腳尖的方式，讓膝關節往前推時，不必擠壓踝關節。

所以，踮腳尖和足弓塌陷可能是膝關節穩定性不足的問題，同時也可能是踝關節和足弓自身的問題。過度僵硬的踝關節不需要膝蓋的擠壓，就有可能活動度不夠用，雖然這種現象在前蹲舉比較常見，但是酒杯式深蹲也不是不可能發生。

足弓塌陷可能來自於本身足弓結構就是不夠穩，所以不需要別的地方的活動度或穩定性出問題，就有可能在酒杯蹲時直接發生足弓塌陷。

發生在踝關節的問題可能會有很長的連鎖反應，踝關節活動度不足可能會向上影響膝關節穩定性，不穩定的膝關節又會向上影響髖關節活動度，活動度不足的髖

關節又去影響腰椎穩定性，腰椎穩定性又去影響腰椎以上的一切，總而言之，這個連鎖反應的距離是無遠弗屆的。

要得知身體上下一大堆的關節功能失調問題是否來自於腳踝，一個簡單的做法是把腳跟墊高，使用槓片或鞋跟較高的舉重鞋都可以，如果一旦腳跟墊高，膝關節、髖關節、腰椎、胸椎、肩胛骨和肩關節就都紛紛「各就各位」，恢復正常功能，那麼就表示許多問題真的來自於足弓或踝關節。墊高腳跟的動作讓踝關節不需要付出太多活動度，就可以進行動作，當踝關節的活動度不會捉襟見肘的時候，膝關節和髖關節也紛紛回歸正常。

足弓穩定性不足在酒杯式深蹲也容易見到，基本上，在所有深蹲或硬舉動作裡，如果發現膝關節的方向偏向腳尖的內側方向，就應該馬上觀察一下足弓的位置，如果足弓是踩平在地上，那麼就可能是足弓塌陷，如果穿鞋無法觀察，則可以觀察鞋跟外側是否會隨著每次下蹲而抬起，如果是，則也需要進一步處理足弓塌陷的問題。有些時候加強「扭地夾臀」便可改善，但有些時候足弓穩定性不會一瞬間長出來，所以如果遇到足弓鬆軟的訓練者，除了當下改換退階動作之外，可以建議訓練者增加一些赤足運動，應有助於提升足弓穩定性。

腳跟墊高的酒杯式深蹲

酒杯蹲是一個左右對稱的動作，任何形式的左右失衡都可能顯示著問題，諸如脊椎側彎，高低肩，膝關節位置不對稱，轉骨盆等。這些問題通常會先進行口語指導，如果仍然有問題，可以進行一些單邊訓練，一方面把失衡的左右邊各自強化，另外一方面是可以藉此得知身體兩側的肌力差距程度。必須提醒的是，脊椎側彎、長短腳或是其他的骨骼肌肉異常導致的姿勢問題，不是訓練可以處理的，如果有發現，應進行醫療篩檢，釐清是否有足以影響訓練的禁忌或限制。

酒杯式深蹲的檢測示範

酒杯式深蹲的高點姿勢。

酒杯式深蹲的低點姿勢。

常見的動作缺失

為了維持啞鈴的高度，會想要用盡一切力氣抬高啞鈴，此時就有可能出現聳肩的姿勢。

如果發現膝關節的方向偏向腳尖的內側方向，就應該馬上觀察一下足弓的位置，如果足弓是踩平在地上，那麼就可能是足弓塌陷。

左右失衡的酒杯式深蹲。

踝關節活動度若不足，可能會出現踮腳尖或是腳尖外轉的動作。

腰椎穩定性不足時，會無法維持核心桶狀結構。

項目7　前蹲舉

動作說明

　　前蹲舉是非常常見的下肢訓練動作，是膝主導動作的代表動作，也是諸多深蹲變化動作裡，膝關節往前推得最遠的版本之一，膝關節角度與前蹲舉相似的還有前抱式深蹲，在做酒杯式深蹲的時候，如果把啞鈴或是壺鈴盡量靠近自己的身體，也會製造出類似的下肢動作。

　　前蹲舉之所以會有高度膝主導的特徵，是因為前蹲舉架槓的位置在「前三角肌平台」，所謂的前三角肌平台，指的是當雙手往前抬高的時候，肩膀三角肌最靠近前側的部分會形成一個可以放置槓鈴的平台，我們稱之為前三角肌平台。此時槓鈴位於頸前，緊貼頸部，較為瘦削的訓練者可能會壓到一部分的鎖骨。由於槓鈴位於頸前位置，而前面提過，負重動作中最穩的路徑是讓人和槓鈴的重心都對準腳掌心，所以前蹲舉的動作是所有蹲舉變化動作中軀幹最直立的版本之一，與其相似的還有前抱式深蹲和酒杯式深蹲。

　　軀幹直立和膝蓋前推的特性，讓前蹲舉大幅挑戰了膝關節和踝關節的活動度。前蹲舉的膝關節通常會明顯超過腳尖前方，好在膝蓋不可以超過腳尖的迷思年代已過，現在大家知道這是安全且健康的（雖然如此還是要提醒，肌力訓練的初學者如果平時很少用到這些動作幅度，在學習前蹲舉動作時，建議放慢腳步，緩緩適應，無論是在每一次訓練中從熱身到負重的過程，或是在前幾週漸進式加重的過程，都不要粗暴操作，如果訓練前期膝關節不適應，可先從縮減動作幅度的箱上蹲開始）。跟酒杯式深蹲不一樣的地方是，酒杯式深蹲的重量捧在手上，所以有略微往前推的

空間，這樣可以製造更大的反向平衡，讓臀部往後退一點，這讓人在做酒杯式深蹲的時候，即使把膝關節動作幅度走到底，也不一定需要向前擠壓踝關節活動度。但前蹲舉沒有這樣的調整空間，扛在前三角肌平台上的槓鈴沒有前推的空間，如果刻意把臀部往後推，軀幹就會開始前傾，前傾不用太多就會開始影響前三角肌平台的角度，再更多前傾就會把槓鈴「倒」到平台下。所以簡單來講，前蹲舉會大幅挑戰踝關節背屈方向的活動度，這個現象在赤腳訓練或是穿平底鞋的時候尤其明顯。

前蹲舉的另外一個重要特徵是雙手架槓的姿勢，這個架槓姿勢是由上肢多個關節共同完成，包括肩胛骨的前推和上旋以支撐上臂，肩關節屈曲將上臂抬起，肘關節屈曲讓前臂往回收且微微旋後，腕關節和指關節做出伸展動作，讓至少三隻手指的前二指節可以幫助穩定架在前三角肌上的槓鈴（關於前蹲舉的架槓姿勢，還有一些變化動作，關於這部分的敘述可以參考《怪獸訓練肌力及體能訓練手冊》）。上肢雖然在整個前蹲舉的過程裡，從完成架槓姿勢之後就不再有動作，但是做出前蹲舉架槓動作其實需要很好的上肢活動度。而根據經驗，許多人是不具備這些活動度的。

要不要打開上肢的這些活動度？這些活動度到底是不是日常生活所需？架槓姿勢算不算人體自然動作的一部分？有沒有人是不應該打開這些活動度的？這些問題其實一直都沒有定論，不過根據過去的經驗，我的建議是，這些活動度都很有用，如果做不出前蹲舉架槓姿勢，可能顯示從肩胛骨到手指這條路徑的關節活動度有所不足，但是，的確有一些人因為專項需求的關係，把手臂練得特別粗大，或是手腕關節特別硬（例如拳手），還有一些持拍或投擲項目的運動員，手腕是平日大量訓練的部位，為了訓練前蹲舉而用力伸展手部關節，有可能影響他們的日常訓練，這部分該如何進行，需要做個案的考量。此外，有些年紀較大的人，上述的關節活動度降低有可能來自骨骼性的改變，這可能就無法靠訓練改變。不過，除了以上的例子之外，大多數人都可以透過訓練改善手臂各關節的活動度，即使初期看起來像是不可能的任務，只要用對方法，通常都可以達到目標，打開關節活動度的方法在後面的章節會另有說明。

前蹲舉的起點，就是從直立且完成架槓姿勢開始，此時槓鈴置於前三角肌平台上，手肘向前抬高，抬高的程度因人而異，只要能夠出現夠穩固的前三角肌平台都是可以的。前蹲舉因為重量在身體前側，所以對於核心呼吸法的「壓胸夾背」技巧來說，是有利於壓胸，但不會幫助夾背，這點跟酒杯式深蹲很類似，因為手臂位於身體前方，所以肩胛骨是前推的，但最佳的夾背姿勢是讓肩胛骨向人體中心線靠攏，這是前蹲舉架槓姿勢無法做到的。或許有人會說，無法做到就不要做，但實際

上，即使肩胛骨無法向中間靠攏，維持夾背的「力道」，但不把肩胛骨拉回，僅維持挺胸，仍然有助於維持中立胸椎姿勢。「夾背」這個口訣指的是把肩胛骨往後往下收，而在前蹲舉的架槓姿勢裡，肩胛骨雖然遠離了身體的中心線，但是如果不把肩胛骨收住，其實肩胛骨仍然有繼續向前和向上移動的空間，所以如果不維持夾背的力道，很容易導致一個彎曲的胸椎。這在實務訓練並不少見，有些人在做前蹲舉做到疲勞或重量較重的時候，會出現下背姿勢和腿部動作仍然維持，但是胸椎已經塌陷的情形，因此持續維持胸椎穩定仍然是重要的。

從前蹲舉的最高點開始，先做好呼吸法，接下來就可以開始下蹲，絕大多數的深蹲版本都是「髖關節帶路，膝關節跟隨」，前蹲舉也不例外，只不過當髖關節開始後推時，膝關節就要馬上跟進，而前蹲舉的臀部後推幅度很小，所以軀幹維持接近垂直的姿勢慢慢往下蹲，膝關節則會逐漸往前推，整個深蹲過程都是胸口朝前，到達動作最低點之後，循原路徑反方向回到最高點。

局部動作缺失

腕關節：腕關節活動度不足可能會導致架槓姿勢困難，讓槓鈴無法放置於前三角肌平台。

肩關節：肩關節活動度不足可能會導致手肘無法抬高、上臂無法外轉、前三角肌平台傾斜等現象，讓槓鈴無法放置於前三角肌平台。

肩胛骨：肩胛骨穩定性不足可能導致雙肩前引的姿勢。

胸椎：胸椎活動度不足可能導致胸椎前彎，呈現上背駝背姿勢。另外，挺胸的肌力不足也會呈現類似的外觀。

腰椎：腰椎穩定性不足時，會無法維持核心桶狀結構。在站姿過程可能呈現彎腰或是過挺腰，彎腰的特徵是肋骨過於接近骨盆，或是骨盆後翻，且下背肌群被拉長。過挺腰則是相反，肋骨抬高遠離骨盆，或是骨盆前翻，但下背呈現擠壓的狀態。無論在高點是彎腰或是過挺腰，下蹲過程通常都會出現彎腰或骨盆後翻的現象。

髖關節：髖關節活動度不足可能限制下蹲的深度，髖關節穩定性不足可能出現下肢搖晃的現象。

膝關節：膝關節穩定性不足可能出現搖晃、內夾等現象。

踝關節：踝關節活動度不足可能出現踮腳尖或腳尖外轉現象。

足弓：足弓穩定性不足會產生足弓塌陷，足弓部位可能被踩平在地上，在前蹲舉過程中可能出現腳跟外側抬起或是腳尖外轉的現象。

代償性動作缺失

前蹲舉的過程應該維持中立脊椎，所以如果有水管可以貼背檢測的話，應該也會看到三點共線的現象。下蹲的過程當中，因為軀幹會有一點點前傾，比起背蹲舉要少得多，但仍然不是直挺的，所以，在下蹲的過程中手臂應該要微微抬高去維持前三角肌平台的穩固，如果手肘無法抬高，甚至是隨著下蹲往下降，槓鈴就會順著向前傾的前三角肌平台往下滾，雖然有兩隻手在前面擋著，但是前蹲舉的手指其實只能幫助穩定槓鈴，槓鈴主要還是被前三角肌平台支撐的，如果平台傾斜了，手指和手腕的壓力就會增加，在前蹲舉過程中如果感覺手越來越「重」，可能就是槓鈴已經開始下滑了。有這樣的現象顯示，肩關節活動度可能不足。

駝背、彎腰、骨盆後翻、膝關節搖晃、踮腳尖、足弓塌陷等前面在酒杯蹲已經討論過的問題，在前蹲舉也都會發生，也同樣都會透過「反射回饋，相鄰代償」的方式，把關節功能缺失在身體各關節之間傳來傳去。比較不一樣的是，前蹲舉因為上肢的關節活動度需求較高，所以下肢發生狀況的頻率也比較多。

這就是前面所提過，人體的所有關節都在競爭一個有限的活動度總額，你多拿走一點，我就少了一點，前蹲舉在肩關節、肘關節、腕關節各自捲走了一堆活動度，讓身體剩餘的活動度減少，當下蹲動作開始時，活動度可能就不夠用了。這個現象描述起來很奇怪，但從實際的觀察就可以發現，有些人在站姿的時候可以做出一個完善的架槓姿勢，而不架槓的時候（例如徒手或是酒杯蹲的時候）也可以順利蹲到底，但是這兩件事情加在一起就無法完成，通常一開始會先發現下蹲過程手肘

會降低,然後會發現刻意抬高手肘時,就無法順利蹲低。這樣的現象就有可能是身體各個關節在互相「搶奪」有限的活動度。

讓我們用一些假設的例子來說明前蹲舉常見的代償現象。假設有位訓練者核心肌力較弱,核心穩定性不足,但肩關節活動度尚可。在做前蹲舉的時候,高點架槓姿勢可以順利完成,且在下蹲之前大致維持頭、肩、臀三點共線,腰椎曲度也尚可。

當此訓練者開始下蹲的時候,因為核心穩定性不足,核心的桶狀結構變得難以維持,以至於腰椎的穩定性降低。腰椎穩定性降低是神經系統最恐慌的事情之一,所以身體反射性的找相鄰關節幫忙製造穩定性。腰椎的相鄰關節上有胸椎,下有髖關節,這兩個關節原先各有任務,胸椎要維持挺胸的姿勢以利於架槓,髖關節要持續下蹲才能蹲到髖關節低於膝關節的位置,但是,這兩個關節在執行本身任務的過程都突然接到支援腰椎穩定性的臨時命令,而這個命令是緊急的、是強勢的,必須馬上遵守。胸椎原先維持的中立姿勢,可能會為了製造穩定性,刻意遠離中立胸椎姿勢,朝向駝背或是過挺腰的方向移動,試著去彌補腰椎製造的搖晃,而不管是朝向哪一個方向,通常都會不由自主的鎖定在要去的方向,試圖以胸椎的僵硬性彌補腰椎的穩定性。髖關節則可能會為了幫不穩的腰椎製造一點穩定性,所以鎖住了自己的活動度,目的跟胸椎一樣,試著以自己的僵硬性彌補腰椎的穩定性。

鎖住的胸椎僵直在一個不中立的姿勢,用這樣的姿勢扛著槓鈴對胸椎自己產生了風險。鎖住的髖關節讓人蹲不下去,但是有意識的腦仍然記得最初想要蹲低的任務,髖關節鎖住了蹲不下去,只好改換膝關節的動作繼續下蹲。

膝關節可能會選擇往前多推一點,如此一來,踝關節的壓力突然增加,如果膝關節前推的幅度大於踝關節可以承受的範圍,如此可能會出現踮腳尖,或是足弓塌陷、腳尖外轉的動作。膝關節也可能會選擇用往內夾的方式下蹲,如此一來,也可能會做出足弓塌陷、腳尖外轉的動作。

上述的例子告訴我們,在前蹲舉的過程中,身體一個部位的活動度或穩定性不足,可能會以怎樣的方式產生代償動作,進而影響整個動作的品質。但從相反的角度來看,一個看起來錯誤百出的動作,其實可能只有少數的關節真的有問題,但是因為代償機制的關係,把問題擴散到其他地方。

前蹲舉的檢測示範

前蹲舉的高點姿勢。

怪獸訓練動作控制、學習、檢測與矯正

前蹲舉的低點姿勢。

常見的動作缺失

手肘過低的前蹲舉架槓姿勢。

槓鈴位置過低的前蹲舉架槓姿勢。

腕關節活動度不足，導致槓鈴無法置於前三角肌平台。

駝上背的前蹲舉姿勢。

彎腰或骨盆後翻的前蹲舉姿勢。

踝關節活動度不足可能出現踮腳尖或腳尖外轉現象。

膝關節穩定性不足可能出現搖晃、內夾等現象。

左右失衡的前蹲舉姿勢。

項目 8　低槓式背蹲舉

動作說明

背蹲舉幾乎可以說是肌力訓練領域裡最具代表性的動作，其在動作控制的領域也有很多特別的檢測效果，前面提到過不同背槓姿勢的蹲舉不只是外觀不同，對於上肢的活動度以及不同重心位置之下的下肢控制力都有不同的檢測意義。

背蹲舉依照背槓的位置可以分為高槓式、中槓式和低槓式，高槓式背蹲舉的槓鈴位於頸後斜方肌上方，低槓式背蹲舉的槓鈴位於後三角肌平台上，而介於高槓和低槓之間的任何部位都可以稱為中槓。

不同的槓位需要的上肢關節活動度不同，造成的重心位置也不一樣。我們先從肩關節活動度需求開始討論。背蹲舉過程中肩胛骨必須做出內收和下旋的動作，肩關節則是伸展和外旋，肘關節須作出屈曲的動作，腕關節則盡可能不要有動作。做高槓式背蹲舉的時候，因為槓位較高，所以肩關節需要做出的伸展和外旋程度較低，所以背槓姿勢相對容易做到，在低槓式背蹲舉的時候，由於槓鈴從斜方肌上緣移到後三角肌平台，不只往下也往後了一點，此時肩關節需要的伸展和外旋都變大。透過教學經驗的觀察，可以完成低槓式背蹲舉的訓練者，通常也能完成高槓式背蹲舉，而且可能不需要經過訓練或適應。但是能完成高槓式背蹲舉的訓練者，不一定能夠在無訓練或是沒有適應期的情況下完成低槓式背蹲舉，其背後的原因就在於低槓式背蹲舉的肩關節活動度需求較高，所以在檢測上通常也比較常拿低槓式背蹲舉當作範例。

低槓式背蹲舉的背槓動作有利於「夾背」，事實上許多人雙手握在槓上的位置，就是以最有利於夾背的角度來選擇，如果握距選擇得當，人只要鑽到槓下把槓背起來，就可以自動形成一個穩固的夾背姿勢。相反的，低槓式的背槓姿勢並無法自動幫助「壓胸」，甚至有些人過度專注於夾背，可能反而不自覺的過度挺胸。無論是哪一種蹲，最穩固的核心姿勢仍然是桶狀結構，所以當背槓姿勢不利於壓胸時，就必須刻意主動做出壓胸的動作，讓橫膈膜正對著骨盆底，用最穩固的核心桶狀結構來蓄積腹腔內壓，幫助穩定腰椎。

　　低槓的背槓姿勢也讓低槓式背蹲舉成為軀幹前傾潛力最大的深蹲版本，無論是前蹲還是背蹲，槓鈴都是對齊腳掌心正上方來放置，而一旦槓鈴已經對齊腳掌心的時候，其實人體還是有一點點有限的空間可以選擇是要把膝關節往前推，還是要把髖關節往後推。但前蹲舉因為槓鈴在頸前，所以臀部向後推的幅度非常有限，軀幹越是前傾，前三角肌平台就越傾斜，姿勢就越不穩，反之，低槓式背蹲舉也有把膝關節往前推或把髖關節往後推的選擇空間，但是低槓式背蹲舉把膝關節往前推的幅度就比前蹲舉小得多，把髖關節往後推的幅度又比所有版本的深蹲都大得多，說低槓式背蹲舉是「最髖主導的膝主導動作」應該不為過。

　　相較於前蹲舉，低槓式背蹲舉總是可以舉得比較重，比較這兩個動作的負重潛力可以讓我們更理解動作的細節。低槓式背蹲舉的重量比前蹲舉大的原因包括以下：

　　首先，低槓式背蹲舉的槓鈴距離髖關節比較近，有較強的力矩。這大概是最簡單的一個原因，槓鈴距離髖關節越遠，力臂越長，蹲起來就越吃力，這也解釋了為什麼同樣是背蹲舉，高槓式能舉起的重量仍然會比低槓式略輕一些。

　　其次，低槓式背蹲舉的臀部後推幅度較大，可以徵召更多的腿後肌群，腿後肌群包括半膜肌、半腱肌、股二頭肌長頭和股二頭肌短頭，其中只有股二頭肌短頭是只跨越膝關節的單關節肌肉，半膜肌、半腱肌和股二頭肌長頭都是跨越了膝關節和髖關節的雙關節肌肉。雙關節肌肉的長度跟兩個關節的角度有關，在前蹲舉裡，屈膝多而屈髖少，腿後肌處於較短的狀態，比較不利於用力，在低槓式背蹲舉裡，屈膝少而屈髖多，腿後肌處於較長的狀態，比較有利於用力。也因此，在股四頭肌參與狀況都差不多的情況下，低槓式背蹲舉比前蹲舉多了一股腿後肌的力量。

　　此外，前蹲舉的容錯空間較小，軀幹前傾幅度稍大，槓鈴就可能向前方掉落，低槓式背蹲舉就算過度前傾，頂多就是變成一個「早安蹲」，動作仍然可以繼續。

最後是，低槓式背蹲舉比較容易維持核心穩定性，所以有利於釋放更多力量。前蹲舉的上背（胸椎段）其實是一個比較弱的環節，先前提到過，前蹲舉的架槓姿勢需要雙手手肘向前抬起，這樣的姿勢把肩胛骨拉開，不利於做出「壓胸夾背」動作中的「夾背」，因此胸椎的穩定性較低，重量偏重或是姿勢稍微過於前傾，就可能「拉走」胸椎，胸椎偏離中立姿勢太多時，就可能影響「中軸穩定性」，中軸穩定性又是四肢發力大小的前提，所以當中軸穩定性受影響時，四肢發力就可能受限，背蹲舉則較沒有這樣的問題。

低槓式背蹲舉的另一個特點是，膝關節的屈曲幅度較少，刻意將臀部推到最遠的低槓式背蹲舉，會呈現一個胸口朝向前方地面的姿勢，此時膝關節會剛好落在腳尖正上方，而且很可能不會超過腳尖，脛骨非常接近垂直線，這也讓低槓式背蹲舉變成一個對膝蓋最友善的蹲舉版本。之所以說低槓式背蹲舉對膝蓋最友善的原因有二，一是因為屈膝的幅度較低，膝關節比較不會被擠壓，二是因為大腿後側的腿後肌繃緊，跟大腿前側的股四頭肌互相反向用力，讓膝關節處於一個兩股勢力均等下的中立位置，既不偏前也不偏後，根據經驗這樣的位置是膝關節最舒服的位置。這並不表示其他膝關節被擠壓的版本都是危險的，事實上那些把膝關節活動到極限的動作可以帶來其他的效益，但是如果希望練腿肌的過程盡量「節省」膝蓋的使用，低槓式背蹲舉會是最佳的選項。值得一提的是，低槓式背蹲舉的腿後肌用力極大化的時刻大約就是大腿剛過水平線的那一刻，過了水平線以後如果繼續下蹲，腿後肌將離開適合用力的長度，對於舉起重量的貢獻就會稍微降低。

低槓式背蹲舉的踝關節通常也比較不會出現問題，如前面所述，如果在做低槓式背蹲舉的時候刻意將臀部向後推到底，那麼踝關節的活動度需求其實不高。若是不要把臀部推那麼遠，踝關節的活動度才會開始受到挑戰。

以上是關於低槓式背蹲舉的一些相關資訊和討論，接下來討論低槓式背蹲舉的局部動作缺失和代償性動作缺失。

局部動作缺失

肩關節：肩關節活動度不足可能導致背槓困難，強行用不足的肩關節活動度去背低槓，即使硬擠進外觀正確的姿勢裡，也可能在肩關節製造一個強烈的壓力，有可能引發代償。

肩胛骨：背蹲舉時的肩胛骨需要向中心靠攏且向下降，在不引發過度挺胸的前提下，用力向後向下收緊，無法移動到身體中線的肩胛骨會影響壓胸夾背的姿勢，也會影響背槓。

胸椎：胸椎活動度不足的訓練者，可能會有上背駝背的現象發生。

腰椎：腰椎穩定性不足時，會無法維持核心桶狀結構。在站姿過程可能呈現彎腰或是過挺腰，彎腰的特徵是肋骨過於接近骨盆，或是骨盆後翻，且下背肌群被拉長。過挺腰則是相反，肋骨抬高遠離骨盆，或是骨盆前翻，但下背呈現擠壓的狀態。無論在高點是彎腰或是過挺腰，下蹲過程通常都會出現彎腰或骨盆後翻的現象。

髖關節：髖關節活動度不足可能限制下蹲的深度，髖關節穩定性不足可能出現下肢搖晃的現象。由於低槓式背蹲舉是髖關節活動度需求最大的深蹲版本，所以許多人發現那是他們最不容易讓大腿上緣蹲過水平線的一種深蹲。

膝關節：膝關節穩定性不足可能出現搖晃、內夾等現象，也可能有無法控制的前推出現。

踝關節：踝關節活動度不足可能出現踮腳尖或腳尖外轉現象。

足弓：足弓穩定性不足會產生足弓塌陷，足弓部位可能被踩平在地上，在前蹲舉過程中可能出現腳跟外側抬起或是腳尖外轉的現象。

代償性動作缺失

　　肩關節活動度不足和肩胛骨穩定性不足，都有可能無法順利背槓，如果強行背槓可能會導致肩膀裡蓄積著不當的壓力，這個壓力就算在外觀上看不太出來，也可能影響整個動作。

　　舉例來說，肩膀蓄積的不舒服讓訓練者隨時想要釋放掉這個壓力，一個常見的代償就是想要藉由挺胸來舒緩肩膀的不適，但是胸椎可能已經沒有什麼空間可以挺，這時候可能會從想要挺胸變成想要挺腰。想要挺腰的無意識動作讓肋骨遠離了骨盆，破壞了核心的桶狀結構，讓核心穩定性降低，提高了「負重過程中改變腰椎角度」的風險。不穩的腰椎激發了髖關節想要藉由製造僵硬性來彌補腰椎的不穩定，結果就是髖關節在蹲過水平線之前提早鎖住。

　　鎖住的髖關節可能一邊會影響腰椎的穩定性，形成一個動腰不動髖的代償動作，同時，提早鎖住的髖關節也向另一個鄰居要一點活動度，所以膝蓋就被過度往前推，過度前推的膝關節需要踝關節貢獻更多的活動度來配合，如果踝關節活動度不夠用了，就可能出現踮腳尖或是足弓塌陷腳尖外轉的姿勢，這個姿勢再次破壞了膝關節的穩定性，不穩的膝關節回過頭來又刺激了髖關節更用力鎖住自己，髖關節的活動度又再次降低。所以，一個活動度不足的肩膀，其實就足以把一堆原本功能健全的關節搞得人仰馬翻。

　　肩關節活動度不足時，首先觀察肩胛骨的位置，如果肩胛骨的位置不對，沒有收到夾背姿勢，馬上要觀察的就是胸椎的姿勢，過度前傾的胸椎會阻礙肩胛骨內收，收不回來的肩胛骨會限制肩關節活動度，這也是為什麼我們通常不建議一發現肩關節活動度不足就做伸展，因為很可能肩關節周邊的組織柔軟度是充足的，是過度前傾的胸椎限制了肩胛骨的移動空間，導致肩胛骨回頭限制了肩關節的活動度，所以，就算伸展是當下最好的選擇，該做伸展的也應該是胸椎，而不是肩關節。

　　同樣的故事情節可以從任何一個關節開始啟動，透過「反射回饋，相鄰代償」的機制，一個關節該提供的活動度或穩定性不足時，就會跟相鄰的關節「借」活動度或穩定性，活動度不足的關節跟相鄰關節借活動度時，可能會影響相鄰關節的穩定性，穩定性不足的關節跟相鄰關節借穩定性時，可能會影響相鄰關節的活動度。

低槓式背蹲舉的檢測示範

低槓式背蹲舉的高點姿勢。

低槓式背蹲舉的低點姿勢。

常見的動作缺失

肩關節活動度不足導致手腕後翻。

槓鈴未放置於後三角肌平台的正確位置時,可能會為了增加背槓的穩定性而向後抬高手肘。

胸椎活動度不足的訓練者,可能會有上背駝背的現象發生。

彎腰駝背的深蹲姿勢。

左右失衡的背蹲舉姿勢。

足弓塌陷,膝蓋內夾。

踝關節活動度不足,導致踮腳尖。

槓鈴下滑至後三角肌平台以下的位置。

髖關節活動度不足時,可能無法下蹲至大腿低於水平線的位置。

項目 9 過頭蹲

動作說明

過頭蹲是舉重比賽動作「抓舉」的一部分，在肌力訓練領域裡屬於難度較高的訓練項目，除了因為槓鈴比人高，本來就需要比較高的安全警戒之外，更重要的是，過頭蹲大概是全身關節活動度和穩定性的最高挑戰動作。

之所以這樣說，是因為過頭蹲的重量撐在高舉的雙手，但移動的是踩地的雙腳。高舉在頭頂的重量，是人體可以讓重量離地的最遠距離，這部分大概只有肩推系列動作可以超越，但更難的是，移動重量的是距離重量最遠的雙腳，換言之，這條最長的動力鏈在做動作的時候，除了腳掌之外都在移動，而且是移動到深蹲的深度。肩推雖然因為雙手握槓的距離較窄，有潛力把重量舉到比過頭蹲最高點還要高，但是肩推的動作過程中，大動作都只集中在手臂，頸前版本的肩推在肩膀以下只有些微的重心移動，頸後版本的肩推則是肩膀以下的身體部位完全不動。

這種重量位置極高、身體重心垂直移動極大的動作，全身的大關節有任何一個活動度或穩定性出問題都會影響動作，所以可以說是一個難度極高的動作，但也因為難度高，所以具有很高的檢測意義。

動作開始的第一步，是把槓鈴舉到過頭支撐位置，有幾種不同的做法可以做到這一點，第一種是直接用抓舉的方式甩到過頭支撐位置。第二是先把槓鈴掛在蹲舉架上，然後用背蹲舉的方式扛出來，再用頸後肩推或是借力推的方式推到過頭支撐位置。第三是一開始就把槓鈴高掛，然後直接用過頭支撐姿勢取槓。

這三種方式各有優點和局限，第一種抓舉的方式，須有技術為前提，抓舉的難度並沒有比過頭蹲低，如果不具備抓舉的技巧，可能會抓半天抓不起來，過頭蹲自然也就沒得練。第二種背蹲舉方式取槓，算是比較簡單的做法，但必須以肩關節活動度充足為前提，用這種方法取槓可以使用高槓式，將槓背出蹲舉架的掛勾之後，在原地將槓鈴推到頭頂。第三種直接用過頭蹲的方式取槓，雖然可以一開始就進入過頭支撐位置，但是會讓動作多了幾步「過頭負重行走」，多了這幾步是好是壞，其實見仁見智，我們可以視之為影響訓練的麻煩，也可以視之為額外的訓練機會。

　　槓鈴位於過頭支撐位置的時候，有幾個注意事項，首先身體是直立的，而且保持中立脊椎。雙臂打直鎖住手肘，手腕可能會有些向後翻，將槓鈴支撐在後腦正上方位置。前面這三句話雖然簡單，但都需要進一步說明。第一是關於手肘可否打直，過去有些人會認為手肘打直是危險的，但從經驗上來看，除非是先天手肘結構過度伸展的人，否則把手肘打直鎖定其實並無特殊危險。

　　其次，是手腕向後翻的動作，在做臥推和肩推的時候，我們都會希望手腕盡量不要有後翻的動作，但是為什麼在做過頭蹲的時候又允許手腕後翻呢？這是因為這兩類動作有幾個顯著的不同點，首先，相較於過頭蹲，臥推和肩推雙手握槓的握距通常比較短，也就是兩隻手握槓的距離是比較近的，過頭蹲則握得比較寬，臥推和肩推這種比較窄的握距，使得雙手可以在用「中立手腕姿勢」握槓的時候，雙手手掌仍然有夠大的面積掌控槓鈴，但是在做過頭蹲的時候，雙手向外撐開，如果硬要維持中立手腕姿勢，雙手會只剩下虎口有真正的支撐力，大部分的手掌心都無法緊貼到槓，如此會降低握槓的穩定性。此外，臥推和肩推的手臂是用來做動態的動作，過頭蹲的手臂是用來做靜態的支撐，動態動作的路徑選擇的第一要務是適合讓肌肉發力，靜態支撐的姿勢選擇的第一要務是要適合骨骼支撐，因為這樣的原因，打直的手肘加上後翻的手腕最終成為靜態支撐的選項。後翻的手腕的確是比中立手腕姿勢多了一些手腕壓力，所幸根據過去經驗，這是可以循序漸進加以強化的，剛開始訓練的時候如果感覺到不適，可以酌減訓練量，讓身體慢慢適應。

　　槓鈴被支撐的位置在後腦正上方，同時也是腳掌心正上方，但不是頭頂正上方，這也是一個穩定性的考量，支撐在過頭姿勢的槓鈴需要全身上下一起提供穩定性，槓鈴正下方的雙臂連接的肩胛骨，就是一個需要控制不穩定性的地方，雙臂高舉的時候，肩胛骨呈現上旋姿勢，在此同時，上旋的肩胛骨必須盡量向中線靠近，才能製造穩定性，當作雙臂的穩固基底。而這在槓鈴位於頭頂正上方的時候是做不到的，必須讓肩膀往前推，讓槓鈴往後推，雙手用力往外撐，像是要把槓往左右拉

長一樣,才能把肩胛骨擠進穩定的姿勢,而此時槓鈴會位於後腦正上方,身體會出現微微前傾的姿勢。隨著下蹲的動作開始,槓鈴會始終保持在後腦正上方。

維持過頭支撐姿勢,需要高度的肩關節活動度和肩胛骨穩定性,這讓過頭蹲從一開始,就給下肢的深蹲動作出了難題。前面的篇章曾經提過,人體從上到下的各個部位,會競爭有限的活動度,當上肢已經「預定」了如此多的活動度,下肢所剩的活動度就減少,如果一個人的活動度總額是不足的,扣掉上肢用掉的活動度之後,對下肢來說,就是活動度餘額不足的狀態。

這會造成一個現象,就是在動作高點的站姿支撐姿勢時,肩關節看起來一切正常,但是開始下蹲的時候,肩關節的活動度突然像是被「捲走」一樣,越下蹲手臂越往前倒,如果硬是把手臂挺著,撐在對的位置,就會發現怎麼都蹲不下去,這個下蹲和舉手只能擇一的現象,就是活動度總額不足的現象。換言之,過頭蹲可以檢測一個人的整體活動度是否夠用,同時也反映了該穩定的部位是否穩定,不足的活動度是否是被相鄰關節的不穩定給「吃掉」了。

所以整體而言,過頭蹲是一個對動作缺失很敏感的動作,如果一個人可以連續做幾個四平八穩的過頭蹲,那麼此人在有負重潛力的人體自然動作所需的關節活動度和穩定性應該都具備了。這也是為什麼過去有許多檢測系統都把過頭蹲(或某些相似的變化動作)當作檢測項目之一。

不過,你可能會說,如果一個動作就可以把所有潛在的動作控制問題一網打盡,那麼我們為什麼要探討那麼多其他動作呢?這是因為,過頭蹲雖然對動作缺失很敏感,但因為「反側回饋,相鄰代償」的關係,缺失的部位可能會引發代償,一個代償可能會變成一條連鎖反應的代償,讓問題難以釐清。所以,過頭蹲可以說是針對動作缺失撒下的第一張大網,如果有什麼異常通常會網得到,但接下來仍然需要比對其他檢測動作才能推論下一步該如何處理。

以上是關於過頭蹲的相關討論,接下來探討過頭蹲的局部動作缺失和代償性動作缺失。

局部動作缺失

肩關節：肩關節活動度不足的訓練者，會在站姿就無法將雙臂高舉，做不出槓鈴對齊後腦正上方，也對不齊腳掌心的位置。通常如果站姿就無法做到過頭支撐姿勢，就不會直接練習下蹲，下蹲的時候因為軀幹姿勢前傾的關係，將會需要更多的肩關節活動度，才能把槓鈴留在原來的軌跡上，所以下蹲時只會變得更困難。

肩胛骨：肩胛骨穩定性不足的時候，會發生手臂搖晃或移位的現象。

胸椎：胸椎活動度不足時，會出現上背駝背的現象，槓鈴位置可能會偏前。

腰椎：腰椎穩定性不足時，會無法維持核心桶狀結構。在站姿過程可能呈現彎腰或是過挺腰，彎腰的特徵是肋骨過於接近骨盆，或是骨盆後翻，且下背肌群被拉長。過挺腰則是相反，肋骨抬高遠離骨盆，或是骨盆前翻，但下背呈現擠壓的狀態。彎腰的動作可能會讓槓鈴位置偏前，過挺腰可能會讓槓鈴位置偏後。無論在高點是彎腰或是過挺腰，下蹲過程通常都會出現彎腰或骨盆後翻的現象。

髖關節：髖關節活動度不足可能限制下蹲的深度，髖關節穩定性不足可能出現下肢搖晃的現象。

膝關節：膝關節穩定性不足可能出現搖晃、內夾等現象，也可能有無法控制的前推出現。

踝關節：踝關節活動度不足可能出現踮腳尖或腳尖外轉現象。

足弓：足弓穩定性不足會產生足弓塌陷，足弓部位可能被踩平在地上，在過頭蹲過程中可能出現腳跟外側抬起或是腳尖外轉的現象。

代償性動作缺失

過頭蹲像是一個擴大器，任何微小的聲音都會變成很大的聲量。過頭蹲一開始就做出人體最高的負重姿勢，所以全身所有的大關節有任何活動度或穩定性的問

題，都會馬上表現出來，只可惜這個擴大器充滿了雜音，不太容易聽出最初的第一個聲音是什麼。

讓我們用假想的例子說明可能發生的代償現象。肩關節活動度不足的訓練者，在試著做出過頭蹲動作時，無法順利把槓鈴舉到後腦正上方，但是把槓舉高的意圖仍然存在，身體透過「反射回饋，相鄰代償」的機制尋找可以幫忙分擔活動度的部位，肩關節活動度不足的時候，第一個尋求代償的對象是肩胛骨，但是肩胛骨並沒有太大的代償空間，所以又把問題丟給下一個鄰居，也就是胸椎。胸椎有「一些些」的伸展空間，如果肩關節活動度的缺口沒有很大的話，挺一點胸就可以把槓鈴移到想要的位置。但是如果肩關節活動度的「赤字」太大，那麼光是挺胸可能無法達到目的，此時下一個被動到的關節就是腰椎。

腰椎原本肩負著最重要的使命就是維持穩定性，突如其來的活動度需求，讓腰椎放掉穩定性去提供活動度，這時候就呈現了一個過挺腰的姿勢，也在這時候，槓鈴終於移到該去的位置。沒有經驗的教練，或是訓練者本身，如果沒有注意到身體靜悄悄發生的一連串代償，只看到槓鈴終於移到預想的過頭支撐位置，以為一切順利，於是開始下蹲。

過挺腰的腰椎偏離了中立腰椎姿勢，也破壞了核心桶狀結構，結果就是在下蹲的一開始，就已經帶著不穩定的腰椎，「中軸穩定，四肢發力」的機制已經受損，所以，下蹲動作一啟動，腰椎就成了影響所有其他關節的源頭，不穩定的腰椎會引發髖關節活動度受限，受限的髖關節會改變膝關節的動作，使之呈現類似跪姿的過度前推，或是向內夾膝蓋，過度前推的膝關節導致雙腳出現踮腳尖的動作，內夾的膝蓋則導致了足弓塌陷腳踝外翻以及腳尖外轉。不穩定的腰椎也可能向上影響，導致胸椎的活動度受限，鎖定在駝背姿勢，駝背的姿勢改變了肩胛骨的位置，使肩胛骨無法向中間靠攏，反而向外移動，向外移動的肩胛骨改變限縮了肩關節活動度，讓手臂無法高舉在過頭支撐位置，於是手臂只好向前移，連帶的使槓鈴也往前移動，變成一個完全走樣的過頭蹲。

以上的虛擬範例想要呈現的是，當一個關節的活動度或穩定性出問題的時候，其他關節很難置身事外，結果就是一個錯誤百出的動作，但從上面的例子來看，其實最初很可能只有一組關節真的有問題而已。

過頭蹲的檢測示範

過頭蹲的高點姿勢。

過頭蹲的低點姿勢。

常見的動作缺失

肩關節活動度不足的訓練者，會無法將雙臂高舉，做不出槓鈴對齊後腦正上方，也對不齊腳掌心的位置。

膝關節過度前推。

踝關節活動度不足可能出現踮腳尖的現象。

膝關節穩定性不足可能出現搖晃、內夾等現象，也可能有無法控制的前推出現。

左右失衡的過頭蹲。

… 項目10 分腿蹲

動作說明

　　分腿蹲在動作型態上被歸類為膝主導動作，髖關節一屈一伸，有短、中、長三種版本，最短的短分腿蹲可以短到後腳腳尖很接近前腳腳跟，最長的分腿蹲則可以直接跨到個人柔軟度的極限。中分腿蹲則是蹲到最低點時雙腳屈膝概略為90度，且後腳膝蓋大約位於同側肩膀正下方的位置。如果沒有特別說明，本書的分腿蹲指的都是「中分腿蹲」。

　　分腿蹲這個姿勢在真實世界的功用是「煞車」動作，因為分腿蹲的過程中，一腳在身體重心前方，一腳在身體重心後方，而在真實世界裡，會把腳放在身體前方或後方用力往回推的時候，通常都是想要急停或減速的時候，所以這個動作剛好適合用來訓練下肢的煞車能力。

　　過去我們在教學的過程中，發現初次接觸分腿蹲的初學者，往往不容易掌握那個雙腳屈膝90度的感覺，也不容易維持路徑，所以我們採取了一個「由低到高」的教學方式，這個方式同時也適合當作檢測。所謂的由低到高，是把分腿蹲分為三個階段來教學，第一個階段先學習如何調整出一個穩固的單跪姿，接著學習如何從單跪姿變成低分腿姿勢，也就是分腿蹲的最低點姿勢，然後再學習高分腿姿勢，也就是分腿蹲最高點的姿勢，這些姿勢都已經能充分掌握之後，才進行動態的分腿蹲訓練。

　　在單跪姿的動作中，訓練者要學習的是在這個靜態姿勢裡打開各個關節的活動度，因為後腳膝蓋著地，所以等於是有三個支撐點分擔了體重，尤其後腳的膝蓋剛

好位在同側肩膀的下方，正好分擔了大部分壓力，這樣相對輕鬆的姿勢，可以讓訓練者在低力量需求的狀態下先調整好基本姿勢。

單跪姿的兩腳約略與肩同寬，雙腳屈膝皆為九十度，前腳腳尖指向正前方，後腳腳尖踩地，阿基里斯腱朝向天花板，後腳髖關節完全打直，使後腳膝蓋位於同側肩膀正下方。依循著「中軸穩定，四肢發力」和「近端穩定，遠端發力」的原理，除了姿勢正確之外，也需要為用力做準備，所以需要先幫整個姿勢調整出穩定性。

前腳製造穩定的方式跟深蹲的腳類似，是用腳底三腳架抓地，同時產生一個膝關節向外扭轉的力道，後腳製造穩定性的方式則有所不同，因為當人的腳在身體後方，且三腳架無法全部著地時，如果同樣以一個向外扭轉的力道去控制下肢，會發現向外扭轉的力道不但無助於提高穩定性，還可能把膝蓋往外推，讓後腳站不穩，所以當腳在人體後方的時候，向內旋轉的力道才是製造穩定性的力道，不過，在單跪姿的時候無法真的扭轉後腳，所以先做出將後腳的腳踝往外推的力道即可，值得提醒的是，不管是前腳膝蓋往外推，還是後腳腳踝往外推，指的都是力道，而不是一個持續的動作，我們可以想像人在兩道矮牆之間，這兩道矮牆剛好與肩同寬，那麼前腳膝蓋外推和後腳腳踝外推的程度，就剛好推到兩邊都靠牆，骨盆保持平穩中立且左右對稱，然後穩住這個力道即可，不要任其放鬆，但也不要持續外推，我們需要的是穩定性，而不是額外的動作。

確立好下肢動作的各個細節之後，回頭檢視上半身，軀幹原則上是垂直，不過如果是背著槓鈴，則會適度前傾，保持中立脊椎，如果有水管可以貼背測量人體基準線的話，將會發現頭、肩、臀三點共線，且下背與水管之間的距離概略等於自己的手掌厚度。至此，單跪姿檢測完成，接下來將進入低分腿姿勢。

低分腿姿勢其實就是將單跪姿那個跪在地板上的膝蓋稍微抬離地面，抬高的高度大概2-5公分，然後維持這個姿勢。這個過程聽起來簡單，但實際上做起來卻不是很容易，因為這是一個相當費力的姿勢。前面提到過，一個穩固的分腿蹲其實需要在維持中立脊椎的同時，前後腳各自有扭轉的力道來維持穩定性，所以在準備離地的那一刻，前腳就要用力向外扭轉到膝蓋貼緊虛擬的牆壁，而後腳則需要向內扭轉讓腳踝貼緊虛擬的牆壁，骨盆保持平穩中立且左右對稱，這兩股張力都已經蓄積好之後，才可以用這個姿勢向上站起2-5公分。後腳膝蓋離地的那一刻，人體從有三點支撐變成只有兩點支撐，而且少掉的那一點，是身體重心正下方支撐力最大的一個點，所以很多人在後腳膝蓋離地的那一刻，突然間整個姿勢走樣。必須要能夠做到

除了後腳膝蓋離地2-5公分之外，整個姿勢跟已經調整好的單跪姿大致相同，兩腳曲膝90度，後腳髖關節打直，後腳膝蓋位於同側肩膀的下方，但不碰地，上半身也要保持中立脊椎，如果有水管可以貼背測量人體基準線的話，頭、肩、臀三點共線，且下背與水管之間的距離概略等於自己的手掌厚度。

我們通常會讓訓練者在這個姿勢停留個幾秒鐘，確定沒有任何嚴重的姿勢走樣，就可以進入下一個階段。下一個階段就是一路站到最高點，在最高點的時候雙腳都會接近打直，此時的骨盆仍然保持中立姿勢且左右對稱，上半身也維持垂直姿勢，並保持中立脊椎。這時候下肢仍然是保持扭地的張力的，所以前腳膝蓋向外扭轉，後腳腳踝向外扭轉，這些力道都要維持，而這就是所謂的高分腿姿勢。當單跪姿、低分腿姿勢以及高分腿姿勢都已經掌握要領，就可以開始進行動態練習。

在動態練習當中，槓鈴是依循著一條隱形的垂直線直上直下的，也就是說在沒有特別說明的情況下，並不會主動做出前壓式的分腿蹲，保持前腳把身體往後推、後腳把身體往前推的力道，把軀幹控制在這條虛擬的垂直線上，然後上下移動。移動過程當中持續保持中立脊椎，骨盆也保持中立姿勢，且左右對稱。雙腳扭地的力道要持續維持，避免前腳膝蓋向內偏斜，也避免後腳腳跟向內偏斜。以上就是分腿蹲的操作流程，接下來討論分腿蹲常見的局部動作缺失以及代償性動作缺失。

局部動作缺失

　　肩關節：分腿蹲可以使用很多種不同的負重方式，前蹲舉架槓姿勢、背後的高槓式、背後的低槓式、酒杯式負重或是雙手提啞鈴，都是常見的負重方式。而肩關節的活動度需求也會因為負重方式的不同而有所差異。如果是使用酒杯式負重或是雙手提啞鈴，大概不會有太多肩關節活動度的需求，如果是使用前蹲舉架槓姿勢，肩關節活動度不足時會出現槓鈴無法放置於前三角肌平台的現象。如果使用背後的低槓式，當肩關節活動度不足時，可能會出現無法背槓的問題。若肩關節活動度的缺失不太嚴重的話，可能可以使用高槓式。

　　肩胛骨：跟肩關節部分的論述一樣，肩胛骨穩定性的需求，依照不同的負重姿勢會有所不同。酒杯式負重或是雙手提啞鈴時，如果肩關節穩定性不足，有可能會讓肩膀前引，外觀會出現圓肩的姿勢。如果使用的是前蹲舉架槓姿勢，不穩的肩胛

骨同樣會出現肩膀前引的現象。如果使用的是背後的高槓式或背後的低槓式，如果肩胛骨無法往人體中線靠攏，可能會出現背槓困難的現象。

胸椎：胸椎活動度不足時，會出現上背駝背的現象。

腰椎：腰椎穩定性不足時，會無法維持核心桶狀結構，可能會出現彎腰或是過挺腰的姿勢，彎腰時肋骨會靠近骨盆，但下背會呈現拉長的狀態，過挺腰時則剛好相反，肋骨會遠離骨盆，下背會呈現擠壓的狀態。

髖關節：由於分腿蹲的兩隻腳做的動作不同，具體而言一側是屈髖一側是伸髖，兩側對於骨盆產生的影響不同，當髖關節活動度不足，如果是伸髖的活動度不足，則會把伸髖側的骨盆向前翻，其實如果屈髖側的活動度沒問題，則整體而言就會出現一個骨盆前翻的姿勢。如果屈髖側的活動度也是不足的，那就會發生一邊的骨盆向前翻另一邊的骨盆向後翻，但我們的骨盆通常沒有辦法一側前翻一側後翻，所以結果通常是產生旋轉，也就是伸髖那一側的骨盆可能會被往後拉，而屈髖那一側的骨盆可能會被往前拉，或者是產生高低骨盆的現象，通常是伸髖的那一邊比較可能偏低，屈髖的那一邊有可能會偏高。如果髖關節發生的問題是穩定性不足，那麼通常會出現搖晃的下肢。

膝關節：膝關節在動作的過程中必須有足夠的動態穩定性，也就是說，膝關節必須要在活動的過程當中維持在固定的軌道裡，不會有偏離軌道或多餘的動作出現。前腳的膝關節需要保持向「外」扭轉的力道同時做屈曲和伸展的動作。不穩定的前腳膝關節可能會出現向內偏斜的現象，一般來說前腳膝關節對齊的方向是腳尖的方向，或是比腳尖略為偏外側一點，當膝關節對準的方向已經比腳尖還要偏向內側時，膝關節的穩定性和整個蹲姿的穩定性都已經降低。後腳的膝關節必須在維持向「內」扭轉的力道同時做出屈曲和伸展的動作，後腳膝關節穩定性不足時會出現膝關節向外「飄出」的現象，同時會看到後腳的腳跟向身體內側傾斜。

踝關節：關節活動度在中等站姿的分腿蹲裡並不會有太大的需求，所以通常不太會出現活動度不足的問題。

足弓：足弓的穩定性對於前腳和後腳都相當重要，前腳足弓穩定性不足的時候，會出現足弓塌陷腳踝外翻的現象。後腳的足弓穩定性不足的時候，會無法穩住踮腳支撐的姿勢，所以可能會出現後腳搖晃或歪斜的現象。

腳趾：分腿蹲與其他動作的一個不同之處在於後腳腳趾的活動度會受到考驗，腳趾活動度不足的時候，會讓後腳的腳後跟阿基里斯腱的部位無法正對天花板。

代償性動作缺失

就跟所有其他動作一樣，代償性的動作缺失會讓有問題的動作在各個關節之間傳來傳去。假設有一位訓練者腳趾的活動度不足，在做分腿蹲的時候，後腳的腳趾無法做出足夠的伸展動作，其實會讓下蹲的過程中，腳跟無法順利抬起到阿基里斯腱正對天花板的位置，無法順利抬起的腳跟讓腳踝的活動度受到大幅的挑戰，當踝關節活動度不足時後腳會無法順利將膝蓋往地面方向移動，無法往地面方向移動的膝蓋阻礙了下蹲的動作，但人體仍然會試著繼續往下蹲，當膝關節停止往下降時，會變成用臀部往後坐的方式繼續往下蹲。這從外觀上看來很像是一個髖關節活動度不足的現象，但實際上問題是來自腳趾活動度不足。

我們可以再舉一個例子，當核心穩定性不足的時候，腰椎無法保持中立姿勢，下蹲的過程當中人體可能會試著藉由鎖住部分的髖關節活動度來彌補腰椎不足的穩定性，這可能會造成下蹲到一半的時候髖關節就停止動作了，但接下來要繼續往下蹲就會從雙腳膝關節的動作開始改變，無法屈髖的前腳如果還要繼續往下蹲，可能會出現前腳膝蓋向內偏斜但腳尖往外轉的現象，藉由足弓塌陷和膝蓋內夾的方式繼續往下降低體重重心，這樣的趨勢如果嚴重的話會直接造成整個分腿蹲動作的偏斜。

有的時候核心穩定性不足也不一定是核心本身的原因，我們來假設另外一種狀況，如果有一位訓練者，試著用前蹲舉的方式做分腿蹲，但是肩關節活動度不足，導致讓他試著抬起手肘以製造前三角肌平台的時候，沒有足夠的活動度可以做出這個動作，手肘不夠高，平台也不夠平，但他下意識地刻意挺胸，製造一點點向後仰的姿勢，讓槓鈴可以平放在前三角肌平台上，這個動作看似解決了前蹲舉架槓的問題，但是卻也拉高了肋骨和骨盆之間的距離，破壞了核心的桶狀結構，降低核心穩定性，也等於降低了腰椎穩定性，這樣的動作等於是在一開始的時候就已經破壞了「中軸穩定，四肢發力」的機制，除了不利於用力之外，也會影響髖關節活動度，也可能因此啟動一連串的代償連鎖反應。

分腿蹲的檢測示範

單跪姿

分腿蹲的低點姿勢。

分腿蹲的高點姿勢。

常見的動作缺失

後腳髖關節活動度不足，導致無法伸直髖關節。

腰椎穩定性不足時，會無法維持核心桶狀結構，可能會出現彎腰或是過挺腰的姿勢。

胸椎活動度不足，會出現上背駝背的現象。

前腳膝關節穩定性不足，造成過度前推。

向後傾斜的分腿蹲。

前後腳膝關節穩定性不足的姿勢。

左右失衡的分腿蹲。

腳趾活動度不足的時候，會讓後腳的腳後跟阿基里斯腱的部位無法正對天花板。

項目11　側蹲

動作說明

側蹲是一個很特殊的動作，側蹲的兩側髖關節一側做的動作是屈曲和伸展，另一側做的動作是外展和內收，同時側蹲有一個特殊的腳步要求，就是雙腳會是呈現兩腳平行腳尖向前的姿勢，這並不表示腳尖外展的方式是錯誤或危險的，只不過我們把他們視為兩種不同的蹲法，兩腳平行腳尖向前的我們稱為側蹲，腳尖往外轉呈現外八字的蹲法我們稱為斜蹲。這樣的名稱定義當然不是世界通用的，只是我們在習慣上會這樣使用。區隔這兩種不同蹲法的原因是，兩腳平行腳尖向前的側蹲可以考驗到踝關節額狀面的動作幅度，而這是其他蹲法不容易訓練到的能力。

踝關節分為脛距關節和距下關節，脛距關節主要的動作方向是背屈和蹠屈，而距下關節主要的動作方向是內翻和外翻，其中外翻只有很小的動作幅度，內翻有較大的動作幅度，絕大多數的深蹲版本使用的都是背屈和蹠屈的活動度，鮮少用到內翻和外翻，只有側蹲能訓練到內翻的動作。此外，側蹲可以練到很高的髖關節外展動作幅度，讓內收肌群在非常大的長度變化之下做訓練，這也是比較少見的。一般來說，內收肌群在蹲系列動作都是扮演著協助伸髖或控制膝蓋方向的角色，但是在側蹲，內收肌群的功能幾乎決定了整個側蹲動作的成敗，以下討論側蹲的動作流程。

動作一開始，先把兩腳打開大概2-3倍的肩寬，雙腳平行腳尖指向正前方，保持中立脊椎姿勢，做好呼吸法，接著開始在維持一隻腳打直的情況下，另一隻腳進行跟深蹲一樣的下蹲姿勢。下蹲的過程當中，打直的一隻腳，要持續維持膝蓋伸直的狀態，而真正下蹲的一隻腳，則是在「髖關節帶路，膝關節跟隨」的動作模式下一

路蹲到髖關節低於膝關節，或是大腿上緣低於水平線的位置。整個過程保持中立脊椎，骨盆處於中立位置，沒有前翻後翻，不會有左右的高低差距，也不會有旋轉。上升過程是下降過程的相反，最後回到兩腳都打直的最高點姿勢。負重的方式包括酒杯式、前蹲舉架槓姿勢、背後高槓式和背後低槓式。以上是側蹲的操作方式，接下來討論側蹲常發生的局部動作缺失和代償性動作缺失。

局部動作缺失

肩關節：側蹲可以使用酒杯式負重、前蹲舉架槓姿勢、背後的高槓式或背後的低槓式。而肩關節的活動度需求也會因為負重方式的不同而有所差異。如果是使用酒杯式負重，大概不會有太多肩關節活動度的需求，如果是使用前蹲舉架槓姿勢，肩關節活動度不足時會出現槓鈴無法放置於前三角肌平台的現象。如果使用背後的低槓式，當肩關節活動度不足時，可能會出現無法背槓的問題。若肩關節活動度的缺失不太嚴重的話，可能可以使用高槓式。

肩胛骨：跟肩關節部分的論述一樣，肩胛骨穩定性的需求，依照不同的負重姿勢會有所不同。酒杯式負重時如果肩關節穩定性不足，有可能會讓肩膀前引，外觀會出現圓肩的姿勢。如果使用的是前蹲舉架槓姿勢，不穩的肩胛骨同樣會出現肩膀前引的現象。如果使用的是背後的高槓式或背後的低槓式，如果肩胛骨無法往人體中線靠攏，可能會出現背槓困難的現象。

胸椎：胸椎可能會出現過挺胸或駝背的姿勢。

腰椎：腰椎穩定性不足時，會無法維持核心桶狀結構，可能會出現彎腰或是過挺腰的姿勢，彎腰時肋骨會靠近骨盆，但下背會呈現拉長的狀態，過挺腰時則剛好相反，肋骨會遠離骨盆，下背會呈現擠壓的狀態。

髖關節：側蹲是一側做屈髖和伸髖動作，另一側做外展內收動作，兩側對於骨盆產生的影響不同，當髖關節活動度不足，如果是屈曲伸展那一側的活動度不足，可能會導致這一側的骨盆前翻或後翻，外展內收的一側如果缺乏活動度，可能會影響同側骨盆的高低位置，或是無法將腿伸直。當兩側都有活動度的問題時，可能會出現骨盆旋轉的現象。當髖關節穩定性不足的時候，則可能會出現下肢搖晃的現象。

膝關節：當膝關節穩定性不足的時候，下蹲的那一隻腳可能會發生膝蓋搖晃或內夾的現象。

踝關節：前面提到過，踝關節有背屈和蹠屈，以及內翻和外翻的動作方向，這兩種動作方向分別在不同的動作裡被考驗，在側蹲的過程當中，深蹲的一腳會考驗背屈的活動度，打直的一腳會考驗內翻的活動度，背屈活動度不足可能會出現踮腳尖或是足弓塌陷腳踝外翻的情形，內翻活動度不足，可能會出現抬起腳掌外緣或是只剩下腳跟著地的現象。

足弓：原則上雙腳的足弓穩定性在側蹲當中都是必要的，足弓穩定性不足的時候比較容易出現的缺失是發生塌陷的情形。

代償性動作缺失

跟其他動作一樣，我們仍然是使用舉例的方式來說明關節活動度或穩定性的缺失，會如何在不同的關節之間傳遞。側蹲最特別的地方就是需要很大的髖關節活動度，假設有一位訓練者的髖關節活動度不足，無論是做深蹲動作的那一腳，或是打直的那一腳，活動度都不足，下蹲的過程中，做深蹲的那一腳，會在蹲過大腿上緣低於水平線之前就鎖住，要再繼續往下蹲就會跟膝關節借活動度，導致膝關節過度前推，或是朝內夾的方向移動。而打直的那一腳如果髖關節活動度不足，在下蹲的過程中沒多久就會因為無法外展而鎖住，此時再繼續往下蹲，可能會藉由曲膝的方式讓髖關節可以收回來一點，如此一來就會變成兩隻腳都屈膝的奇怪側蹲。

髖關節活動度不足的現象也可能會往上影響，最直接影響的就是腰椎穩定性，腰椎很可能會放棄原本的穩定性，而做出彎腰的動作，以彌補髖關節所不足的活動度，這在負重狀態下，會立即變成危險動作。有時候腰椎也會以側彎的方式代償髖關節不足的活動度，不過不管是往哪一個方向倒，無法維持中立腰椎姿勢並且用核心穩定性來保護腰椎的情形都是危險的。

側蹲的檢測示範

側蹲的高點姿勢。

怪獸訓練動作控制、學習、檢測與矯正

側蹲的低點姿勢。

常見的動作缺失

胸椎活動度不足,造成駝背的姿勢。

左右失衡的側蹲。

髖關節活動度不足,導致無法下蹲到大腿上緣低於水平線。

腳尖外轉的側蹲姿勢。

腳踝內翻活動度不足，可能會出現抬起腳掌外緣或是只剩下腳跟著地的現象。

外展內收那一側的髖關節可能會出現活動不足的現象，以至於下蹲的時候，無法把膝關節打直。

項目 12　坐箱單腳蹲

動作說明

　　坐箱單腳蹲是一個純粹的單腳肌力訓練動作，分腿蹲和側蹲都是不對稱的動作，也就是說兩隻腳只是做不一樣的動作而已，但是兩隻腳都有參與動作，真正只有一隻腳參與動作的，是單腳蹲的系列動作。坐箱單腳蹲指的是單腳版本的箱上蹲，箱上蹲原本就有雙腳的版本，這在大重量訓練當中是一個重要的動作，可以幫助確認深蹲的深度，也可以做低點暫停的訓練。而在單腳蹲當中，我們把在最低點可以坐到箱子的單腳蹲稱為坐箱單腳蹲。

　　之所以選擇可以坐箱子的版本當作檢測的範例，是因為對絕大多數的初學者來說，沒有箱子的單腳蹲難度相當高，而且有箱子的單腳蹲已經可以檢測到我們想要檢測的關節功能，若透過一段時間的訓練，訓練者有能力做到不需要箱子的單腳蹲，檢測的原則和關注的重點仍然是一樣的。

　　坐箱單腳蹲的最高點姿勢，是單腳站立於箱子前方，箱子的高度設定在坐下時髖關節略低於膝關節，沒有著地的一隻腳向前微微抬起，沒有特殊的動作，只要不著地即可。負重的方式可以使用酒杯式負重，也可以使用雙手提啞鈴、前蹲舉或背蹲舉的負重方式。不管是使用哪一種方式，最高點姿勢都是單腳站立且維持中立脊椎姿勢。身體的重心會擺放在著地腳的腳掌心，所以著地的腳會站在軀幹的正下方，這會讓著地腳其實是微微偏斜向內的，但這只是重心位置造成，並不是問題。

下蹲的時候，保持中立脊椎姿勢，推髖關節向後，保持骨盆中立姿勢，不前翻或後翻，也不會傾斜或旋轉，緊接著屈膝下蹲，直到蹲坐到箱子上。在箱子上可以稍作停留，然後用靜態啟動的方式，依循著下蹲的姿勢反方向站起，回到最高點位置。如果不用靜態啟動的方式，也可以在臀部接觸箱子的那一刻，就開始往反方向站起。

　　靜態啟動和非靜態啟動的差異在於，靜態啟動的過程中，臀部有真的坐在箱子上，有一部分的體重受到箱子的支撐，下肢的用力程度會暫時降低，要再次站起來的時候，必須重新啟動力量，而非靜態啟動的方式，則不會有放鬆再重新用力的過程，相對來講比較簡單。以上是坐箱單腳蹲的動作流程，接下來討論坐箱單腳蹲可能發生的局部動作缺失和代償性動作缺失。

局部動作缺失

　　肩關節：坐箱單腳蹲可以使用酒杯式負重、雙手提啞鈴、前蹲舉架槓姿勢、背後的高槓式或背後的低槓式。而肩關節的活動度需求也會因為負重方式的不同而有所差異。如果是使用酒杯式負重和雙手提啞鈴，大概不會有太多肩關節活動度的需求，如果是使用前蹲舉架槓姿勢，肩關節活動度不足時會出現槓鈴無法放置於前三角肌平台的現象。如果使用背後的低槓式，當肩關節活動度不足時，可能會出現無法背槓的問題。若肩關節活動度的缺失不太嚴重的話，可能可以使用高槓式。

　　肩胛骨：跟肩關節部分的論述一樣，肩胛骨穩定性的需求，依照不同的負重姿勢會有所不同。酒杯式負重和雙手提啞鈴時，如果肩關節穩定性不足，有可能會讓肩膀前引，外觀會出現圓肩的姿勢。如果使用的是前蹲舉架槓姿勢，不穩的肩胛骨同樣會出現肩膀前引的現象。如果使用的是背後的高槓式或背後的低槓式，如果肩胛骨無法往人體中線靠攏，可能會出現背槓困難的現象。

　　胸椎：胸椎可能會出現過挺胸或駝背的姿勢。

　　腰椎：腰椎穩定性不足時，會無法維持核心桶狀結構，可能會出現彎腰或是過挺腰的姿勢，彎腰時肋骨會靠近骨盆，但下背會呈現拉長的狀態，過挺腰時則剛好相反，肋骨會遠離骨盆，下背會呈現擠壓的狀態。

髖關節：髖關節活動度不足時，可能會發生尚未蹲到箱子的高度髖關節就已經鎖住，當髖關節穩定性不足，也可能會發生骨盆歪斜、旋轉、前翻或後翻的現象。值得注意的是，單腳蹲的髖關節外展角度的選擇範圍比雙腳蹲小，有些人可能只能蹲到大腿略高於水平線的高度。

膝關節：膝關節穩定性不足的時候，可能會發生膝關節搖晃或者是內夾。

踝關節：坐箱單腳蹲的的踝關節活動度需求並不大，所以通常不會發生活動度不足的問題，如果踝關節活動度不足，可能發生踮腳尖或腳尖外轉的現象。

足弓：足弓穩定性不足的時候可能會發生足弓塌陷腳踝外翻的現象。

代償性動作缺失

我們仍然用舉例的方式來說明坐箱單腳蹲動作當中可能出現的代償性動作缺失，假設有位訓練者足弓穩定性不足，導致在單腳站立的時候，足弓就已經有塌陷的現象，造成腳踝的搖晃，而腳踝的搖晃又影響了膝關節的穩定性，不穩的膝關節讓髖關節想要幫忙提供一點穩定性，結果反而鎖住了下蹲的活動度。當髖關節活動度不足但又想要往下蹲的時候，身體可能會放棄一些腰椎穩定性，用彎腰的方式幫助自己降低姿勢，但不穩的腰椎變成影響髖關節活動度的另一個原因，髖關節在屈髖的方向被鎖得更緊，此時若執意下蹲，髖關節可能會朝向別的方向去下降，在坐箱單腳蹲中常見的方式，是使用骨盆歪斜的方式尋找下降空間，至此已經有夠多動作缺失同時發生，可能直接導致整個單腳蹲的動作失敗。

核心穩定性也關係到力量的輸出，我們可以用另外一個例子來說明，假設有人從高點下蹲到坐在箱子上，過程還算順利，但是等到再次想用單腳站起來的時候，因為沒有做好核心呼吸法，腹腔內壓不足，導致腰椎穩定性不足，腰椎穩定性不足直接違背了「中軸穩定，四肢發力」的人體發力原則，以至於雖然外觀姿勢正確，但是下肢像熄了火一樣，沒有力氣站起來。如果重新做一次呼吸法，用更強硬的方式憋氣，可能就會發現下肢力量重新被啟動，順利站了起來。

坐箱單腳蹲的檢測示範

坐箱單腳蹲的高點姿勢。

坐箱單腳蹲的低點姿勢。

常見的動作缺失

髖關節穩定性不足，可能會出現向內或向外旋轉的現象。

髖關節穩定性不足的時候，可能會發生骨盆歪斜的現象。

駝背的坐箱單腳蹲。

項目 13　伏地挺身

動作說明

　　伏地挺身是上肢水平推的代表動作，可以在維持中立脊椎姿勢的情況下，檢測上肢水平推功能，很多人會覺得，自由重量領域裡上肢水平推的代表動作是臥推，為什麼不拿臥推來當作說明動作控制原則的範例呢？當然，臥推本身也有很重要的動作控制原則以及發力技巧，我們對於臥推的動作品質當然也會有一定的要求，但是當我們試著要選一個範例來討論上肢水平推的動作控制相關議題的時候，我們仍然會選擇伏地挺身。

　　這背後的原因有幾個，首先，伏地挺身是一個非常原始的人體自然動作，人從俯臥姿勢用雙手把自己推起來，這個動作再自然不過，臥推雖然跟伏地挺身有著相同的用力方向，但臥推其實是一個仰臥在特定高度的板凳上用力的方式，在臥推當中如何製造穩定性（例如下肢如何推地、如何挺胸夾背、需要拱腰到什麼程度、以及如何使用扭槓技巧等等），以及如何發力（例如如何藉由腿推力提高雙手推力以及如何夾背上推等），其實都是因為場地器材所衍生出的技巧。這並不表示臥推就是一個完全脫離現實的動作，臥推要推得重，仍然必須善用人體發力原理，「穩定性換得力量」的原則完全沒變。但是，板凳的存在畢竟改變了中軸的姿勢，讓臥推可以使用不中立的脊椎發力，如果我們想要尋找一個脊椎中立、沒有額外依託的「中軸穩定，四肢發力」的上肢水平推範例，那麼伏地挺身還是一個比較符合的選項。

　　除了脊椎姿勢之外，伏地挺身跟臥推有另外一個更大的差別，那就是肩胛骨所扮演的角色。伏地挺身上肢的基底是伏在地上的雙手，也就是說大部分的體重（大

約70%左右）的重量從上往下透過手掌壓在地面上。臥推則是相反，臥推上肢的基底是肩胛骨，也就是說槓鈴所有的重量經過手臂，最終透過肩胛骨壓在板凳上。這樣相反的基底結構造成了肩胛骨截然不同的運用方式，伏地挺身的基底是雙手，所以肩胛骨會配合肱骨的移動，在人體的背面貼背滑動。但是在臥推的姿勢結構裡，承載槓鈴最低點的骨骼結構是肩胛骨，所以對於臥推來說，肩胛骨就像深蹲的腳一樣，是負重的基底，根據「近端穩定，遠端發力」的原則，深蹲的腳要盡可能站穩地面，用盡各種可能的方法提高穩定性，而臥推的肩胛骨也是如此。

所以，如果是以提高最高支撐力為目標，臥推的過程中應將肩胛骨固定，而固定的方式是藉由「挺胸夾背、推地夾臀」的方式，將肩胛骨固定在身體中線位置，關於臥推的大重量訓練技術，可參考《怪獸訓練肌力及體能訓練手冊》（這裡值得一提的是，臥推因應不同的目標有很多不同的版本，有些人的臥推並不是以推起最大重量為目的，而是以盡量展開胸肌為目的，此時依循的動作路徑可能會有所不同）。

總而言之，伏地挺身可以在維持中立脊椎姿勢的情況下，檢測肩胛骨的動態穩定功能，這兩個條件是臥推所不具備的，所以我們選擇用伏地挺身當作討論上肢水平推的範例。我們需要再強調一次，這並不減損任何臥推的功能性和價值，臥推仍然是一個需要高度動作品質和技巧的肌力訓練，對於日常生活和競技運動都有非常大的幫助，釐清這些觀念之後，讓我們來討論一下伏地挺身的動作流程。

伏地挺身的起始姿勢跟之前討論過的俯臥直臂支撐基準線檢測一樣，是一個直體俯臥的中立脊椎姿勢，從肩膀到腳打直成一直線，如果有水管可以貼背檢測，會呈現頭、肩、臀三點共線的姿勢，下背跟水管的距離大約一個自己的手掌厚度，水管下端的延伸線會對齊腳跟後緣的連線中點，雙手則是以直臂的方式支撐在地面，大約在肩膀正下方附近或偏外側。

雙手支撐在地面的時候為了要幫後續的推動做準備，雙手必須要有一些製造穩定性的技巧，深蹲的過程中，製造下肢穩定性的方法是「扭地夾臀」，伏地挺身的做法也類似，我們可以稱之為「扭地夾肘」，所謂的「扭地夾肘」指的是當雙手壓緊地面的時候會對地面施展一個扭轉向外的力道，這個力道讓手肘略為往靠近身體的方向旋轉，但就跟深蹲的「扭地夾臀」一樣，這是一個力道，而不是一個持續進行的動作，也就是說當「扭地夾肘」的力道已經達到足以產生穩定性的時候，就不要再一直扭下去，實際上伏地挺身的上肢動作路徑都是一樣的，並不會因為「扭地夾肘」而導致一個把手肘用力扭轉到向內碰到身體的動作。

手臂的「扭地夾肘」動作，完成時，肩胛骨應該處於一個有些外展的姿勢，從背後看來既不聳肩也不拱背，肩胛骨像是平貼在背後一樣支撐著肩關節。除此之外，肩膀也應該朝向遠離耳朵的方向收攏，不要產生聳肩的現象。

高點姿勢都已經確立了之後，就可以開始進入到下行的階段，伏地挺身下行的階段肩胛骨會做內收的動作，同時彎曲手臂，讓身體下降，彎曲手臂的過程必須持續保持「扭地夾肘」的力道，不要讓手肘向外搖晃，伏地挺身的最低點姿勢，可以讓胸口盡量接近地面，即使碰地，只要不是變成趴在地上休息，也不會影響訓練效果。到達最低點之後，就可以依循原來的路徑反方向回到最高點，過程中全程保持中立脊椎的直體姿勢。以上就是伏地挺身的動作流程，接下來討論伏地挺身容易發生的局部動作缺失以及代償性動作缺失。

局部動作缺失

肩關節：肩關節活動度不足時，會影響伏地挺身的深度，可能會在胸口尚未接近地面之前就停止。

肩胛骨：肩胛穩定性不足的時候，可能會發生包含翼狀肩胛、聳肩、無法順利外展或內收、固定不動或是左右失衡等現象。翼狀肩胛指的是肩胛的內緣不正常的抬起，在兩個肩胛骨中間形成了類似山谷的凹陷，聳肩指的是肩胛骨被往頭部的方向拉，外展和內收失靈指的是該向外向內移動的時候無法充分移動，固定不動指的是無論手臂怎麼動，肩胛骨就是留在原地不動，而左右失衡泛指任何左右不對稱的動作，伏地挺身是一個兩側完全對稱的動作，只要出現左右不對稱，都有必要進一步觀察。

胸椎：胸椎活動度不足的時候，可能會僵直在駝背或是過挺背的姿勢。

腰椎：腰椎穩定性不足的時候，可能會出現腰部下墜（腰椎過度伸展）或是彎腰（腰椎前傾）的現象。

髖關節：由於伏地挺身過程中髖關節沒有動作，所以髖關節不容易出現活動度不足的問題。髖關節如果穩定性不足的話，可能會出現無法將髖關節固定在直體姿勢的現象。

膝關節：膝關節穩定性不足的話，可能會發生不自主的彎曲膝蓋的情形。

踝關節：伏地挺身過程中並不需要踝關節做出動作，所以踝關節活動度通常不是問題。

足弓：足弓穩定性不足的時候可能會出現「鬆軟的」、歪歪倒倒的腳部姿勢。

腳趾：腳趾活動度不足的時候，可能會無法做出腳趾伸展著地的姿勢，以至於出現往外或往內偏斜的腳部姿勢。

代償性動作缺失

伏地挺身是一個非常典型的「中軸穩定，四肢發力」動作，也就是說當中軸穩定性不足的時候，伏地挺身會非常明顯的失去力量。舉例來說，某位訓練者缺乏足夠的核心穩定性，在伏地挺身高點姿勢的時候，就已經呈現無法保持中立脊椎、腰椎往前凸、骨盆往前翻的姿勢，在這樣核心穩定性不足的情況下，讓他試著開始彎曲手臂讓身體下降的時候，會發現胸椎和肩關節都變得無比僵硬，胸椎藉由縮成彎曲駝背的姿勢來試著幫忙彌補腰椎所不足的穩定性，變形的胸椎影響了肩胛骨的正常活動，讓肩胛骨無法往中間靠攏，但是卻可以往上跑，於是出現聳肩的動作。

肩胛骨無法在對的位置輔助肩關節，而肩關節被肩胛骨卡在不對的位置，也等於被限制了活動度，肩關節雖然受限，但人還是有意識地想往下降，此時可能會以把手肘往外開的方式降低身體，因此手肘的姿勢從原本的「扭地夾肘」變成往外開的手肘。

所以，伏地挺身其實是很好的核心檢測，可以順暢又連續的一下一下做著伏地挺身，其實顯示在這個姿勢裡，身體有足夠的核心穩定性，才可以讓上肢順暢的發揮力量。

伏地挺身的檢測示範

伏地挺身的高點姿勢。

伏地挺身的低點姿勢。

常見的動作缺失

聳肩的伏地挺身。

胸椎活動度不足的時候,可能會僵直在駝背的姿勢。

過度挺腰的伏地挺身。

屈膝屈髖的伏地挺身。

左右失衡的伏地挺身。

項目14 反式划船

動作說明

反式划船像是一個顛倒的伏地挺身，一樣用全身打直保持中立脊椎的姿勢，檢測上肢水平拉的動作。反式划船的動作很簡單，但需要一點場地設備，找一個高度適當的單槓，大約跟訓練者自己的腹部同高，如果沒有單槓，在健身房裡最方便的選項就是把蹲舉架的掛勾調到腹部高度，然後再擺上一支槓鈴，另外再找一張臥推用的板凳，放在蹲舉架附近，跟槓鈴平行，反式划船所需的場地就大致就位。

反式划船的準備姿勢是以雙手打直的方式，仰臥懸吊於單槓下，身體打平與地面平行，並且將腳後跟置於板凳上。此時應保持中立脊椎姿勢，雖然這個姿勢不容易做人體基準線檢測，但假設有一支水管貼在人的背後，則仍然應該會出現頭、肩、臀三點共線的現象。這就是反式划船的最低點，也是動作的起點。

動作開始時，保持中立脊椎，然後用手和背肌的力量將自己拉到胸口，大約心窩位置碰到單槓，在整個過程當中全身應該要保持直立姿勢，脊椎保持中立。下降過程依循著上升過程的相同路徑，下降回起點位置。

反式划船動作過程當中有幾個注意事項，首先在整個動作過程當中必須維持中立脊椎，也就是這個特色跟伏地挺身非常相似，只不過方向相反，可以說伏地挺身檢測了核心抗伸展的穩定性，而反式划船檢測了核心抗彎曲的穩定性。

跟其他所有手臂需要用力的動作一樣，反式划船上拉的過程當中要避免聳肩，

如果出現無法控制的聳肩現象，可能顯示有上斜方肌主導的問題。上拉的最終點是拉到胸口大約心窩的位置碰到單槓，一個常見的問題是很多人可以拉到胸口距離槓鈴剩5公分左右的位置，但卻無法碰到槓鈴，這通常顯示了收肩胛肌群的力量不足，因為在上升的過程中，絕大多數的行程可以靠背肌和手臂的力量完成，但是最後胸口貼到單槓的那幾公分，需要靠收肩胛肌群的肌力來完成，胸口貼到槓需要肩胛骨完全的內收和下壓，這需要菱形肌、中斜方肌、下斜方肌和闊背肌的共同努力，而這些肌群，可能是很多人訓練的死角。

以上是反式划船的動作流程和相關的討論，接下來討論關於反式划船過程中可能出現的局部動作缺失和代償性動作缺失。

局部動作缺失

肩關節：肩關節活動度不足會限制上拉的幅度，可能會導致胸口無法碰到單槓。

肩胛骨：肩胛骨如果沒有足夠的力量內收且下壓到底，也會導致胸口無法碰到單槓。

胸椎：胸椎如果活動度不足，可能會出現固定在彎曲姿勢的問題。

腰椎：腰椎如果穩定性不足，可能會出現骨盆前翻、後翻、彎腰或是過挺腰的問題。

髖關節：在反式划船動作過程中，因為髖關節全程打直，所以不容易出現髖關節活動度不足的問題。如果髖關節的穩定性不足，則可能會出現屈髖和臀部降低的問題。

膝關節、踝關節和足弓：在反式划船過程中通常不易出現缺失。

代償性動作缺失

以下仍然用舉例的方式，說明反式划船常見的代償性動作缺失。反式划船最顯著的缺失大概就是拉不起來，如此簡單，但其實在訓練者真的拉不起來之前，早就有很多跡象可循，第一個最明顯的是軀幹無法打直，就跟伏地挺身一樣，在最高點身體就「彎掉」無法打直的人，通常可能連完成一次伏地挺身都有困難，反式划船也是如此，在雙手打直的低點懸吊姿勢裡，如果用盡力氣仍然無法把身體打成一直線的人，通常也可能一下都拉不上去，這背後的道理很簡單，就是「中軸穩定，四肢發力」而已。缺乏中軸穩定性會讓手臂和雙腳能夠動用的力量減低，所以當訓練者無法保持低點的直體姿勢時，中軸穩定性已經不佳，四肢發力很難不受影響。

有些訓練者在上拉的過程中會出現駝背，這種情形常常是因為水平拉力和收肩胛肌力不足，身體為了想要更靠近單槓，所以試著彎背讓胸口貼近單槓，但這通常是無效的，因為人在槓的下方時，彎曲胸椎雖然讓頭更靠近單槓，但胸部反而可能變得更遠。

此外，胸口無法碰槓時，可能出現挺腹向上的姿勢，這是另一種身體想要感覺離槓更近的不自主現象，向上挺腹可能造成骨盆前翻，肋骨與骨盆遠離，降低核心穩定性，又進一步影響手部和背部的肌力。

反式划船的檢測示範

反式划船的低點姿勢。

反式划船的高點姿勢。

常見的動作缺失

髖關節的穩定性不足,則可能會出現屈髖和臀部降低的問題。

力量不足、肩關節活動度不足,或是肩胛骨無法內收到底,會限制上拉的幅度,可能會導致胸口無法碰到單槓。

聳肩的動作可能來自於上斜方肌主導現象。

項目 15　肩推

動作說明

　　肩推是垂直推的代表動作，前面也曾經說明過，因為垂直拉的代表動作是引體向上，而引體向上用來做檢測有難度過高的可能，又因為垂直推跟垂直拉的路徑十分相似，所以就以肩推做為檢測上肢垂直方向推拉動作品質的範例。

　　相較於前面的幾項檢測，肩推的檢測稍微特殊了一些，因為它檢測了兩個動作路徑：頸前肩推和頸後肩推。頸前肩推是最常見的肩推，也是一般簡稱為肩推的版本，槓鈴從頸部前方下巴以下的位置往上推到後腦正上方。頸後肩推則是從頸後位置出發，全程在後腦正上方的空間上下移動的肩推版本。

　　值得一提的是，頸後肩推有著不少的負面名聲，有些人視之為危險動作，避之唯恐不及。所以在我們進一步討論動作之前，先來釐清一下頸後肩推的一些相關資訊。頸後肩推過去之所以會有許多負面名聲，是因為許多人缺乏頸後肩推所需的關節活動度和穩定性，換言之，我們可以說他是一個條件比較高的動作，但我們不會說他是一個就算做得到也不該做的動作，而且探討頸後肩推的動作控制相關議題，目的不是鼓勵控制力不佳的人拿起大重量亂練，而是要釐清一個人是否具備做這個動作的動作控制能力，而也因為這個動作的活動度和穩定性要求較高，所以如果能夠通過檢測，也表示人體的動作控制力不差。而就跟所有其他動作一樣，如果檢查結果發現活動度和穩定性不健全，甚至還存在著代償動作的時候，是不適合負重訓練的，這個原則對任何動作來說都是如此。以下開始討論這兩種肩推的動作流程和相關注意事項。

頸前肩推

先從頸前肩推開始，動作開始之前要先學會取槓，取槓前的姿勢是一個中立脊椎的直立站姿，槓鈴位於蹲舉架的掛勾上，大約頸部高度的位置。取槓時握槓的方式有一些注意事項，若要製造最穩定的負重姿勢，應讓槓鈴位於手腕的正上方，且手肘位於手腕的正下方，但要做到這一點，多數人憑直覺去握槓的方式不一定能夠達到效果。

根據我們的教學經驗，許多人在初次拿槓鈴做這個動作的時候，會直接用兩手的掌心去握槓，這種方式有可能會產生一種問題，就是手腕可能會被槓鈴的重量壓得往後翻，這會對手腕產生比較大的壓力，同時槓鈴的正下方也不再是手腕，而是懸空的。要把手腕維持在槓鈴正下方，刻意將手腕翻正可能是一個做法，但是因為這個自己翻正的手腕穩定性並不高，隨著肩推重量加重的過程，可能又會翻回去。所以，一個可以克服翻手腕的做法是「斜握轉正」，也就是在握槓的時候，先讓手掌底部外側的位置先頂住槓，此時前臂跟槓鈴會呈現一個大約45度的斜角，因此稱為斜握。在斜握的角度用手握緊槓鈴不放，然後把手肘扭轉到手腕的正下方，如此就會做出一個槓鈴在手腕的正上方而手肘在手腕的正下方的負重姿勢，這部分就是所謂的「轉正」。

用「斜握轉正」的方式抓緊槓鈴之後，握槓的雙臂會有一個持續的張力，好似要把槓鈴的兩端往身體前方折彎一樣，當然槓鈴是剛性的，不會被折彎，但這個持續的張力就像是深蹲的「扭地夾臀」，製造了關節的穩定性，在頸前肩推裡，我們稱之為「扭槓夾肘」。握好槓鈴之後，就可以藉由腳的力量把槓鈴推起，然後從掛勾上取出來，進入動作前的準備姿勢。

動作前的準備姿勢是一個脊椎保持中立姿勢的站姿，槓鈴位於下巴下方靠近頸部位置，槓鈴正下方是手腕，手腕正下方是手肘，從側面看，手肘的尖端會向前微微超過槓鈴的正下方。這個姿勢很重要，因為如果手肘沒有在槓鈴下方「承載」著槓鈴的重量，那麼槓鈴的穩定性將會大幅降低，這會限制訓練可用的重量。

接下來的下一步就是把槓鈴往上推，槓鈴的最低點位置是下巴下方，最高點位置是後腦正上方，槓鈴最佳的移動路徑是一直線，這讓頭部變成一個擋路的東西，而需要讓路。為了讓頭部讓開，同時又不影響中立脊椎姿勢，所以頭部往後移的動作不宜發生在頸椎、胸椎、腰椎，用移動頸椎、胸椎或腰椎的方法雖然也蠻常見

的，但是這些都有降低核心穩定性的風險，所以我們建議用「推髖向前」的方式讓軀幹往後仰，當軀幹往後仰的時候，下巴就讓出了路徑，槓鈴就可以直直往上推，一旦槓鈴超過頭部，軀幹就可以回到原位，這個推髖向前又向後、軀幹後仰又回位的過程，可以製造一些反彈力，利用後仰回彈的時候出手，可以讓軀幹回彈的力量變成手臂上推的助力，變成一種動態啟動，若刻意不借回彈的力量，僅在後仰到下巴不擋路的時候就穩住，然後用手力直直向上推舉，就變成靜態啟動，兩種方法都是可以使用的。

槓鈴上推到底的位置是後腦正上方，當雙手已經完全打直的時候，就已經達到動作的最高點，此時會呈現一個直臂聳肩的姿勢，這是少數聳肩不是問題的動作，因為肩推是垂直推，這跟伏地挺身和反式划船的手臂方向不同，此外，肩推是一路往上推，跟過頭蹲的支撐姿勢也不同，所以聳肩在這裡是被允許的。

槓鈴下降的路徑跟上升相同，所以軀幹要藉由推髖向前的過程再度後仰一次，讓槓鈴回到下巴下方的頸前位置，整個動作過程中，槓鈴都是對齊腳掌心正上方的，這就是頸前肩推。

頸後肩推

接下來討論頸後肩推，頸後肩推的起點是槓鈴位在頸後附近，有不同的起槓方式，如果肩關節活動度充足，可以用背蹲舉（通常是高槓式）的方式先將槓鈴從掛勾取出，接著從高槓位置將槓鈴推起，這個方式需要的肩關節活動度比較高。

另一種方式是先從頸前肩推姿勢取槓，然後上推到後腦正上方後，再循著後腦下方的垂直路徑，將槓鈴下降到剛好略低於耳垂的位置，就可以反向推回高點姿勢。這樣的好處是可以不必把槓鈴放回高槓式，省了一小段距離，不過對於肩關節活動度健全的人來說，其實要放回高槓位也不是難事。「槓鈴剛好略低於耳垂」這個建議，是在訓練上有鑒於大量的訓練者不具備足夠的活動度，因此選了一個訓練效果近似但活動度需求降低的替代方案。

前面提到過，頸後肩推的動作門檻比較高，這是因為，很多人不具備這個動作所需的活動度或穩定性，槓鈴在頸後移動時，肩關節需要外展與外旋，活動度不足的人可能會把槓鈴拿得太偏前方，導致槓鈴不在後腦正上方，而是在頭頂，這是相

當危險的位置，槓鈴下行的過程可能會敲到自己的頭，而很多肩關節活動度不足的人，會用往前低頭的方式避免打到自己，結果造成更糟的姿勢結構。

檢測時，頸前肩推和頸後肩推這兩個動作也可以連著做，也就是從頸前開始，推到後腦正上方之後，就改變手肘方向，從頸前肩推的手肘向前，改成頸後肩推的手肘向外，然後沿著後腦正上方把槓鈴往下降，直到槓鈴剛好低於耳垂。接著又可以推回後腦正上方，然後再使用推髖技術把身體往後傾斜，接著把手肘方向換回朝前的方向，讓槓鈴下降回到頸前位置。

以上是頸前肩推和頸後肩推的動作流程和相關說明，接下來討論這兩個動作可能出現的局部動作缺失和代償性動作缺失。

局部動作缺失

肩關節：肩關節活動度不足時，在頸前肩推的低點會很難同時做到槓鈴在下巴下方，同時手肘在手腕和槓鈴下方，常見的現象是只能擇一，槓鈴在下巴下方，手肘就會後退，手肘向前推出，槓鈴就會移到下巴前方。肩關節活動度不足也會影響高點姿勢，通常會無法推到後腦正上方，只能推到較偏前方的位置。肩關節活動度不足也會無法讓槓鈴下降到後腦耳垂下方，讓頸後肩推變得困難。

肩胛骨：肩胛骨穩定性不足時，頸前肩推低點動作會出現圓肩，在高點動作和頸後肩推過程可能會出現翼狀肩。

胸椎：胸椎活動度不足，可能會出現駝背的姿勢。

腰椎：腰椎穩定性不足，可能會出現向前彎腰或者是過度挺腰的姿勢。向前彎腰的姿勢，容易出現在頸後肩推，過度挺腰的姿勢比較容易出現在頸前肩推。

髖關節：肩推動作裡髖關節活動度的需求並不大，所以不容易發生活動度不足的情形。髖關節穩定性不足，可能在頸前肩推的「推髖」動作出現過度後仰。

膝關節：膝關節穩定性不足，容易出現屈膝的肩推。

踝關節、足弓：這些部位的活動度和穩定性在肩推的動作過程中都不容易出現缺失。

代償性動作缺失

以下用舉例的方式，說明代償性的動作缺失出現的一些可能的機制。假設有一位訓練者腰椎穩定性不足，不穩定的腰椎可能會導致胸椎鎖定在僵硬的姿勢，例如過度前彎的姿勢，過度前彎的胸椎限制了肩胛骨的移動空間，所以在做頸後肩推的時候，可能因為無法將肩胛骨內收，以至於肩關節活動度受限。受限的肩關節活動度讓手臂無法外展，因此在頸後肩推的低點動作就出現槓鈴壓頭的現象，頭部為了閃避槓鈴，只好更向前低頭，更低的頭牽動了胸椎向前，也帶動了腰椎彎腰向前，結果造成了一個脊椎不中立、槓鈴軌跡也不對的超危險頸後肩推。

再舉另外一例，假設有訓練者的肩關節活動度不足，在做頸前肩推的時候，無法同時做到槓鈴低於下巴，且手肘位於手腕和槓鈴正下方。若致力於將手肘推到槓鈴正下方，就會頂到下巴，為了避免頂到下巴，頭部不自覺得往後仰，後仰的頭部使軀幹往後傾，造成不穩定的腰椎，結果在負重訓練的過程中，每做一次動作，腰椎就前傾後仰一次，連續做了多次肩推之後，腰部開始感到不適。

肩推的檢測示範

頸前肩推的低點姿勢。

推髖向前的動作。

頸前肩推的高點姿勢。

頸後肩推的低點姿勢。

頸後肩推的高點姿勢。

常見的動作缺失

腰椎穩定性不足,造成過度挺腰。

屈膝的肩推姿勢。

肩關節活動度不足時,在頸前肩推的低點會很難同時做到槓鈴在下巴下方,同時手肘在手腕和槓鈴下方,常見的現象是只能擇一。

駝背的頸後肩推。

肩關節活動度不足也會無法讓槓鈴下降到後腦耳垂下方。

左右失衡的肩推姿勢。

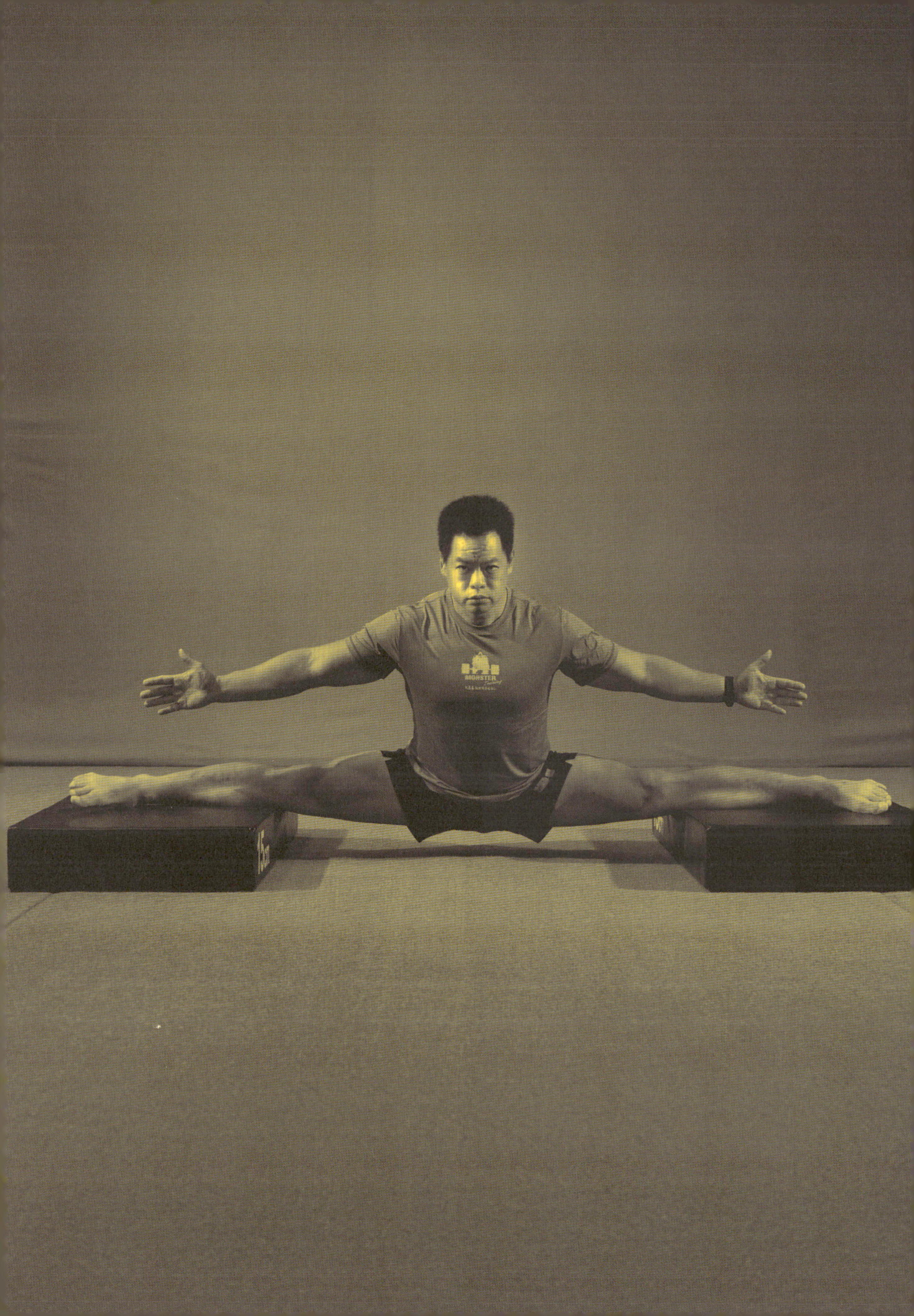
MONSTER
15cm

PART 3

恢復動作品質

CHAPTER 8

恢復動作品質的兩大重要觀點

　　前面談到了關於動作控制的觀念以及技術，並且說明了各種動作缺失的可能性，接下來要來探討最後一個議題，大概也是最重要的一個議題，那就是如何恢復動作品質。而就跟許多議題一樣，實務界對於如何修復動作品質也一直有不同觀點。在介紹我們處理這些問題的方法之前，以下先從兩種常見有點對立的觀點，說明動作可以怎樣被修復，以及他們的優點和局限。這兩種觀點是「直接練習」觀點以及「非肌力訓練的動作矯正」觀點。

觀點 1　直接練習法

「直接練習」的觀點常見於傳統肌力訓練的場域，這些訓練者通常以提升肌力或提升肌肉量為訓練目標，而當他們發現動作品質有問題的時候，一個常見的做法是，把重量減輕到動作品質尚可接受的程度，可能只是輕一點，也可能是非常輕，然後在這個重量慢慢訓練。經過一段時間的訓練後，動作控制力會提高，而支撐動作控制力的活動度和穩定性也都各自有所進步，接著就可以把重量慢慢加回來，如果順利的話，可以維持好的動作品質一路練上去，直到追上之前的重量水準。

這樣的訓練方式看似平淡無奇，在這個資訊爆炸、言必稱研究的年代，「傳統」兩個字幾乎被視為帶有某種負面意義的詞，這種「退重量慢慢練」的做法，簡單到令人不敢相信這會有效，但偏偏它是真的有效。我們可以從許多傳統的重量訓練技術教學裡，看到非常多活動度和穩定性隨著反覆單調的操作逐漸提高的例子。例如舉重和健力訓練，許多傳統訓練者的課表都包含了「海量」的輕重量技術訓練，尤其是技術複雜度較高的舉重，很多訓練者在初期可能有一些關節過緊、姿勢不穩或是動作不協調的地方，在海量的重複訓練後，動作都逐漸穩定，而且即使沒有特別針對特定關節的活動度或穩定性進行處理，這些問題似乎都在不知道為什麼的情況下不藥而癒，這樣的現象在其他運動項目的例子也比比皆是。

在肌力訓練領域裡其實我們也常看到這種現象，例如剛開始做深蹲、分腿蹲或是單腳蹲的人，可能出現姿勢搖搖晃晃、歪歪倒倒，然後又蹲不下去的情況，在傳統的教學裡，可能就會叫他徒手或是小重量練一陣子，即使不進行任何矯正訓練，動作也可能越來越好。甚至可能在這過程當中還增加了一些肌力，活動度和穩定性也都逐漸建立。你可能會問，如果傳統訓練這麼有效的話，那麼為什麼還需要後來的動作控制技術呢？沒錯，上述的「直接訓練法」雖然有效，但是卻也有很明顯的局限，那就是直接訓練法通常只對「不太糟糕」的動作有效，假設一位訓練者的動

作雖然明顯不佳，但那是基於對動作的不熟悉，而且雖然有關節活動度和穩定性的缺失，但程度並不嚴重，所以可以維持在基本安全的範圍裡慢慢探索，而隨著練習次數的增加，神經系統對於身體各部位的肌肉控制力越來越好，動作穩定性也越來越高，再加上大量的輕重量訓練等於是一個負重動態伸展的過程，這也讓關節活動度被逐漸打開，所以才會出現「多訓練，多進步」的現象。

但如果初期的動作控制力非常糟，關節的活動度很吝嗇，穩定性很節儉，這個時候根本做不出一個可以累積正向回饋的練習動作，多次嘗試都無法建立最基本的一致性，這使得動作學習變得沒有進展，而這還不是更糟的，更糟的可能性是練出一個很熟練的錯誤動作，讓錯誤被定型。

比更糟還糟的是，如果訓練過程中還拿了重量，即使重量不重，也可能造成「對錯誤的動作加壓力」的嚴重錯誤。錯誤的動作裡可能出現多處的代償，代償動作是身體為了解決當下困難的「暫時」「緊急避難」的策略和手段，這表示在代償動作裡會有很多身體組織以不健康的方式承受外力，關節可能走向不對，韌帶可能被不當拉扯，肌肉可能做出超出範圍的工作。這種種的犧牲都是為了換取當下解決問題，這是演化上的求生機制，先度過眼前的難關，活下來再好好養傷。如果把這種動作拿來做重量訓練，等於一再耗損這種緊急避難的機制，就好像一個社會，不建立良好的社會制度，卻整天用處理突發狀況的方式解決生活中的大小問題。

所以，如果我們要總結一下這種「直接練習法」的好處和壞處，為「直接練習法」下一個註腳，我會認為直接練習法是一個在有限範圍內有效的方法，但如果動作缺失太嚴重，直接練習法可能不但無效，而且危險。至於怎樣的動作缺失算是太糟，以至於無法用直接練習法修復呢？這不容易訂出一個標準，一個實際的做法是先確保安全性，如果安全，則可以給一點嘗試，看看身體對練習的反應，如果狀況逐漸改善，表示方法應該是有效的，可以繼續嘗試，如果越弄越複雜，或是越練越糟，那就該考慮其他辦法了。

直接練習法雖然不是萬能，但卻不應該被忽略，在動作控制技術五花八門的年代，加上許多非運動相關的領域技術搶進運動訓練的市場，讓一般民眾甚至是專業人員都感到頭暈目眩，卻忘記其實「練習」是動作控制裡最原始有效的手段，唯有在這個手段已知無效或危險的時候，其他手段的重要性才逐漸提高。

以上是關於直接練習法的討論，接下來進行「非肌力訓練的動作矯正」的討論。

觀點 2　非肌力訓練的動作矯正法

　　所謂的「動作矯正」，指的是恢復動作品質的一些手段，由於矯正這個詞的定義並不清楚，所以必須增加一點說明。這裡的矯正完完全全是一個非醫療的用語，跟醫療體系各個領域講的矯正沒有任何關係。訓練和醫療其實有一個非常明確的界線，那就是受傷與否，針對受傷的問題，毫無疑問需要採取醫療的手段，而在沒受傷的狀況下，想要強化人體，則屬於運動訓練的領域。

　　而所謂的矯正訓練，是來自英文 corrective exercise，直譯應該是矯正運動，但是在我們的習慣裡，一個運動如果有明確的目標，我們比較喜歡用「訓練」這個詞。矯正訓練這個詞，也有廣義和狹義的兩種定義，從廣義的定義來看，任何可以把動作變好的手段都可以叫作「矯正訓練」，舉凡直接練習法、進退階訓練、補強訓練和非肌力訓練的矯正手段（滾壓放鬆、伸展、按摩、姿勢調整和啟動等等），而從最狹義的定義來看，唯有「非肌力訓練的矯正手段」才稱為矯正。

　　會有這樣麻煩的多重定義，是因為矯正這個詞在肌力訓練領域真的是各說各話，兩個專業人士面對面討論矯正訓練，很可能會各說各話好幾個小時，才發現是雞同鴨講，如果用幽默電影的場景，將一群專業人士關在一個房間裡討論矯正訓練，接下來應該會出現面紅耳赤、互相叫罵、拳腳相向、凳倒桌翻和一片狼籍的畫面。為了避免混淆，在本書中的「矯正」一詞，如果沒有特別說明，那就是採取最廣義的「恢復動作品質的手段」為定義，但若要討論滾壓放鬆、伸展、按摩、姿勢調整和啟動等方法時，會使用「非肌力訓練的動作矯正」一詞，以跟「直接訓練法」以及其他訓練方式有所區隔。

　　我必須承認，我對於非肌力訓練的動作矯正法的看法，在過去的十多年有過多次的改變，在2010年前後，非肌力訓練的動作矯正法突然流行了起來，許多手法像

是變魔術一樣令人為之目眩，例如，坐姿體前彎的分數不佳的人，可以在使用網球踩在腳底按摩的幾分鐘後，馬上顯著提高坐姿體前彎的分數，或是深蹲蹲不下去的人，歪著屁股坐在滾筒或按摩球上壓幾下，接著馬上蹲下去了。此外，過頭蹲手臂舉不直的人，拿彈力繩做幾下橫拉，居然就把手舉直了。

現在回想起來，這些魔術當然平淡無奇，但當時的好奇讓我有好一陣子在教學現場大量使用這些東西，有時會成功，有時會失敗，直到過去的五到十年之間，我開始有了新的思考。在分享我的心得之前，先說明一下這些非肌力訓練的動作矯正法的基本邏輯。

非肌力訓練的動作矯正法通常是針對活動度和穩定性的缺失進行矯正，最基本的原則就是「把太緊的放鬆」（打開活動度）和「把太鬆的收緊」（提高穩定性），依循著這個邏輯，就有「伸展」和「啟動」兩大類的訓練方法。所謂的伸展，常見的手法包括滾壓、震動、放鬆、伸展等，使用滾筒、按摩槍、按摩球、徒手按摩以及動態或靜態伸展等。

而所謂的啟動，是來自於英文 activation 的直譯，意思是教不會用力的肌肉用力，這其實是一個不精確的名稱，因為在正常狀況下，肌肉總是存在著某種程度的張力，也就是基礎肌肉張力，基礎肌肉張力連睡覺的時候都沒有歸零，清醒的時候為了維持姿勢，很多部位的基礎肌肉張力其實不低，如果要做動作，基礎肌肉張力可能會繼續提高，簡單來講，一般狀況下肌力幾乎不會有「歸零」的時候，而「啟動」這個詞有從靜到動的意思，但是既然從來不是靜止的，何來的啟動？所以，「啟動」這個詞其實並不精確。名詞雖然不精確，但實際上卻也有其功效，舉例來說，深蹲過程中膝蓋容易內夾的人，可以用彈力帶套住膝蓋，練習髖關節外展的肌力，接著可能就會改善膝蓋內夾的問題。

「伸展」是針對活動度的缺失，目的是把僵硬的關節鬆動開來，「啟動」是針對穩定性的缺失，目的是把不會用力的肌肉喚醒，但實際上很多動作的缺失經常是既有活動度的問題，也有穩定性的問題，而且活動度和穩定性的問題會透過「反射回饋，相鄰代償」的方式互相影響，所以，解構一個錯誤百出的動作，變成一個抽絲剝繭的過程，從哪個問題先下手，也變成一個很務實的問題。過去常見的策略有兩種，一種是「活動度優先」策略，一種是「穩定性優先」策略。

活動度優先策略

所謂的活動度優先策略，指的是先從「確認」參與動作的各個關節都有足夠的活動度開始，偏好這種途徑的實務工作者通常喜歡使用滾筒、按摩槍、按摩球等等工具，以按摩、放鬆或伸展等手法，將出現問題的關節進行一輪放鬆，例如在背蹲舉過程中發現肩關節和髖關節活動度不足，就暫停深蹲，進行肩關節和髖關節的滾壓按摩放鬆以及靜態伸展，讓肩關節和髖關節的活動度都顯著提升之後，再回到深蹲的訓練。

有些實務工作者會更進一步，用「預防勝於治療」的概念，在訓練之前就進行全身性的伸展，讓所有關節都先提高活動度，這樣就不會有任何一個關節不具備訓練動作所需的活動度了。常見的活動度準備運動如下：

- 踝關節：足背屈伸展，踝關節繞環。

- 髖關節：髖關節滾壓放鬆、多方向髖關節伸展。

- 胸椎：滾筒仰臥胸椎伸展。

- 肩關節：肩關節滾壓放鬆、肩關節靜態伸展。

這種做法其實行之有年，而且應用相當廣泛，很多人可能都記得，小時候上體育課之前，要先做一系列的熱身操，其中就包含了肩關節、髖關節、踝關節甚至腰椎的伸展運動（如今我們知道，腰椎其實不是一個需要刻意伸展的身體部位，一點點活動以喚醒腰椎周邊組織是可以的，但除了少數需要大幅度彎曲或轉動腰椎的競技運動員之外，大多數人不需要以提高腰椎活動度為目標進行伸展）。這種熱身運動的思維，其實就包含了活動度優先的觀念在裡面。

這種方法是否有效呢？答案是，看情形，有些時候有效，有些時候沒效。

為什麼這樣的做法也有些時候不管用呢？我們可以從以下幾個角度來探討。首先，滾筒放鬆、按摩槍和伸展運動打開活動度的機制，或多或少跟降低神經系統徵召有關，降低的程度依照放鬆伸展的程度而有所不同，適度的放鬆可以剛好得到一個活動度夠用，肌肉徵召又不會降得太低的甜蜜點，但如果放鬆伸展過頭，對於後續的肌力、爆發力甚至耐力訓練，都有可能產生反效果。

過度放鬆和過度伸展並不是最嚴重的問題，一些嘗試錯誤、累積經驗之後，許多人可以拿捏適度的分寸，做到剛剛好夠用的劑量，但又不會過度。比較嚴重的問題是，許多人在放鬆和伸展運動打開的活動度，在開始訓練的時候居然「不見了」，例如，在過頭蹲的時候發現肩關節活動度不足，於是進行肩關節伸展運動，等肩關節活動度在伸展運動中打開了以後，回到過頭蹲又發現肩關節活動度「縮」回去了。

另外，也許多人在動作中發現關節活動度有問題，暫停動作去進行伸展運動時，卻發現活動度是沒有問題的。例如，深蹲的時候發現髖關節太緊蹲不下去，坐在地上幫髖關節做伸展運動時卻又發現髖關節活動度其實並不差，這又是怎麼回事呢？這種活動度一下被鬼偷走，一下又「歸還回來」的現象，到底是什麼原因？

如果您還記得本書前面的論述，其實在前面的篇幅裡已經給過了答案：這種只出現在動作，卻不出現在單一關節的「活動度問題」，其實是「反射回饋，相鄰代償」的機制造成。身體可能有其他地方缺乏穩定性，透過「反射回饋，相鄰代償」的方式，影響了鄰近關節的活動度，而這個關節活動度的缺失，只在特定的動作模式裡出現，當坐或躺在地上伸展時，因為已經沒有穩定性的問題，所以活動度自然又被「歸還」了。

這樣一來，用放鬆伸展手段打開活動度的做法，等於是跟動作中的活動度問題無關的兩件事。

活動度優先的做法如果用到極致就是「全面大放鬆」，也就是把所有關節活動度都用力打鬆的訓練法。例如有些健身者會在訓練前花數十分鐘的時間，先用滾筒把全身各主要肌群仔仔細細的「熨燙」過一遍，過程中若找到特別痠痛的糾結點，就更努力來回按壓，在痛苦又爽快的過程中「打開」這個結。除此之外，還可以用按摩槍在不容易滾壓的部位繼續施工，最後再做一套全身主要關節的靜態放鬆伸展。

這種流程會得到一個相當舒適的感受，同時關節活動度也會大增，這是因為這些流程雖然各自採取不同的機制，造成不同的效果，但是一個共同點就是「神經系統的適應」，無論是利用壓迫型的「痛適應」，還是用伸展型的「張力適應」，最終造成的綜合效果就是讓神經系統放鬆一點，不用維持那麼多肌肉張力，肌肉一旦鬆弛了，各關節的活動度也就變大了（過去有些人認為滾壓式或是震動型的刺激可以破壞筋膜的不當沾黏，但目前所知滾壓和震動所帶來的力道太輕微，遠遠不足以改變筋膜的性質。所以主要效果還是來自肌肉放鬆）。

「全面大放鬆」是一個有效的放鬆手段，身體會有神清氣爽的輕鬆感，這也就是為什麼很多人樂此不疲。但是如果原先的目的是為了矯正動作，而矯正動作的目的是為了進行肌力訓練，則「全面大放鬆」的手段不但無益，可能還會有反效果。

為什麼活動度變好了還會有反效果呢？原因有幾個，首先，回到「反射回饋，相鄰代償」的機制，我們知道很多關節在動作過程中之所以活動度不足，是因為附近有不穩定的關節，不穩定的關節破壞了整個姿勢的穩定性，附近的關節為了降低姿勢的不穩定，反射性的縮減活動度。如果全面大放鬆的效果普通，那麼當回到完整動作訓練的時候，不穩定的關節造成姿勢不穩，鄰近的關節還是可能會限縮活動度，這種「不穩」加上「緊繃」以維持姿勢的做法導致糟糕的動作，一切又回到原點。如果全面大放鬆的效果超好，各個關節都被放得超級鬆，當關節的局部肌力被大幅調降了之後，其實關節的控制力也就跟著大幅降低了。當姿勢出現不穩定的時候，想要徵召鄰近的關節縮減一點活動度，去幫忙貢獻穩定性時，會變得求助無門，附近的關節放太鬆，沒有足夠的控制力，所以反射性的收縮機制停擺，這時候整個姿勢就變成「不穩」加上「不穩」，換句話說，這種「把全身螺絲轉鬆」的手法，可能會直接產生更危險的動作。

另外一個反效果是，如果今天是為了後續的肌力訓練可以有好的動作品質，所以才使用滾壓震動和放鬆伸展的手段，這些手段造成的神經張力降低的效果可能剛好跟肌力訓練的目標背道而馳。肌力訓練是要練習讓肌肉用力，一般的放鬆手段造成神經系統降低肌肉張力的效果可能長達數十分鐘到數小時，也就是說，剛伸展完就做肌力訓練，很可能剛好在肌肉最無力的時候進行訓練，如果今天的訓練課表只是練練動作，並沒有漸進式超負荷的力量目標，那影響可能不大，頂多就是動作比較難控制，但如果目的是提高強度的肌力訓練，那麼前面的那些滾壓震動放鬆伸展手段，幾乎不可能不影響肌力表現，換句話說，這其實是一個「訓練不相容性」的問題。

這裡必須強調，這些現象都在「大幅度」的「全面大放鬆」時才會出現，許多舉重、健力、競技運動的選手或教練也會在訓練前進行某種伸展運動，但是他們要不是有專業引導，不然就是已經經驗豐富，知道伸展到什麼程度剛好是一個「好活動又不會沒力」的伸展甜蜜區，所以可以避開上述的負面效果。

除此之外，滾壓震動和放鬆伸展的手段，如果後面不接著做負重訓練的話，打開的活動度很可能是暫時性的。前面提到，神經系統調降張力造成提高活動度的效

果，大概會持續數十分鐘到數小時，但是隨著神經系統慢慢恢復平時的水準，伸展效果終究會消退。

許多人從經驗上認為伸展本身具有長期效果，因為他們在初期活動度不好的時候，每次訓練前都先做伸展，經過一段時間過後，越來越不需要伸展，到最後幾乎可以直接訓練，這個過程很容易讓人以為是那些滾壓震動、放鬆伸展的手段產生長期的效果，事實上真正的效果來自於肌力訓練過程中，在對抗阻力下「使用」這些活動度。如果單純只做伸展運動，其實沒有那麼好的效果。

以上是活動度優先的做法，就像所有事情一樣，活動度優先的做法有優點也有局限。接下來討論另一個途徑，就是穩定性優先的策略。

穩定性優先策略

剛好跟活動度優先的策略相反，穩定性優先的策略是，既然穩定性不足會「吃掉」相鄰關節的活動度，那麼先提高身體的穩定性，再進行完整動作的訓練，是不是就能避免原本活動度沒有問題的關節突然產生活動度的問題呢？

特別需要說明的是，這裡的穩定性優先策略與前面章節提到的「中軸穩定性優先的檢測方式」並不相同。「中軸穩定性優先的檢測方式」指的是在檢測動作品質時，優先觀察中軸穩定性是否健全，而此處的「穩定性優先策略」指的是在訓練一開始就針對所有關節穩定性的問題進行訓練。

持此看法的實務工作者常在訓練前讓學員做些關節穩定性訓練，常見動作包括：

- 核心穩定性：死蟲式、鳥狗式、仰臥舉腿放腿等
- 肩胛穩定性：彈力帶橫拉
- 髖關節穩定性：單腳橋式、單腳RDL
- 膝關節穩定性：彈力帶環繞膝蓋的深蹲、彈力帶環繞膝蓋的側向移動
- 足部穩定性：單腳平衡

死蟲式

鳥狗式

仰臥舉腿放腿

彈力帶橫拉

單腳橋式

單腳平衡

彈力帶環繞膝蓋的深蹲

這樣的做法是否有效呢？答案仍然是有些時候有效，有些時候沒效。

跟活動度優先的手法一樣，處理完全身各關節的穩定性之後，再回到完整動作時，還是有可能因為附近的關節有活動度的問題，導致本身穩定性沒有問題的關節，為了代償附近關節的活動度，自動放棄了穩定性，去幫忙提供活動度，導致自己出現穩定性的問題。

所以，就跟前面關於活動度的論述一樣，單靠提升所有關節的穩定性，希望在完整動作裡面這些穩定性可以持續

存在，並不是很可靠的做法。「反射回饋，相鄰代償」的機制無處不在，只要身體任何一個關節存在著活動度或穩定性的缺失，相鄰關節的代償機制就會啟動，無論原先這些相鄰關節本身的活動度和穩定性健全與否。

你可能會說，那我們不如就先處理好穩定性，把各種穩定性動作都先做一遍，接著開始進行訓練，在已知穩定性沒問題的情況下，如果出現活動度的問題，再針對活動度的問題進行矯正，這樣不就沒問題了嗎？結案！

先說，這個方法不是沒有人想過，事實上這個方法曾經流行過一陣子，包括我自己在內，都曾經身體力行過這個做法。這個方法的確是有效的，但有一個嚴重的局限，就是時間效率的問題。

如果要把所有的穩定性先做一輪，我們假定使用以下課表：

- 棒式支撐：3組30秒
- 側棒式支撐：3組30秒，兩側
- 死蟲式：3組20次
- 鳥狗式：3組10次，兩側
- 彈力帶橫拉：3組20次
- 單腳橋式：3組20次，兩側
- 彈力帶環繞膝蓋深蹲：3組10次
- 單腳站立平衡：3組30秒，兩側

上述虛構的課表光是「不含組間休息」就需要超過二十分鐘，而這才剛剛做完穩定性訓練，接著進入負重訓練時，假設第一個項目是前蹲舉，一試著架槓就發現肩關節活動度不足，腕關節活動度不足，胸椎活動度不足，髖關節活動度不足，踝關節活動度也不足，就算每個部位只花四分鐘伸展，這也花掉了二十分鐘，一堂私人教練課才一小時，快下課了連第一個項目前蹲舉都還沒加到槓片。

你可能會說「誰會那麼多毛病？」，我也知道上述的例子是虛構加誇大，目的是為了強調論點。但如果你過去十幾年在健身圈有所見聞，你應該會發現類似的情況其實並不少見。這種訓練方式讓許多人的課程原地踏步了許久，而在「動作品質

不佳不能加重量」的鐵律之下，好像也沒有什麼不合理，唯一的問題是，那到底要到哪一年才能真的開始練重量？

往這條線繼續發展下去的業者，後來可能會乾脆長時間跳過重量訓練動作，就把這一堆穩定性和活動度的矯正訓練包裝成肌力訓練，而這些訓練做完之後又會有「感覺良好效應」，很多人心滿意足地持續這樣做。殊不知，這就很像是初次到西餐廳吃飯，餐廳上了前菜和沙拉，接著就上了點心和飲料，然後這一餐就結束了，不知道的人吃得心滿意足，只有真的吃過西餐的人才會發現，主餐不見了。

所以，把活動度穩定性各自搞定的做法，就算有一定程度的效果，時間效益仍然是他的致命傷，只有那些整天住在健身房裡的人，可以用這個方式細細品味，在調整好一切之後，再另外花一兩個小時的時間練重量。絕大多數的人訓練時間有限，矯正訓練不能占太多時間。

除了時間效益的問題之外，前面提到非肌力訓練的動作矯正法的基本假設之一，是認為動作出現活動度穩定性的問題時，我們可以依照關節周邊肌力失衡的現況，收緊鬆掉的肌肉，並放鬆過緊的肌肉，就能解決一些問題。過去我們依循著這個原則進行處理，往往也有立即的功效，以至於我們長期不去思考是否有其他方法。

直到有一陣子，我們陸續遇到一些學員，之前可能曾經在其他地方訓練，或是曾經到一些機構做過評估，所以在訓練前就跟我們提出，他們知道自己有些肌肉「過緊」或「強勢」，有些肌肉「過鬆」或「弱勢」，因此詢問我們是否有針對「過緊」的肌肉進行放鬆的動作，還有針對「過鬆」的肌肉進行啟動的動作。過去我們可能就按照一貫的做法，在訓練前安排一些非肌力訓練的矯正動作，問題是，在這些學員裡，我們看到不少其實肌力並未經過開發，整體肌力都還有很大進步空間的人，更明白一點講，雖然文字描述上我們看到的是「強勢」和「弱勢」，或是「過緊」和「過鬆」，但實際上其實是「弱勢」和「更弱」，以及「過鬆」和「超級鬆」。我常打一個比方，如果某次考試你的英文考了30分，數學考了20分，你會說你的英文太強，數學太弱嗎？而如果把數學考到25，然後把英文也考成25，那就表示「英數均衡」了嗎？

我想，大家應該都看出我想表達的了，英文30分，數學20分的人，應該致力於把兩個科目都先考到及格的60分，如果可以都考到90分更好，所以，對於英文和數

學來說，應該不是弱的變強，強的變弱，而是要把兩個都變強才對吧？而這個道理在肌力訓練，應該也是一樣的，不是嗎？

回顧動作控制大流行的那幾年，其實很多物理治療、運動傷害防護和醫療的專業技術在健身圈找到應用，這當然是一件好事，在這過程中有許多肌力訓練領域裡的問題，得到不同視角的觀察和分析。但是，這過程也留下了一些影響，前面提到的這種「就地矯正」的觀念就是其中之一。治療師、醫師和防護員看到的失衡問題，常常都是有受傷風險的疑慮或已經產生受傷，所以當務之急是「就現況」進行修復與矯正。

但是，肌力訓練的領域則不同，肌力訓練的領域在意的不是「今天」的肌力均衡度，而是「長期發展後」的肌力均衡度，而很多今天的不均衡，其實是因為整體太弱所導致。我知道這個論述聽起來很像土法煉鋼的教練，什麼都風險不管，蠻橫地認為只要變強就能治百病。請相信，這不是我們的主張。

我們知道不可以在不佳的動作品質上加壓力，但我們也發現，肌力進步之後很多的失衡都會自動消失，一直在肌力低落的情況下矯正來矯正去，常常矯正不出結果，而且就算可以矯正出完美的狀態，如果肌力沒有提升，訓練的主要效益就是還沒發生。所以，現在的問題是，如何可以一邊提升肌力，一邊又同時提升動作品質呢？答案其實必須分成四個方面，就是「教學，退階，補強，矯正」這四大途徑。用教學手段幫訓練者建立正確的動作概念，並協助他們平安度過嘗試錯誤的過程，用退階手段避開活動度和穩定性的缺失，想辦法施予壓力刺激，以提升肌力和肌肉量，用補強訓練的方式修復有問題的活動度和穩定性，最後，前面三者都無法解決的問題，才進行非肌力訓練的動作矯正。

除了時間效益和對強弱的不同解讀之外，還有另外一個更嚴重的問題，就是在活動度和穩定性都沒問題的情況下，完整動作卻還是有一堆問題。也就是說，除了活動度穩定性的問題之外，似乎背後還有另一個藏鏡人，那就是「動作型態」的動作控制能力。

所謂的動作型態，指的就是前面章節描述過的那一大堆動作，以及他們的變化動作，包括上肢的水平推、水平拉、垂直推、垂直拉和下肢的蹲系列和硬舉系列等。如果要把人體比喻成一個大型的機構，我們會知道，一個大型的機構要能夠順暢運作、發揮功能，單靠各個部門各自做好分內工作是不夠的，部門之間的溝通協

調，該如何集中力量於特定的階段性目標，該如何讓各部門互相分擔任務，該如何輪流休息，養精蓄銳，以利長期發展，這都是一個大型組織要面對的，這也就是爲什麼無論組織型態爲何，通常都會在基層工作部門之上，設置中高階的管理部門，這些中高階白領雖不接觸第一線工作，但是他們的任務沒有比較簡單。

人體的動作控制也是一樣，活動度和穩定性健全是動作品質良好的基本條件，但不是成功保證，如何協調身體各個關節的功能，在對的時候做對的事，然後同心協力對抗體外負重，才是動作控制的最終表現。用了這麼多譬喻，其實只是要說明一件事情，就是「動作控制能力」這件事，不可能不用「完整動作」來訓練。完整動作的訓練，才是達到長期維持動作品質，以進行長期肌力訓練的主要手段。

講到這裡有些人會開始困惑，前面不是已經提到，直接練習本來就是有效的，但是也因爲有太多局限，所以才需要針對活動度和穩定性進行矯正，怎麼現在又繞回這個話題了？沒錯，這個話題一直沒有過去，但問題的焦點不在於「要不要」進行動作練習，而是「如何在活動度或穩定性不足的情況下，仍然進行完整動作的訓練」。要回答這個問題，我們就要來討論一下「教學，退階，補強，矯正」更細部的內容。

CHAPTER 9

「教學，退階，補強，矯正」策略

「教學，退階，補強，矯正」策略名字很長，但這是肌力訓練動作教學的四個重要手段，無法用簡稱代替。所以只好忍受一下這個冗長的名稱。以下我們針對這四個手段進行一些說明。

手段1　教學

　　教學是動作學習的靈魂，也是教練的專業所在，教學最主要的目的是幫助訓練者建構正確的動作概念，很多錯誤的動作不是因為身體機能失靈，而是對動作不理解。舉例來說，一個不認識「硬舉」的人，可能會以為這個動作是用彎腰來完成的，用脊椎骨要像用釣魚竿一樣，把槓鈴釣起來。這種對於動作的誤解，就會造成災難性的後果，對肌力訓練動作一無所知的人，也可能會發出非常失準的批評，認為肌力訓練是自殺式的瘋狂行為。所以，建立對動作的正確認知，是動作學習的第一步。

　　教學的另一個任務，是帶訓練者安全地進行「嘗試錯誤」的過程，前面篇章曾經提到，嘗試錯誤是學習必經的過程，我們無論是在學習使用語言、算數、知識和技術，都有嘗試錯誤的過程，而在動作控制大瘋狂時期，嘗試錯誤的過程經常被見獵心喜的動作納粹黨獵殺，把一點搖晃和僵硬視為病入膏肓的鐵證。正確的教學態度和手法應該是透過示範、引導、解說和回饋，幫助訓練者平安度過嘗試錯誤的階段，而且盡量少走冤枉路。

　　教學的技巧種類繁多，而且絕大多數都是因時制宜，不過我們可以舉例說明我們常用的兩種手法。一種手法是從對動作的「認知」著手，目的是讓訓練者理解動作的特性和細節，要達到這種目的，常用的手法是示範和解說，並且在訓練者試做的過程中給予回饋。另一種手法則是從對動作的「體感」著手，目的是讓訓練者從嘗試中去累積對身體感覺的經驗，常用的手法是減輕或放慢，透過輕重量的練習，或是刻意放慢動作速度，累積到有意義的學習經驗，通常可以解決一些簡單的動作缺失。

教學的手段讓訓練者度過嘗試錯誤的過程，如果動作控制力沒問題，經過一番練習之後通常就可以開始進行漸進式超負荷的訓練，也就開啟了肌肉、骨質、神經系統的向上適應之路。但是，如果在教學過程發現，動作品質不佳不是單純的嘗試錯誤過程，而是眞的發現有關節功能缺失，那該怎麼辦呢？

過去很多人處理這個問題的方法是暫停動作訓練，改做「非肌力訓練的動作矯正」，這部分在前面的篇幅已經談過，「非肌力訓練的動作矯正」的策略雖然有時候有效，但是在「時間效益」「與肌力訓練的訓練不相容性」，以及「長期維持活動度」方面，會有難以跨越的局限。

繼續訓練的方法不切實際，停止訓練去做「非肌力訓練的動作矯正」也窒礙難行，這似乎是一個左右爲難的狀況，但其實不然，我們還有一個有力的武器沒有用到，那就是「退階訓練」。

手段2 退階

　　退階訓練背後的概念是「不矯正策略」，不矯正策略最初的嘗試，其實是為了解決抗老化訓練的問題，抗老化訓練的理想狀態當然是希望四十歲以前的人都及早開始，但是仍然要考慮到許多已經六七十歲以上的人，如果過去不曾接受過肌力訓練，現在必須趕快提高肌肉量，提高肌力，提高骨密度，那勢必要有適合他們的訓練方法。

　　當我們一開始協助高齡者做訓練的時候，就發現一個非常大的難題，那就是除了肌力很弱、活動度和穩定性的問題非常多之外，更重要的是，很多活動度或穩定性的問題是無法恢復的。舉例來說，年輕人如果出現駝背、胸椎前傾的姿勢，我們通常會用滾筒胸椎負重伸展或是仰臥拉舉來矯正，讓他們恢復中立脊椎姿勢。

滾筒胸椎負重伸展

仰臥拉舉

但是對於高齡者來說，駝背的現象可能是骨性的變化造成。換言之，如果矯正的目標是為負重訓練做準備的話，很可能現在的駝背其實是新的中立脊椎。這一點可以透過醫療篩檢來評估，如果是骨骼已經產生所謂椎體楔形變形或脊柱退化，強迫把脊椎拉直可能是更危險的事。在醫師的許可下就現況進行強化，提高肌肉量和骨密度，提高神經系統徵召能力，才是對他們最好的訓練。

就是因為這些問題，讓我們開啟了「不矯正訓練」的思考，我們大量嘗試各種進退階系統，並且不斷進行修正，經過數年的累積，發現其實很多活動度的問題，即使不進行矯正，如果把身體練強，人體的功能還是相當強的。

這並不表示我們認為所有的活動度和穩定性問題都不用管了，事實上還是要管，只是高齡者的訓練讓我們發現，活動度和穩定性的問題即使沒有那麼快修好，在修復過程中善用退階訓練，善用不矯正策略，其實是有滿大的空間可以讓人變強。

所以，所謂的退階訓練，指的是在同一個動作模式下，尋找「相似但不相同」的變化動作，而這變化動作剛好是可以避開訓練者當時動作缺失的選項。針對活動度的問題，可使用「活動度退階動作」，針對穩定性的問題，可使用「穩定性退階動作」。舉例來說，一位訓練者在做低槓式背蹲舉時，發現肩關節活動度不足，無法順利背槓，如果強行進入背槓姿勢，身體多處關節就會發生代償，經評估無法安全進行負重訓練，此時的退階方式是，選擇同樣可以練到深蹲的動作，但是不需要如此大的肩關節活動度。如果你對變化動作熟悉，那你應該馬上想到一些不需要太多肩關節活動度的選項，例如使用安全深蹲槓（safety squat bar）的 SSB 深蹲，使用了 SSB 深蹲，可以複製大部分背蹲舉的下肢訓練效果，同時可以避開肩關節活動度不足的諸多問題。

安全深蹲槓（SSB）

　　SSB依照不同廠牌的設計，會製造出不同的前傾角度，前傾的角度不一定跟低槓式背蹲舉相同，但除非今天是在做健力比賽的專項訓練，否則其實肌力訓練的動作分類是針對膝主導和髖主導的下肢三關節伸展肌力進行訓練，所以只要是在光譜上的動作，都可以帶來相似的效果。

　　進退階系統對於一些動作控制力不佳的訓練者來說尤其重要，關於更多進退階系統的討論，可以參考怪獸訓練的《抗老化，你需要大重量訓練》一書。

　　退階變化動作種類繁多，無法盡述，以下用低槓式背蹲舉為例，說明不同問題發生時，常見的退階訓練有哪些選項：

	退階選項
肩關節活動度不足	SSB深蹲
肩胛穩定性不足	SSB深蹲
胸椎活動度不足	腰帶蹲、酒杯式深蹲
腰椎穩定性不足	腰帶蹲，握把蹲
髖關節活動度不足	箱上半蹲、握把蹲
膝關節穩定性不足	箱上蹲，握把箱上蹲
踝關節活動度不足	腳跟墊高深蹲

怪獸訓練動作控制、學習、檢測與矯正

腰帶蹲

握把蹲

腳跟墊高的深蹲

250

退階訓練讓訓練可以持續下去，不需要因為一點問題就全面拋棄原本的訓練目標。競技運動員可能需要在養傷的時期持續訓練，年長者、高齡者可能要跟退化與肌力流失的速度賽跑，一般民眾可能要在珍貴而有限的運動時間裡盡快取得訓練效果，這些都讓我們知道，活動度和穩定性的缺失雖然很重要、不可忽略，但是為了解決活動度和穩定性的缺失問題而「擱置」負重訓練是更可惜的損失，退階訓練可以避開活動度和穩定性的缺失，用安全的方式繼續進行訓練，是提升多元強壯的有力武器，其重要性怎樣強調都不為過。

　　嚴格說起來，退階訓練不算是矯正動作的手段，因為退階訓練主要的用意是避開動作控制的缺失，直接進行訓練。但這是否表示退階訓練就完全沒有矯正的效果呢？那倒也未必，事實上有很多退階訓練其實是可以直接慢慢「進階」回原本的動作。

　　舉例來說，踝關節活動度不足的訓練者，在做前蹲舉的時候可能會出現踮腳尖，或是足弓塌陷、腳踝外翻的動作，還可能引發膝關節不穩、髖關節受限、腰椎穩定性降低等連鎖反應，而一個有效的退階訓練就是在腳後跟下面墊一層槓片，讓腳後跟被墊高，減低踝關節活動度的需求，很多人會發現，墊高腳後跟之後，原本搖搖欲墜、處處缺失的前蹲舉，突然之間變得四平八穩，連原本抬不起的手肘都抬起來了。更好的是，墊高腳後跟的訓練不必是永久的，經過幾次的訓練之後，可以開始逐步降低墊高的高度，你會發現神奇的事情，那就是踝關節活動度在這個過程中居然「長大」了。這就是所謂的「漸進式動作幅度訓練」。

　　「漸進動作幅度」的意思是，在動作品質較好的範圍內反覆訓練，然後試著慢慢加大動作幅度，再以前蹲舉為例，如果下蹲到半蹲位置之前動作品質都是完善的，頭、肩、臀保持三點共線，沒有駝背、彎腰、翻骨盆或各種歪斜，但是超過半蹲之後就會出現各種問題，那麼一個可行的做法就是在半蹲範圍內繼續訓練，連續幾次的半蹲訓練課程會逐漸幫助提高肌力和控制力，接著可以試著慢慢降低深度，或許是以每週推進5-10公分的方式進行，只要在這過程中確保動作品質，不用代償姿勢去換動作的深度，就可以漸漸達到效果。

　　漸進式動作訓練的例子很多，這裡可以再舉一個上肢的例子，假設因為肩關節活動度不足，導致做頸前肩推的時候，發現槓鈴在最低點的時候，訓練者無法同時做到「槓鈴低於下巴」和「槓鈴、手肘、手腕三點共線」的支撐姿勢。此時可以讓訓練者退階為縮減動作幅度的肩推，讓最低點略微提高，提高到槓鈴在鼻子正前方。如此，訓練者就可以用「槓鈴、手肘、手腕三點共線」的姿勢進行訓練，而經

過一段時間的訓練，在肌力慢慢增強的過程中，肩關節活動度也在一次又一次的訓練中逐漸打開，最終回到可以讓槓鈴從下巴下方出發的正確位置。

使用漸進式動作幅度的方式需要特別注意的是，必須時時監控動作的安全性，有些動作正確與錯誤的界線很模糊，可能需要專業人士在旁監督才能進行。例如假設有位訓練者的髖關節活動度不足，在做羅馬尼亞式硬舉的時候，軀幹前傾到一半的時候，就會鎖住髖關節，然後開始彎腰。面對這種狀況的時候，一個常見的退階方式是先練習不會駝背的「半程」羅馬尼亞式硬舉爲退階訓練，暫時不加重量，而以逐漸增加動作幅度爲階段性目標。這種退階訓練是非常有效的，但是動作幅度的分寸要拿捏準確，如果退階訓練過程一直做出超過安全範圍的動作，還是會提高訓練風險的。

退階訓練「有的時候」可以銜接回進階動作，但有些時候不會，例如之前提到的，肩關節活動度不足，無法做背蹲舉的訓練者，換成SSB深蹲可以取得下肢和軀幹訓練的好處，但是仍然不會解決肩關節活動度的問題，這該怎麼辦呢？接下來登場的是最後兩個手段，補強和矯正。

手段 3　補強動作

　　補強動作指的是在課表的主項目以外，為了補強缺點所進行的訓練，舉例來說，一個練上肢的課表可能以臥推為主項目，在初期訓練的時候，絕大多數的進步都可以直接來自於主項目，不必做太多變化。但是，隨著肌力越來越強，進步會逐漸出現瓶頸，這時候調整訓練量和訓練強度，就變得越來越必要。然而，訓練量和訓練強度不是可以無止境地加大，遲早會加到一個程度，進步已經不顯著但是勞損卻越來越多，這時候補強訓練的重要性就大幅提高了。

　　補強動作是不一樣的動作，所以不會一直壓迫相同的組織，可以避開關節壓力的累積，也可以從不同的角度針對想要強化的肌群增加訓練量。延續臥推的例子，當臥推已經不適合再加量的時候，可以用啞鈴三頭肌伸展補強手臂三頭肌，使用仰臥飛鳥補強胸肌，二頭肌雖然不是主要出力的肌群，對穩定性卻有很大的貢獻，所以可以用啞鈴二頭肌彎舉補強二頭肌。這類訓練通常依循肌肉生長的訓練模式，強度中等，反覆次數大約10-30次不等，可用多組「接近力竭」的方式進行訓練。

　　補強動作除了是最大肌力和肌肥大訓練的利器之外，在動作控制方面也有重要的貢獻，事實上，補強訓練可以非常有效地打開活動度並長期維持，也可以提升穩定性，不但不會排擠肌力時間，還可以幫助肌力進步，是一個高效率的好方法。以下分別說明活動度補強訓練，和穩定性補強訓練。

活動度補強訓練

前面提過，活動度不足的時候有兩種常見的處理方法，一種是直接訓練，一種是進行非訓練的矯正，此兩種方法各有利弊。

讓我們再更進一步討論：「活動度到底是怎麼提高的？」影響關節活動度的因素很複雜，但是可以粗分爲「動作幅度」和「局部肌力」，動作幅度指的是關節的骨骼和周邊組織所允許的活動度，包括關節接觸面的形狀、韌帶、肌腱、筋膜和肌肉的長度，而局部肌力就是關節周邊的肌肉力量。即使在肌肉處於不用力的放鬆狀態，肌肉仍然不是完全沒力的，我們的中樞神經爲了在空間中維持姿勢，輔助其他身體部位的動作，或甚至是情緒轉變，肌肉都會在不主動用力的時候仍然活躍。簡單來講，就連躺下休息的時候，肌肉都不曾完全放鬆，只有在熟睡的時候，肌肉張力會降得非常非常低。這種不用力也存在的肌肉張力，我們稱爲「基礎肌肉張力」。

之所以會聚焦在基礎肌肉張力這件事，是因爲這是靜態伸展之所以可以幫忙打開活動度的重要因素。覺得關節緊緊的人，常會發現經過一小段時間的靜態伸展，柔軟度會變好，關節會變鬆，而在靜態伸展中，關節活動度被拉大的過程，到底什麼東西變鬆了呢？一般來說，正確的伸展運動不會把韌帶弄鬆，韌帶有負責維持關節完整性的任務，把韌帶弄鬆了對關節未必是好事。肌腱、筋膜和肌肉是連成一體的組織，肌腱非常強韌，在拉扯的時候通常不是改變長度的部分，肌肉才是可塑性高的部分，而筋膜本身有自己的張力結構，但會配合著其包覆的肌肉長度，所以在靜態伸展過程中，主要被放鬆的是肌肉。

在以放鬆爲目的的伸展運動中，人體用緩和但持續的姿勢拉長肌肉，在會痠但不會痛的範圍內停留一段時間，漸漸會覺得痠感降低，就可以再繼續增加伸展幅度，累積幾次30-60秒的伸展之後，就會感覺柔軟度明顯變好。這樣的過程背後主要的機制，其實是神經系統的適應，神經系統在伸展過程中因爲這個緩和的拉長訊號持續出現，所以神經系統調降了基礎肌肉張力。

前面已經提過，透過基礎肌肉張力降低的方式提高活動度，會帶來兩個問題，一是效果短暫，二是影響肌力，所以這種靜態伸展的方式通常僅用於不影響肌力訓練的部位，以及會用伸展過的部位進行負重，例如肩關節活動度不足的訓練者，在練前蹲舉之前先進行肩關節伸展，打開肩關節活動度之後，用正確的前蹲舉架槓姿勢進行訓練，因爲伸展的是肩膀，訓練的是雙腿，所以腿力的訓練不會被肩關節的

靜態伸展影響，同時，伸展過後的肩關節在前蹲舉訓練中扮演了靜態負重的工作，所以幾次訓練後，肩關節活動度會漸漸變成長期效果。

不是所有關節活動度都可以這樣處理，很多時候伸展的部位就是動作的部位，例如伸展腿後側肌群然後練羅馬尼亞式硬舉，或是伸展股四頭肌然後練深蹲，靜態伸展部位就是肌力訓練的主要動作肌群的時候，很難避開訓練不相容性。所以，肌力訓練前做靜態伸展的做法時有不小的局限。滾壓和震動跟靜態伸展的機制雖然不盡相同，但是仍然是透過神經系統降低肌肉張力的方法打開活動度，所以也跟靜態伸展有類似的問題。

當然，我們不要把這些資訊解讀成，在肌力訓練前「絕對不可以」進行任何滾壓震動放鬆伸展類型的活動度訓練，個別化的「劑量」仍然可以製造有放鬆效果又不影響肌力的甜蜜區，但這需要經過一些經驗累積才能降低錯誤率。

回到活動度的話題，所以，到底還有沒有其他方法可以打開活動度呢？有的，精準選擇的補強動作，可以幫忙打開活動度，同時因為這種活動度不是透過調降基礎肌肉張力而獲得，所以不但不影響肌力，甚至還有幫助，效果也更持久。這種訓練方式，我們稱之為「活動度補強訓練」。

「活動度補強訓練」指的是，利用特定的重量訓練動作，專門針對想要打開的活動度進行訓練，以前蹲舉來說，在肩關節部分可以做仰臥拉舉、仰臥飛鳥、靜態懸吊或雙槓下推等動作來打開活動度，腕關節的部分可以做伏地挺身，髖關節的部分可以做長分腿蹲和側蹲等動作，或其他更簡單的退階動作，以打開髖關節的動作，這些動作可以用相對較輕的重量，以肌肉生長或肌耐力的模式（中低強度高反覆）進行訓練，著重在增加關節動作幅度。

坐姿早安的高點姿勢

低點姿勢

怪獸訓練動作控制、學習、檢測與矯正

仰臥飛鳥

靜態懸吊

雙槓下推

赤字伏地挺身

前壓式長分腿蹲

　　這種訓練方式背後的機制，是「伸展中介型肌肥大」（stretch-mediated hypertrophy）。人體的肌肉生長主要依賴的是肌纖維肥大（hypertrophy，簡稱肌肥大），肌纖維肥大指的是肌纖維的體積變大，但是纖維的數量不變。跟肌纖維肥大相關的概念是肌纖維增生（hyperplasia），肌纖維增生指的是肌纖維的數量真的增多，目前科學研究對於人體的肌纖維增生現象仍有爭議，一個保守的說法是，就算有，也只占很小的比例，而且只在極端的增肌量甚至是藥物的輔助下才會發生。

　　肌肥大發生的時候，肌纖維的數量不變，但體積變大，體積變大的原因在於，肌纖維裡面的「肌節」數量增加，肌節是構成肌纖維的小單位，在肌纖維裡像一節一節的火車一樣串聯著。當我們做肌肥大訓練的時候，肌節有兩種方式增生，一種是並聯式增生，一種是串聯式增生，並聯式增生會增加肌肉的粗度，串聯式增生會增加肌肉的長度。

　　幾乎所有重量訓練都會產生串聯和並聯兩種肌節增生形式，但不刻意增加動作幅度的肌力訓練通常並聯的效果較多一些，要增加串聯型肌節增生，需要刻意延長動作幅度，也就是用肌肉被拉長的姿勢進行肌力訓練。前面提過的「漸進式動作幅度訓練」，以及這裡要提的「活動度補強訓練」其實都用到了串聯型肌肥大的機制。

　　在漸進式動作幅度訓練裡，訓練者本來缺乏某些關節的活動度，但在安全的姿勢範圍內慢慢「探索」活動度，最終會得到活動度提升的效果，例如羅馬尼亞式硬舉無法做到腰椎達到水平線的訓練者，在保持中立脊椎的前提之下，不斷在目前可達的動作幅度裡訓練，接下來的一段時間，都以增加動作幅度為訓練目標，暫時不提高重量。而在活動度補強的訓練裡，也是依循相同的機制，舉例來說，肩關節

活動度不足的訓練者，用仰臥拉舉打開關節活動度，剛開始時仰臥拉舉的活動度很小，但隨著訓練的持續，仰臥拉舉的活動度變大，做其他動作時肩關節的活動度也變大。

伸展中介型肌肥大有幾個要件，首先，要在大的動作幅度進行訓練，局限範圍的訓練通常是並聯型肌肥大的效果較明顯，刻意延長範圍才會增加串聯型肌肥大的效果。其次，要有對抗阻力，這大概是「伸展中介型肌肥大」跟「靜態伸展」最大的差別。

在靜態伸展裡，肌肉不斷試著放鬆，最終因為神經系統控制的基礎肌肉張力降低，所以活動度變大，簡單來講，肌肉沒有變長，只是變鬆。在伸展中介型肌肥大訓練裡，肌肉因為對抗著阻力，所以沒有放鬆，反而更用力，而又因為要走過特別大的動作幅度，所以產生肌肉被拉得非常長的張力，因應這個張力，才產生了串聯型的肌節增生，換言之，肌肉在伸展中介型肌肥大裡，真的變長了。除此之外，動作要能夠有好的控制，伸展中介型肌肥大因為遊走在動作幅度的極限邊緣，所以不宜用很容易做過頭的動作進行，訓練的時候也應該控制速度，緩慢而穩定是最安全的做法。

伸展中介型肌肥大的效益

變長的肌肉有許多好處，首先，活動度的提高是永久性的，經過一段時間的訓練，肌肉的長度已經充分對應想要的關節活動度之後，任何時候需要這個活動度，都可以立即使用。這跟靜態伸展的效果完全不同，靜態伸展只有數十分鐘到數小時的效果，隔幾天再練就要重來，想要一直柔軟度很好，會變成必須每天一直伸展。

其次，伸展中介型肌肥大的過程不會損失力量，靜態伸展的過程調降了基礎肌肉張力，連帶的讓後續的肌力訓練受到影響，伸展中介型肌肥大本身就是肌力訓練，除了要顧及訓練後的疲勞之外，無需擔心肌力降低，

事實上當肌肉長度已經足夠，肌力訓練前就不需要再為了提高活動度而進行活動度訓練，也就沒有影響不影響肌力訓練的問題了。

再來，伸展中介型肌肥大製造出來的動作幅度是有功能性的，當肌肉變長的時候，「有力量的」關節活動度也變大，對於需要高速度的運動項目（投擲、踢腿、衝刺、跳躍等），都等於是增加了加速的距離，提高最終速度的潛力。

在此可以回顧一段關於伸展運動的研究史，傳統時代的運動訓練模式，經常在運動訓練前進行伸展運動，這個現象持續了很久，直到90年代末期到2000年代初期這段時間，一系列的研究發現靜態伸展對於肌力、爆發力、速度、敏捷度、剛性等運動場上需要的特質，都有潛在的負面影響，而其原因就在於，靜態伸展會抑制肌肉張力。從那個時候開始，大家對於靜態伸展避之唯恐不及，在最嚴重的時期，如果有教練帶著選手在訓練前做靜態伸展，就會被認為不專業。

這樣的現象持續了一段時間之後，也出現了一些反思，伸展會降低肌力、爆發力的現象在研究上一再被證實，顯然不是一個虛構的事情，但是，回顧傳統訓練的年代，幾乎人人都做靜態伸展的那些年，似乎有很多人的運動能力並未受到影響，甚至有些人表示，長期的大幅度伸展幫助了運動表現。

這部分我個人有親身經歷，我在九歲的時候就開始練跆拳道，當時的訓練方式是，每次訓練前就有一大段伸展時間，要把兩腿的各個方向都充分伸展，我們稱之為「拉筋」，那是一個咬牙切齒的過程，每次都要忍痛，情緒比較外顯的小孩可能會拉筋拉到一把鼻涕一把眼淚，但神奇的是，幾個禮拜過後，很多人都可以劈腿，甚至可以在兩張椅子中間做懸空劈腿。更有趣的是，大家的彈跳力、爆發力不減反增，而且劈腿的能力幾乎是終身維持，如今將近四十年過去，我仍然可以隨時不熱身就劈腿，而這現象並不特別，許多退役選手都終身保持這種能力。

這樣的經驗讓我在赴美留學讀書的時候，對靜態伸展的敘述感到困惑，而這個困惑持續了很久，直到2010-2020年間，一些研究者再次對這個議題發生興趣，才破解了這個謎團，原來，過去之所以會困惑，是因為大家把「靜態伸展」跟「伸展中介型肌肥大」混為一談了。同樣是坐在地上

壓腿,「致力於放鬆」和「強勢用力」會產生截然不同的效果。2010-2020年間的幾篇研究提出伸展中介型肌肥大的概念,而且一追之下發現,早在80年代就已經有動物實驗發現了這個機制,用強硬的力量把鳥類的翅膀長時間拉長,結果發現翅膀肌肉量變大,肌力也變強。

在小時候的練拳經驗裡,壓腿沒有輕鬆壓的,那種放著輕音樂,先冥想放鬆心情,然後緩緩的伸展、按摩、放鬆、再伸展,這種流程在我們的訓練裡是不存在的,跆拳道的拉筋,不是自己用力壓,就是同學互相壓,再不然就是教練幫你壓,當時壓腿的壓力之大,教練甚至鼓勵大家一邊大聲喊一邊壓腿,現在回想起來,那種伸展其實是刻意讓肌肉在用力過程中被拉長的肌力訓練。注意,我沒有鼓吹暴力的訓練方式,傳統訓練裡也不是每一件事情都很合理,但在伸展中介型肌肥大這件事,將近四十年前的我們,在不明就裡的情況下,似乎做對了一些事。

回到活動度補強的問題，放心，我並不是叫大家都要做一把鼻涕一把眼淚的「痛伸展」運動，但我們可以用重量訓練複製一樣的效果在我們想要的關節上，而且除了肌力訓練本來就有的肌肉痠痛之外，無需製造更多疼痛。針對想要打開的關節活動度，選擇適當的訓練動作，然後把這些動作當作主項目之後的補強動作，就可以達到效果。常見的動作範例如下：

欲增加活動度的部位	補強選項
手腕	伏地挺身
肩關節	仰臥拉舉、靜態懸吊、雙槓下推、赤字伏地挺身、仰臥飛鳥
胸椎	仰臥拉舉
髖關節	分腿蹲、側蹲、酒杯蹲、腳尖墊高羅馬尼亞式硬舉
踝關節	前壓式分腿蹲、提踵
腳趾	踮腳尖深蹲、短分腿蹲

腳尖墊高羅馬尼亞式硬舉

怪獸訓練動作控制、學習、檢測與矯正

踮腳尖深蹲

提踵

短分腿蹲

　　這些只是範例,其他選項還很多,想像力是唯一的限制,只要是能針對問題,同時又有安全的漸進模式,就可變成有效的活動度補強訓練。值得一提的是,動作只能選擇目前能力所及的,如果為了補強一個不足的能力,卻選擇了另一個做起來更難的動作,那就不是一個好選項。以上是活動度補強訓練的相關討論,接下來討論穩定性補強訓練。

穩定性補強訓練

穩定性補強指的是針對穩定性所進行的補強訓練，在這裡我先舉一個例子，說明穩定性補強的應用方式。在我的教學經驗裡，經常會遇到無法立即領會核心穩定性的學員，可能是因為我們講話常常滿嘴自己的習慣用語，也可能是每個人對呼吸的詮釋不同，不管什麼原因，很多人在初學背蹲舉的時候，無法立即做出我們要的核心穩定性，這時候一個蠻有效的做法是，我們讓學員做「酒杯式負重行走」，然後提醒他們在過程中把「酒杯」維持在下巴高度不要放下，同時保持正常站姿就好，不要刻意挺胸或彎腰。走了幾趟之後，把動作換成酒杯式深蹲，如果酒杯式深蹲沒問題，就可以考慮回到背蹲舉了。

你應該已經看出來這樣安排動作的邏輯了，我們不必花費一大堆時間拚命解釋，也不必用專有名詞灌爆學生的腦袋，我們只需要用更簡單但需要核心穩定性的動作，就可以激發我們要的效果，這就是穩定性補強訓練。

前面提到過，因為「反射回饋，相鄰代償」的機制，所以全身上下的動作缺失會到處傳遞，一個關節的問題引發下一個關節的問題，最後變成連鎖反應，讓人難以辨識問題的根源，在沒有頭緒的情況下，最好的方法是找一個最重要的環節先處理，處理好之後，除了連鎖反應會大幅減少之外，訓練安全也會大大提高。而腰椎穩定性（亦即核心穩定性，也是中軸穩定性當中最重要的一段）就是這種關鍵環節。

核心穩定性之所以重要，是因為以下幾個原因，首先，核心保護了腰椎，腰椎穩定性是人體發力的開關，腰椎不穩可能會刺激神經系統收回力量，以免亂用力傷到自己，所以先建立核心穩定性，有助於後續的發力。其次，腰椎位於身體的中央部位，腰椎穩定性不足可能發生向上或向下的影響，肩關節活動度和髖關節活動度都會因為核心穩定性不足而受限，而肩關節活動度和髖關節活動受限等於讓上肢和下肢都受到影響。因此，遇到任何難解的動作控制問題時，先回歸到核心穩定性，可以最快釐清所要面對的問題。

除了核心之外，容易發生穩定性不足的地方還有肩胛骨、髖關節、膝關節和足弓。前面已經提過一個觀念，如果我們有無限多的時間可用，那麼其實我們針對每一個動作逐一進行矯正，其實是可行的，但就因為訓練的時間不是無限多，就算是一個很閒的人，不受限於時間也會受限於體力和恢復力，所以訓練內容能夠越精簡越好。

基於此，穩定性補強最好的方法，其實是在既有的「動作庫」裡面挑選動作，讓肌力訓練動作本身帶有補強的效果，舉例來說，核心穩定性、髖關節穩定性和膝關節穩定性，常常可以直接從單邊訓練取得效果。如果有人深蹲時的髖關節和膝關節穩定性不足，分腿蹲訓練裡的「單跪姿站起」可能剛好可以補強深蹲時的髖關節和膝關節穩定性不足，再舉一例，如果有人在前蹲舉時無法避免過度前傾，則反式划船的靜態懸吊姿勢可能剛好可以補強這個能力。常見的穩定性補強動作舉例如下：

欲增加穩定性的部位	補強選項
核心穩定性	各種負重行走、推雪橇、酒杯式深蹲
肩胛骨穩定性	反式划船
髖關節穩定性	單邊訓練系列動作
膝關節穩定性	單邊訓練系列動作
足弓穩定性	提踵、踮腳尖深蹲

推雪橇

酒杯式深蹲

負重行走

　　其實肌力訓練的大量變化動作很像是一套互補的「動作拼圖」。過去幾十年健身業最常吵的事情之一，是「什麼是最好的動作」，這類的議題包括「深蹲vs.硬舉」、「單邊訓練vs.雙邊訓練」、「箱上蹲vs.傳統深蹲」、「伏地挺身vs.臥推」，這些爭吵在網路還不普及的時代就已經爭執不休，甚至有很多學派就是依循著特定思維建立起來的（例如傳統訓練偏好雙邊動作，功能性訓練偏好單邊動作）。

互相比較本來就是科學上一個重要的研究方法，要鑽研一件事不容易，但兩相比較就很容易從差異增進理解。但是，在肌力訓練領域裡，比較的過程往往製造了一些基本假設，就是最終有一套終極動作是完美的，是比贏一切的，而所有的人都應該要這樣訓練。

實際上，人是階段性變化的動物，人與人之間有個別差異，人跟不同時期的自己也有差異，訓練法不可能一成不變。更重要的是，肌力訓練的目的，不是鎖定特定動作進行訓練，而是在「有負重潛力的人體自然動作」裡，建構「多元強壯」。所以，練背蹲舉不是爲了練背蹲舉，練前蹲舉不是爲了練前蹲舉，練酒杯式深蹲也不是爲了練酒杯式深蹲，這些都是在訓練「膝主導的下肢三關節伸展力」，這些論述不是在故弄玄虛，而是在解釋多元強壯的概念。

既然訓練的目標不是特定的動作，而是動作背後的能力，那麼其實任何動作都可以成爲訓練的一部分，而既然如此，其實有很多活動度和穩定性的問題，可以用換動作的方式來克服。所以，深蹲的動作品質很糟的人，我們可以思考一下，我們想要用深蹲來提升什麼能力？答案不外乎核心穩定性、下肢肌力、下肢穩定性等等，那麼，如果今天想要訓練的目標是這些，我們能否試試看，用分腿蹲訓練下肢肌力，用負重行走訓練核心穩定性？又或者，可否用提高穩定性的握把式深蹲訓練深蹲的肌力，再用坐箱單腳蹲補足握把式深蹲練不到的平衡感？

如果這些替代動作的品質都沒問題，其實就可以進行訓練，然後更神奇的是，在這些替代動作進步一段時間之後，回過頭去再嘗試深蹲，很可能會發現很多過去的缺失已經不藥而癒，這就是「動作拼圖」的概念。我們想要訓練的不是一個又一個特定動作，想要訓練的是那些動作背後的「動作控制」能力。而當主項目有困難，必須使用退階時，補強動作就可以用「動作拼圖」的概念，用不同的動作「拼湊」出原本想訓練的能力。

討論完補強訓練，最後要討論的是「教學，退階，補強，矯正」中的矯正，也就是「非肌力訓練的動作矯正法」。非肌力訓練的動作矯正法在前面的篇幅已經有所討論，最後一部分將集中在應用方面的注意事項。

手段 4　矯正

非肌力訓練的動作矯正法

　　非肌力訓練的動作矯正法，就是之前提過的伸展和啟動，伸展是針對活動度的缺失，而啟動是針對穩定性的缺失。相較於肌力訓練動作，非肌力訓練的動作矯正方法通常較為輕柔，造成的效果通常十分迅速，但也比較短暫，單次的伸展後可能立即打開活動度，但是幾個小時之後就失效，單次的啟動也可能立即喚醒了肌力，但是過沒多久肌肉可能又「睡著」，這不表示非肌力訓練的動作矯正手法完全沒有用處，工具本身是否有用，要看想解決的問題是什麼，所以，重要的不是這些手段能不能使用，而是應該在怎樣的情境下使用。

　　在我們的經驗裡，非肌力訓練的動作矯正法最適當的適用時機，是當作肌力訓練前的熱身或準備運動，且通常是在一些動作缺失無法很快靠著補強就被修復的時候，才會使用非肌力訓練的動作矯正法。舉例來說，假設訓練者想要做一張背蹲舉的課表，可是肩關節活動度不足，造成背槓有困難，依照「退階＋補強」的方法，可以使用SSB深蹲當作退階，然後用仰臥拉舉和仰臥飛鳥當作補強動作，經過幾週的訓練之後，肩關節活動度被補強動作打開，可能就可以試試看背蹲舉。但如果訓練者因為某種原因「今天」就一定要練背蹲舉，那麼「退階＋補強」的方法顯然緩不濟急。

　　此時可以採取的一個做法，是先用滾筒放鬆、按摩和靜態伸展動作，把肩關節放鬆到可以背槓鈴，接著進行深蹲訓練，對於肩關節活動度不太頑強的訓練者來說，有可能在5-10分鐘就打開肩關節活動度。而且，肩關節並非深蹲的動作關節，

所以不會因為靜態伸展降低神經徵召而影響肌力表現，同時，後續的背蹲舉訓練讓這個被打開的活動度承受一些壓力，經過幾次訓練後可能會變成長期的活動度，在這種情況下，使用非肌力訓練的動作矯正方法是合適的。

這種非肌力訓練的動作矯正方法不適用於主動肌群（例如要練肩推，卻是先放鬆肩關節），也不應該單獨使用（例如做完伸展之後不進行任何負重訓練），因為在訓練前將主動肌群放鬆會導致用力困難，而單獨使用靜態伸展不容易達到長期效果。

穩定性方面的非肌力訓練的動作矯正法也是如此，對於核心穩定性不足的訓練者來說，在背蹲舉之前先做一些「鳥狗式」或「死蟲式」核心訓練有助於「啟動核心」，但是如果僅作鳥狗式和死蟲式，卻不做後續的大重量訓練，則核心穩定性的進步仍會受限。

除了上述的情況之外，非肌力訓練動作的矯正方法在我們的訓練系統裡已經越來越少使用了。

以上就是關於「教學，退階，補強，矯正」的討論，針對訓練者的動作缺失問題，選擇適當的教學方法、退階訓練、補強動作和必要的矯正訓練，是我們過去解決動作控制問題效率最高的技術系統。以這樣的方式來訓練，既不會陷入長期矯正的困境，也避開在不良的姿勢和動作上施加壓力的風險，不僅最有效率，也更安全。

結語

走進典範轉移的第一站

多年前，我曾預言，人類生活型態即將走入下一個典範，就是人人都會過著規律訓練的生活型態。我用「典範轉移的前夕」描述我對這個新時代的憧憬，也用「清晰而迫切的危機」形容人類平均壽命大幅延長時可能帶來的危機。而我期待我可以用典範轉移的概念，迎戰超高齡社會的來臨。

如今數年過去了，我已經跟這個議題短兵相接了好多年，我的身分也轉換了好幾次，體育博士、大學教授、肌力體能教練、業界講師、作家、youtuber/podcaster，這些身分變來變去，轉換之快，很多時候好像是多重身分，但不變的是，我一直在朝向典範轉移前進，而「怪獸訓練」這個地方、這個品牌、這個概念，一直是我的論壇、講堂和練功房。

跟十年前比起來，肌力體能訓練的各大領域都有了長足進步，無論是競技運動員的競技體能、軍警消的戰術體能、一般大眾的健康體能和特殊族群的特殊體能，都已經出現專職的從業人員，許多當年我在學校和業界教過的學生，如今都已經成為優秀的專業人士，很多的政府和民間機構在過去幾年，不但在技術上已經跟上世界水準，也已經自備量產專業人員的能力，更可貴的是，在過去深耕本土的過程裡，我已經脫離當年「出國取經，回國講經」的學校教育模式，轉變成直接對在地的議題進行研究的獨立研究者模式，為自己的訓練系統創發出許多新的策略或手段，超越我在學生時期所學的東西。

動作控制系統，大概是這段時間最重要的技術系統，從「有負重潛力的人體自然動作」這個概念出發，把肌力訓練動作如何學、如何教、如何練，以及如何提升運動表現，全部貫串成完整的概念，也就是因為有這個技術系統，才能夠讓肌力體能訓練走進人群，適應各種族群，促成典範轉移。

我要感謝所有曾經投入這個領域的人，典範轉移是所有人一起推動才有今天的成果，但是往前看，還是有很多可以繼續努力的地方。我也要感謝我的母校美國春田學院，他們的教育方式鼓勵我們成為獨立思考、建立系統的先行者，而不是墨守成規的學術生產線員工。

如今我不會再說「我們站在典範轉移前的十字路口」，我非常確定典範轉移已經啟動，但現在只是典範轉移的第一站，還有很多問題需要解決，還有很多效益等待發現，但走到這一步，感覺未來充滿希望。

希望這本書可以幫助到熱愛訓練的每一個你，用一點一滴的努力，達到終身強壯的目標。

Strength & Conditioning 021

怪獸訓練動作控制、學習、檢測與矯正
Monster Training: Motor Control, Learning, Assessment, and Correction

作者　何立安
攝影　何凡

堡壘文化有限公司

總　編　輯　　簡欣彥
副總編輯　　簡伯儒
責任編輯　　郭純靜
文字協力　　翁蓓玉
視覺統籌　　IAT-HUÂN TIUNN
影像協力　　劉孟宗
行銷企劃　　黃怡婷

出版　　堡壘文化有限公司
發行　　遠足文化事業股份有限公司（讀書共和國出版集團）
地址　　231新北市新店區民權路108-2號9樓
電話　　02-22181417
傳真　　02-22188057
Email　service@bookrep.com.tw
郵撥帳號　　19504465 遠足文化事業股份有限公司
客服專線　　0800-221-029
網址　　http://www.bookrep.com.tw
法律顧問　　華洋法律事務所　蘇文生律師
印製　　凱林彩印有限公司
初版首刷　　2025年8月
定價　　新臺幣1,250元
ISBN　　978-626-7728-16-1
　　　　（PDF）978-626-7728-17-8
　　　　（EPUB）978-626-7728-18-5
有著作權　　翻印必究
特別聲明：有關本書中的言論內容，不代表本公司／出版集團之立場與意見，文責由作者自行承擔

Copyright © 2025 Li-An Ho. All Rights Reserved.

Complex Chinese edition © 2025 infortress Publishing Ltd.

國家圖書館出版品預行編目（CIP）資料

怪獸訓練動作控制、學習、檢測與矯正 = Monster training : motor control, learning, assessment, and correction/何立安著. -- 初版. -- 新北市：堡壘文化有限公司出版：遠足文化事業股份有限公司發行, 2025.08
272 面；　21x28公分. -- (Strength & conditioning ; 21)
ISBN 978-626-7728-16-1（平裝）

1.CST: 運動訓練　2.CST: 體能訓練　3.CST: 肌肉
528.923　　　　　　　　　　　　　　　　　　　114009777